优塾

医药资本论

上海塔坚信息科技有限公司 / 著

图书在版编目（CIP）数据

医药资本论：洞察医药领域估值体系 / 上海塔坚信息科技有限公司著．—上海：上海科学技术文献出版社，2019（2024.4 重印）

ISBN 978-7-5439-8024-2

Ⅰ．①医…　Ⅱ．①上…　Ⅲ．①制药工业—产业发展—研究—中国　Ⅳ．① F426.7

中国版本图书馆 CIP 数据核字 (2019) 第 243030 号

责任编辑：苏密娅

医药资本论：洞察医药领域估值体系
YIYAO ZIBENLUN: DONGCHA YIYAO LINGYU GUZHI TIXI
上海塔坚信息科技有限公司　著
出版发行：上海科学技术文献出版社
地　　址：上海市长乐路 746 号
邮政编码：200040
经　　销：全国新华书店
印　　刷：河北环京美印刷有限公司
开　　本：889×1194　1/32
印　　张：13.125
字　　数：365 000
版　　次：2020 年 1 月第 1 版　2024 年 4 月第 2 次印刷
书　　号：ISBN 978-7-5439-8024-2
定　　价：198.00 元
http://www.sstlp.com

目 录

第三部分：医药流通和医疗器械

第四部分：其他

第一部分

化学制药

中国生物制药

制药巨头崛起脉络

乙肝，曾号称“中国第一病”，在20世纪90年代，高峰时期有近1.2亿的患者，占中国总人口的10%，并且，其传染性极强，是艾滋病病毒的100倍。随着乙肝疫苗的推广，发病率逐渐下降，但从基数上看，在我国仍然是乙肝病高发的国家，患者人数近9000万，肝病用药市场规模超过150亿元。

面对这样的慢性病赛道，自然诞生了肝病药龙头企业，年营业收入过百亿。如今，国内这个赛道的巨头，已是千亿市值规模，股价走势如下。

图1：股价图
来源：wind

这个走势简直彪悍，可是，业绩到底如何？近3年来，营业收入复合增长率为15%，3年净利润复合增长率83%。并且，需要注意的是，208.89亿元的收入规模，在A股化药企业中，排名第一，力压恒瑞医药（174.18亿元）。

它就是“中国生物制药”（1177.HK）。别看它的名字带“中国”二字，其实，它的实控人是泰籍华人，控股股东是大家耳熟能详的泰国企业——正大集团。这是一个典型的家族企业，目前，其新任董事长是90后谢其润。

中国生物制药，其核心产品润众（恩替卡韦），是目前乙肝类药物中市场份额最高的产品，在样本医院乙肝抗病毒药中的市场占有率达到30%，超过原研药。

凭借乙肝领域的突出表现，它的股价自2000年上市之初的0.08港元，已经最高涨至2018年的13.87港元，涨幅达到172倍。

然而，自2018年6月以来，其股价大跌，以前复权股价计算，从最高点13.87港元跌到区间最低点4.53港元，跌幅高达66%。市值最高缩水超过800亿港元，折合人民币700多亿元。这个跌幅，相当于跌掉了一个复星医药（674亿元）、两个亨通光电（342亿元）、三个泰格医药（224亿元）。

梳理到这里，几个值得我们思考的问题来了：

（1）肝病这个赛道，长期前景确定性到底如何？本案的业绩核心驱动力在什么地方？它的股价背后的基本逻辑到底是怎样的？

（2）对于中国生物制药，今年来最广泛被人所知的新闻就是“集采药品价格暴降”，那么，大幅降价，到底对其业绩会产生多大影响？

（3）其股价在经历高达66%的巨幅下跌之后，如今的它，到底是便宜了，还是贵了？

1

乙肝

1963年，Baruch Blumberg和Harvey Alter第一次从澳大利亚土著人的血液中发现了抗原性物质Aa（澳大利亚抗原，后改称HBsAg，即乙型肝炎表面抗原）。

1966年，Baruch Blumberg等在一个12岁的唐氏综合征男孩的血液中检测出有Aa，而且他还有肝炎症状。这说明，Aa可能与肝炎有关。1967年，Baruch Blumberg等人，报道了Aa参与乙型肝炎的形成，明确了这种抗原与乙型肝炎(简称乙肝)有关。

1970年，伦敦Middlesex医院的D.S Dane医生用电子显微镜发现了Aa阳性患者血样中的乙肝病毒颗粒。这是人类第一次发现乙肝病毒的结构。[1] 此后，科学家开始寻找治疗乙肝的药物。

起初，人们利用保肝药、干扰素等方式来治疗乙肝。但是，疗效并不好。

直到1995年，葛兰素史克（GSK）生产的第一种核苷类药物——拉米夫定上市了。它的抗病毒作用很强并且迅速，对艾滋病病毒、乙肝病毒、孢疹病毒等均有明显的抑制作用。因此，拉米夫定很快就成为治疗慢性乙肝的首选用药。

但是，人们却发现拉米夫定一开始疗效很好，但是使用后大多数患者会出现乙肝病毒耐药。为了克服耐药性问题，2005年，吉利德的阿德福韦酯上市，它对拉米夫定进行了一定的改进，耐药率降低。

不过，这样的操作，同时也牺牲了一定的抗病毒性。后来，直到2006年，一个既高效、又低耐药性的抗乙肝病毒药物——恩替卡韦（原研厂商施贵宝）上市了。

恩替卡韦，一经上市就成为乙肝主流用药，至今，还是市场占有率最高的抗乙肝药。但是，人们对乙肝药的研究并没有结束。

2006年，诺华医药的替比夫定在海外上市（在我国上市时间为2007年）。这款药相较之前的几款药而言，并无新意，在耐药性和抗病毒作用方面均无明显优势，因此基本也没什么仿制药。2008年，GSK的替诺福韦酯在海外上市（在我国上市时间为2014年），几乎可以应对所有耐药病毒株，达到零耐药性。

但是，替诺福韦酯虽然治疗数据好，但是用药量大，容易对肾脏和骨密度造成影响。因此，2016年替诺福韦艾拉酚胺上市，它被称为替诺福韦酯的升级版，疗效相当，但是用量却是替诺福韦酯的十分之一。[2]

年份	抗病毒发展
1995年	拉米夫定（GSK）
2000年	病毒型肝炎防治方案
2005年	阿德福韦酯：代丁领先贺维力上市；第一版慢乙肝指南
2006年	恩替卡韦（施贵宝）
2007年	替比夫定（诺华）
2010年	国产恩替卡韦（正大天晴）首仿上市；第二版慢乙肝指南
2014年	替诺福韦酯（GSK）
2015年	第三版慢乙肝指南

表1：我国抗病毒药发展史
来源：国信证券

综上，目前乙肝抗病毒药市场仍以恩替卡韦为主，市场占有率为69%，而替诺福韦酯由于疗效显著，市场份额上涨较快，目前市场占有率为14%，仅次于恩替卡韦。

国外的药层出不穷，而作为“乙肝大国”的中国，乙肝药却还是以仿制药为主。

1994年，我国自主研发的一款创新药——甘利欣，成为20世纪90年代保肝药第一品牌。其背后，就是本案，我国肝病药龙头——中国生物制药。

中国生物制药，背后的控股股东，名叫正大集团，是一家泰国公司，创始人是华侨同胞谢氏家族。正大集团第一代创始人——谢易初，1896年出生于汕头澄海蓬中乡。1922年下南洋谋生，在曼谷创办了正大庄菜籽行。

1950年，他又以爱国华侨的身份回到澄海县进行农业发展。之后，逐渐发展成为东南亚位居前列、泰国最大的现代化农牧集团，业务涉猎工业、养殖、食品加工、快餐店等多领域。

1979年，84岁的谢易初先生，交待他的儿子们要回国发展。不久后，时任正大集团总裁的谢国民来到当时还是小渔村的深圳，进行投资。1990年，正大集团又冠名我国第一个集知识、趣味和娱乐为一体的电视节目——《正大综艺》。

之后，正大集团进军医药行业。1997年，正大集团与江苏天晴制药合资成立了江苏正大天晴。这就是中国生物制药的核心子公司。

正大天晴，主攻肝病领域。它的前身，是成立于1969年的江苏生产建设兵团一师制药厂，主要生产普药大输液。但是，普药大输液竞争者多，利润空间不大。因此，中国生物制药之后转为生产化学药。

1992年，我国进行了一次自1949年以后最大规模的全人群乙肝血清流行病学调查。调查结果显示，当时1~29岁的人群中，乙肝病毒携带者为9.75%，高于世界卫生组织定义的高感染区8%的病毒携带率。

1994年，甘利欣（甘草酸二铵）上市，很快就成为肝炎患者保肝降酶的常用药。也正是因为这款药，奠定了正大天晴肝病药龙头的地位。

2000年，中国生物制药在香港上市。上市后，其通过自主研发和收购的方式，相继推出了收入规模在10亿元以上的“爆款”药。包括：润众、天晴甘美、凯纷、凯时等。

那么，这些药，到底业绩如何？我们接着往下看。

2

生意

中国生物制药，成立于1997年，控股股东是Validated Profits Limited，持有12.84%股份，实际控制人谢炳。

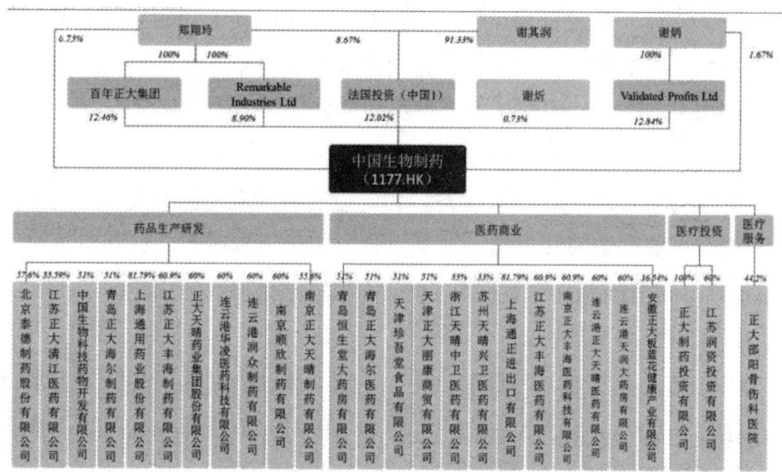

图2：股权结构（单位：%）
来源：中信证券

中国生物制药的主要产品是肝病用药、心脑血管用药、抗肿瘤用药、骨科用药等。其中，肝病用药是其主要收入来源，收入占比为30.7%；其次是抗肿瘤药（收入占比为15.3%）、心脑血管用药（收入占比为13.1%）、镇痛药（收入占比为10.9%）。

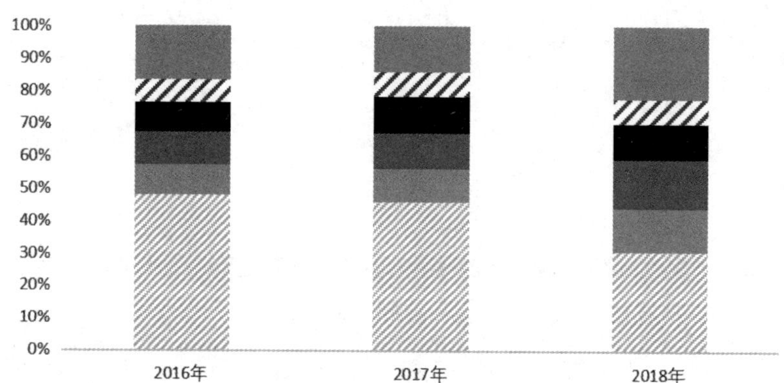

图3：收入结构（单位：%）
来源：并购优塾

其上游为原料药厂商，供应商分散，原料来源广泛；下游为医院、医疗机构等。销售模式分为直销和分销，且以分销为主。

这门生意赚多少钱，来看数据：2016年至2018年，其营业收入分别为141.56亿元、148.19亿元、208.89亿元；净利润分别为28.52亿元、36.54亿元、107.33亿元；毛利率分别为79.2%、79.14%、79.91%；净利率分别为20.09%、24.59%、43.31%。（2018年数据为业绩公告，非最终报表，且公告中无最新现金流数据）

2016年至2018年中报，经营活动现金流分别为30.88亿元、37.33亿元、20.59亿元。

从增速方面来看，近3年来，营业收入复合增长率为15%，3年净利润复合增长率83%。

目前，其销售额超10亿元的重磅产品有4个，分别是：润众（治疗乙肝，2010年）、天晴甘美（治疗慢性病毒性肝炎，2005年）、凯纷（镇痛药，2005年）、凯时（抗血小板聚集药，1998年）。

其中，润众的贡献收入最高，2018年，润众贡献销售收入32.58亿元，占收入的比重为15.6%；其次是凯纷（19亿元，占比9%）、天晴甘美（17.09亿元，占比8%）、凯时（7.56亿元，占比4%）。

由于其产品种类多，我们按照历史阶段，将其基本面划分为三个阶段，第一阶段：2003年至2006年（上市）；第二阶段：2007年至2011年（高速增长）；第三阶段：2012年至今。

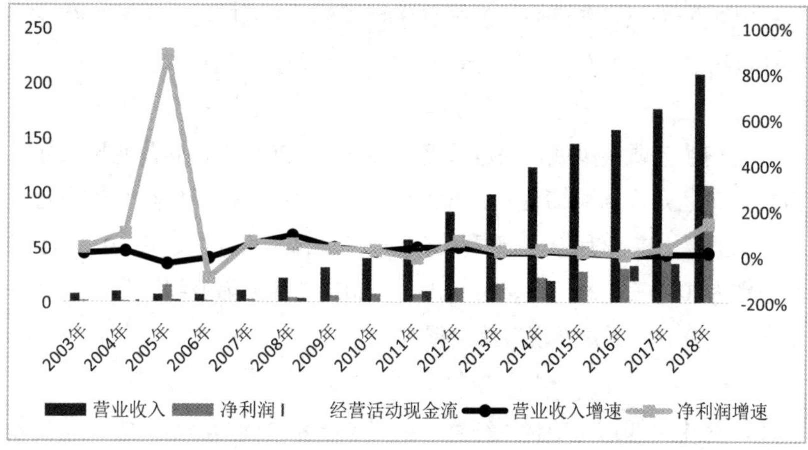

图4：历年营业收入、净利润和现金流等数据对比（单位：左：亿元、右：%）
来源：并购优塾

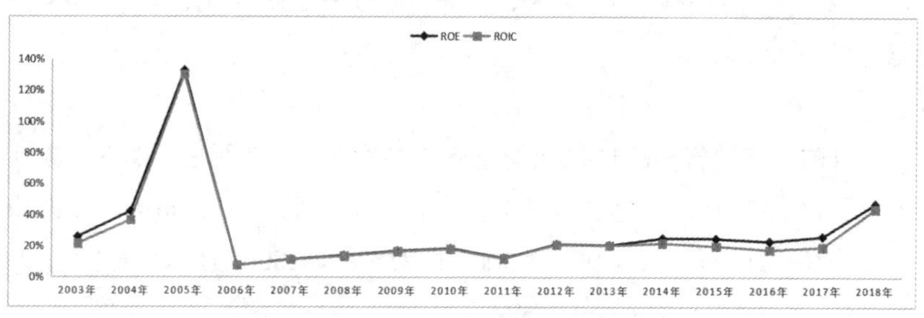

图5：ROE、ROIC（单位：%）
来源：并购优塾

看完上面的分阶段图，估计你会有几个疑问：

（1）投入资本回报率，为什么在2005年波动这么大？

（2）从2015年开始，ROE和ROIC为什么呈现喇叭口状，并且越拉越大？

3

上市

中国生物制药，2003年登陆香港主板。其实，刚刚上市的时候，营业收入和净利润的波动性较大。

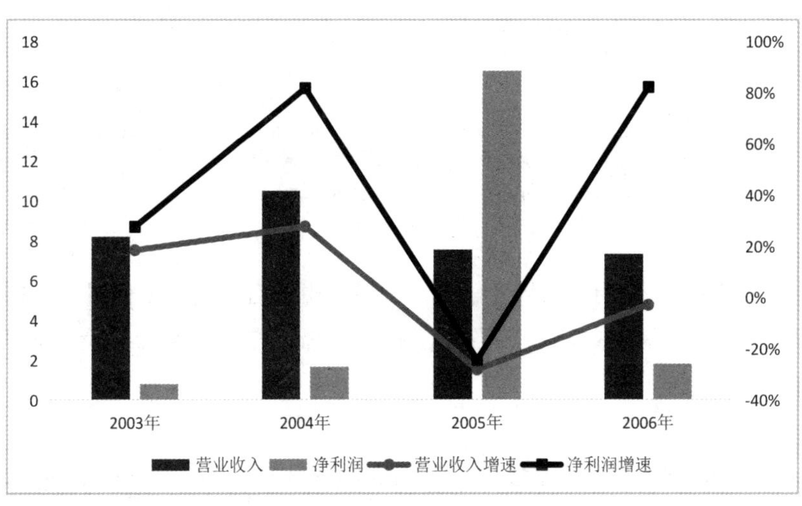

图6:营业收入、净利润、营业收入增速、净利润增速（单位：左：亿元、右：%）
来源：并购优塾

同时，它的ROE和ROIC的波动也较大。2003年至2005年，ROE和ROIC上涨，2006年大幅下降。

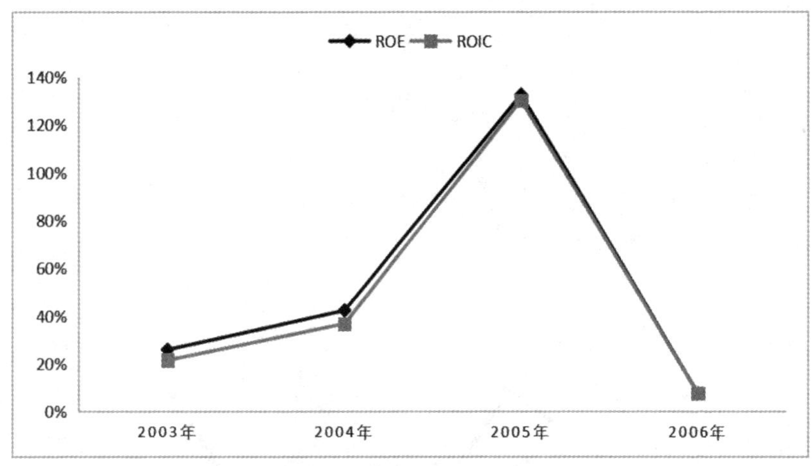

图7：2003年至2005年ROE、ROIC（单位：%）
来源：并购优塾

2005年ROE的上涨幅度较大，主要是由于当年处置子公司正大福瑞达获得一笔收益，导致当年净利润大幅度提高，从而使得ROE和ROIC上升。

上市初期，它的主要收入，来自核心子公司正大天晴，而正大天晴的主要研发方向是抗肝炎药。

肝炎，是指肝细胞发生炎症、中毒、坏死等情况，而后，维持肝细胞正常运转的催化剂——转氨酶，会逐渐释放到血液中，使血清转氨酶升高，从而影响肝细胞中氨基酸的分解和合成。

肝炎按不同类型，分为甲型肝炎、乙型肝炎、丙型肝炎等，其中，乙肝患者人数最多。2006年，我国慢性乙肝患者约9300万人，每年用于治疗乙肝的总费用约1000亿元。治疗乙肝的药主要分为4类：保肝护肝类药物、抗乙肝病毒药、增强免疫药和乙肝疫苗。其中，以保肝护肝类药物为主（占比39%）。

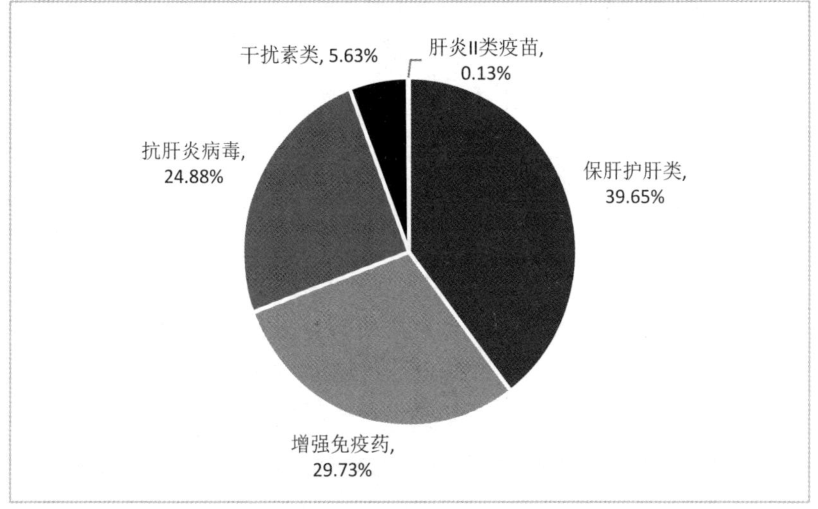

图8：肝病化学药市场格局（单位：%）
来源：米内网

中国生物制药当时的主要产品，是一款保肝药，也是创新药，名叫：甘利欣。甘利欣，是中国生物制药进入肝病市场的“敲门砖”，1994年面市，成为当时我国保肝药第一品牌。

但是，随着2006年专利到期，大量仿制药蜂拥上市，甘利欣出现了“专利断崖”，收入大幅下降。2006年，收入从3.2亿港元下降到2.57亿港元，收入增速也下降3%。

看到这里，你可能会好奇，难道它就依赖这一款重磅药吗，难道没有其他“在研储备”了吗？

其实，出现收入断层，有两个原因：一是替代甘利欣的药品（天晴甘美）2005年才刚刚上市，还没大规模放量；二是它收购的两款重磅药（凯时、凯纷），由于持股比率低，按比率分配到的收入也不多。

这3款药到底怎么样，我们逐个来看：

第一款药：天晴甘美（通用名：异甘草酸镁）——2005年上市并被列入国家医保药品目录。

市场上的保肝药，主要有6类：抗炎类药物、肝细胞膜修复保护剂、解毒类药物、抗氧化类药物、利胆类药物、中成药。其中，抗炎类药物为保肝药的主要品种，且以进口药为主，代表药物是：日本卫材（日本上市公司，代码4523.T）的复方甘草酸苷片。

这类抗炎药的药物原理，是降低血液中的转氨酶，抑制血清转氨酶升高，减轻肝组织的炎症。相较于其他的抗炎类药物，异甘草酸镁具有更强的抗炎、抗氧化、抗肝纤维化、调节免疫肝脏毒物、稳定细胞膜等优势。

第二款药凯时和第三款药凯纷，都是其在2003年，向北京泰德制药收购而得，收购股权比率为35%。其中：

凯时（通用名：前列地尔注射液），是一种抗血小板聚集药，主要用于治疗心肌梗死、血栓性脉管炎、闭塞性动脉硬化等，是1998年上市的创新药，并列入国家医保药品目录。

前列地尔是仅次于氯吡格雷（市场占有率8.58%）的品种，在心脑血管类药物中位居第二，市场占有率7%。前列地尔通过抑制血小板释放血栓烷A2（用于激活血小板，使其聚集），从而抑制血小板的聚集，具有明显的扩张血管、抑制血小板聚集、促进红细胞变形、改善心脑血管微循环等作用。

凯时的特殊之处，还在于采用了独特的药物结构，以脂肪粒为药物载体，既保证了药物的活性，又能将承载的药物集中运送到病变部位，实现精准释放，因此，疗效较同类产品更为显著。

前列地尔市场的竞争格局较为激烈，例如哈药集团、珠海许瓦兹等。但凯时的市场占有率很高，2006年市场占有率达到95%左右。

凯纷（通用名：氟比洛芬酯注射液），属于非甾体抗炎药（NSAIDs），具有镇痛作用。2005年上市并列入国家医保药品目录，用于术后及癌症的镇痛。

注意，凯纷虽然是镇痛药，但是，它与芬太尼、吗啡等麻醉性镇痛药不同，它属于解热镇痛抗炎药，该类镇痛药不具备成瘾性，经典代表药物有阿司匹林。

非甾体抗炎药，可以通过抑制环氧化酶，从而抑制前列腺素（一种致炎因子）的催化合成，并最终实现降低手术创伤痛感。

综上来看，中国生物制药在该阶段的营业收入主要是靠甘利欣支撑，其他药物的贡献不突出，一旦核心药物销售下滑，股价相应受到拖累。

2003年至2005年间，股价和PE均处于上涨状态，但2006年业绩下滑，二者又开始双双下挫。

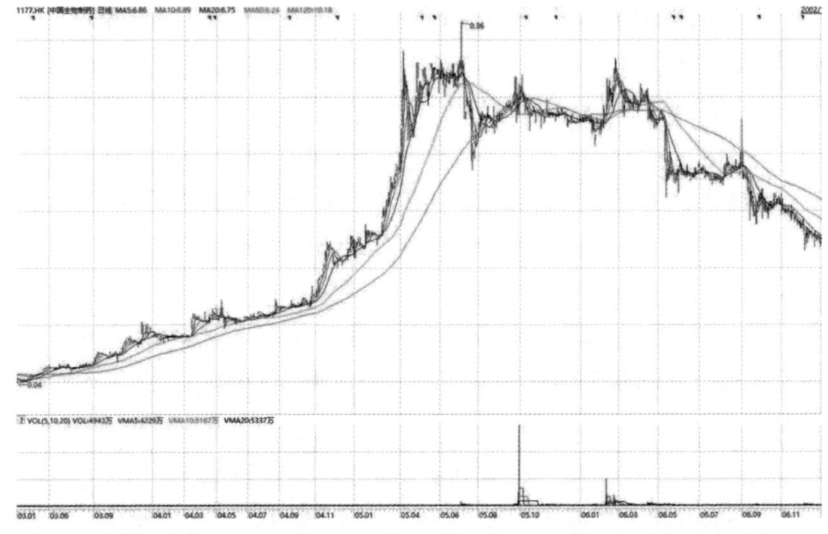

图9：股价图（单位：港元）
来源：wind

不过，这一时期的股价下跌，只是暂时的，因为此时中国生物制药手握3款新药，未来的业绩增长确定性极强。不信？接着往下看。

4

放量

2007年至2011年，上述3款药持续放量：

凯时——销售收入从4.43亿港元上涨至13.54亿港元，年复合增速达到32%；

凯纷——销售收入从0.6亿港元上涨至4.17亿港元，年复合增速达到62%；

天晴甘美——销售收入从0.61亿港元上涨至8.51亿港元，复合增速达到43%。

整体上看，药物是在放量，但是注意，这3款药中，除凯时以外，销售额都在10亿港元以下，还不能称之为重磅药品。

而凯时，虽然在2010年，销售额突破了10亿港元，但是，由于中国生物制药只占该药品收入权益的35%，所以，实际贡献的收入也要大打折扣。

于是，从营业收入、净利润增速的角度来看，虽然业绩稳步增长，但是，业绩增速的波动性较大。

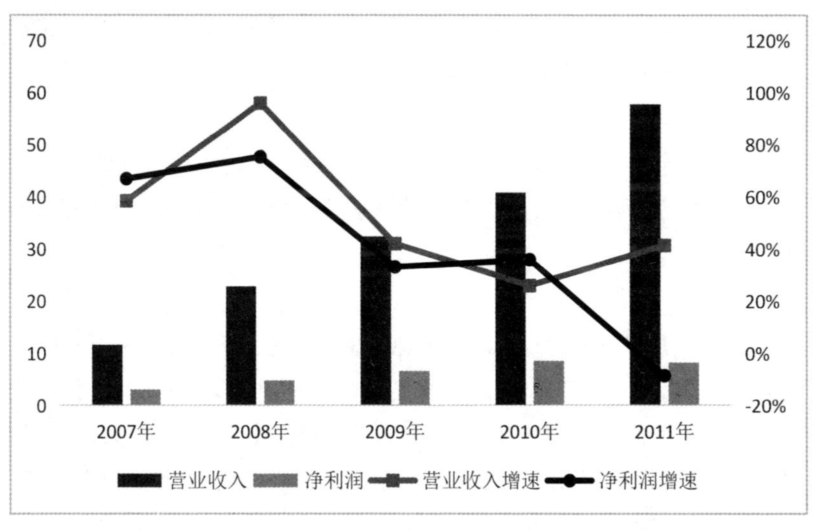

图10：营业收入、净利润、营业收入增速、净利润增速（单位：左：亿元、右：%）
来源：并购优塾

那么，这一阶段的投资回报率情况如何，我们再来对照着ROE和ROIC看一下。

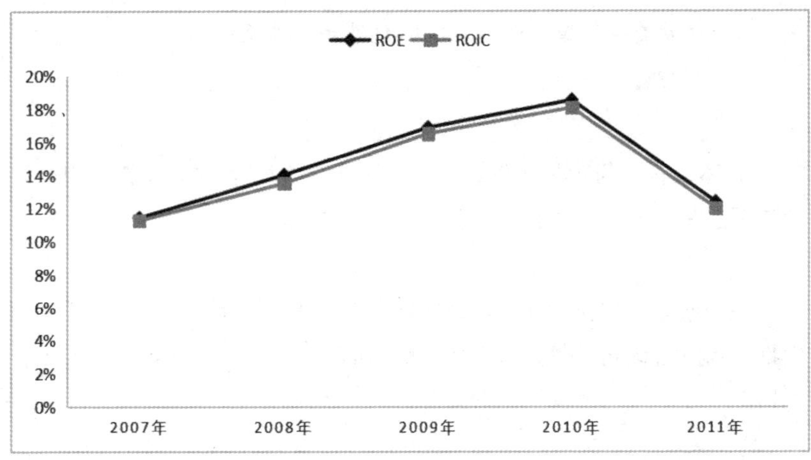

图11：ROE、ROIC（单位：%）
来源：并购优塾

图中可见，这一时期，ROE和ROIC基本处于上升状态，但在2011年出现下降。主要是由于当年有一款新药上市，为了推广新药而增加了销售费用，导致当年的净利率较大幅度下降。

那么，新上市的药，是什么？答案是：润众（恩替卡韦分散片）。它是一种抗乙肝病毒类的首仿药，由子公司正大天晴研发，原研药叫博路定（施贵宝研发，2005年上市）。

乙肝，是指乙肝病毒检测为阳性的患者，是由于感染乙型肝炎病毒（HBV）引起的。乙肝患者和HBV携带者是主要的传染源。HBV的传染性非常高，是艾滋病病毒的100倍，可通过母婴、血和血液制品、破损的皮肤黏膜及性接触传播。目前，国内仍然约有9000万人为乙肝病毒携带者，占总人口数的8%~10%。

虽然乙肝疫苗起到了一定抑制HBV传播的作用，但其占乙肝用药市场的比率还很小，即使在现在，也只有0.13%。所以，乙肝用药的市场规模还是很大的，2015年市场规模约为162.76亿元。在2007年至2011年间，主要用于治疗乙肝的药物有：恩替卡韦、拉米夫定、替比夫定、干扰素等。

其中，恩替卡韦是治疗乙肝的核心用药，2011年占乙肝用药市场的市场占有率约为40%左右。恩替卡韦分散片是新一代核苷类似物，它是通过与乙肝病毒的RNA结合，使其复制出错，从而阻断乙肝病毒DNA的复制。

恩替卡韦抑制病毒复制效应强、低耐药性，可以抑制病毒多聚酶的活跃，同时，又有高生物利用度、吸收快、不良反应少等特点。

所以，恩替卡韦上市后，放量很快，2010年底销售额就突破1亿元，为1.45亿港元，2011年收入4.97亿港元，同比增速高达220%。上市第二年，其就成为中国生物制药第四大产品——也正是因为这款药，巩固了中国生物制药的“肝病药龙头”的地位。

这一阶段，除2008年全球金融危机的影响外，ROE上升，PE、股价持续上升。但随着2011年ROE略微下降，股价和PE也小幅回调。

中国生物制药的4款核心产品，在这一阶段都已经完成放量，可是，接下来的问题在于，它们的放量却并不持久。

5

增速变缓

在这一阶段，仅有凯纷仍保持高速增长。其他几款表现不容乐观：

润众——2011年上市，但收入增速从2016年就开始下滑，2017年甚至出现了负增长。润众收入的下降，主要是由于2015年替诺福韦酯在我国上市，它是目前疗效最好的乙肝用药，上市后迅速抢占市场，对润众造成了很大的冲击。

而另外两款核心药的情况更糟。天晴甘美，收入从2016年出现负增长；而凯时，因为上市时间长，从2012年就一直保持收入下降的趋势。

你看，这几款药的生命周期，分别为：润众6年、天晴甘美10年、凯时15年。和济川药业（儿科用药）、信立泰（心血管用药）比起来，其生命周期有点短。药品的生命周期短，导致业绩增速不断放缓。

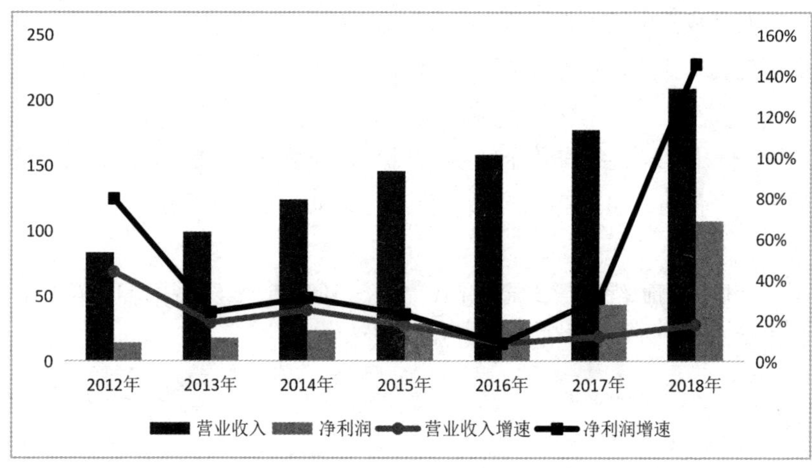

图12：营业收入、净利润、营业收入增速、净利润增速（单位：左：亿元、右：%）
来源：并购优塾

此刻，再对照它的ROE和ROIC来看：

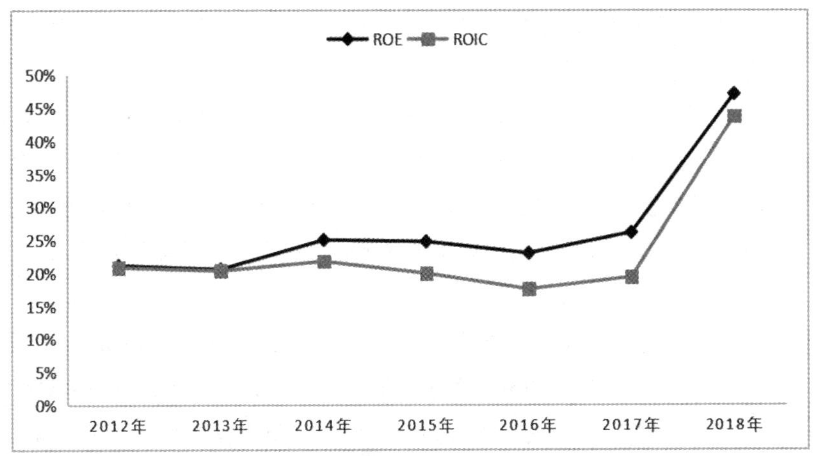

图13：2012年至2017年ROE、ROIC（单位：%）
来源：并购优塾

注意，ROE整体保持上涨，但ROIC则出现了下降。如果仔细查看出现这个背离的原因，是由于杠杆加大。那么问题来了：

（1）为什么从2014年起，中国生物制药的杠杆越来越大？

（2）为什么ROIC出现了下降？

（3）为什么2018年业绩大幅度上升？

先来看第1个问题，为什么从2014年起，中国生物制药的杠杆越来越大？

杠杆放大的原因有两种：一是经营状况变差，现金流趋紧，需要借款来维持运营；二是需要资金进行扩充产能或并购。而本案就属于第二种，不过，它并购的公司类型，有点杂。

2014年，它新增长期借款10.17亿元。而在2014年至2015年间，它收购了两家公司，分别是：博爱眼科、Karolinska Development AB。另外，还收购了土地及物业，以扩大生产经营。

2017年之后，它还通过分次并购的方式，收购了几家公司：一是，2008年，收购青岛海尔医疗51%的股权，而后，在2017年，增持股份至93%，实现控股；二是，2018年，再次增持北京泰德24%的股权，控股比率达到57.6%，支付了价值128.96亿港元的股权，商誉激增了99亿元。

另外，值得注意的是，它的少数股东权益占股东权益的27%，是由于它收购比率大多为50%~60%，恰好踩在“控制”的比率上。一般来说，少数股东权益仅在子公司出现亏损时，会使归少数股东所有的净利润为负，而归母净利润为正，其他情况影响不大。

再来看第2个问题，为什么ROIC出现了下降？

ROIC=息前税后经营利润 / 投入资本，如果利润增速小于总资产增速，ROIC就会下降。

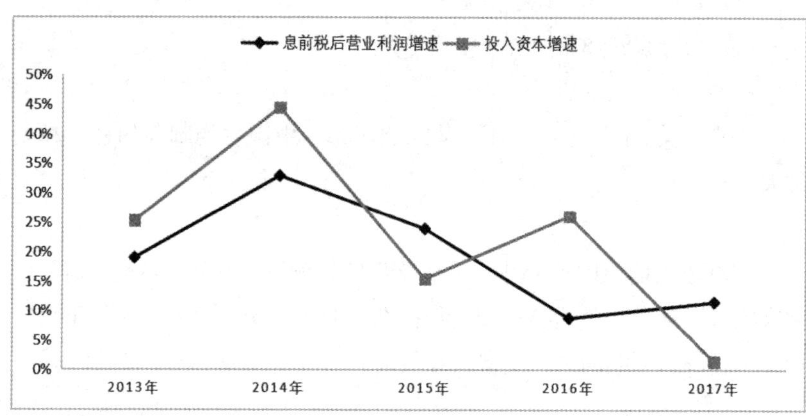

图14：ROIC分析（单位：%）
来源：并购优塾

ROIC下降，意味着投入资本对息前税后净利润的拉动作用有所下降，边际效益下滑。

但是，这并不代表它的投入方向是错误的。因为收购公司需要一定时间的整合期，短时间内可能无法为收购方带来明显的好处。2017年，虽然投入资本的增速下降，但是息前税后营业利润的增速却出现了上升，说明之前的投入开始慢慢得到了回报。

再来看第3个问题：为什么2018年业绩大幅度上升？

2018年，由于泰德医药并表，导致当年中国生物制药的营收、净利润大幅度上升，ROE和ROIC也随之大幅度上涨。

再来对照股价看看，一个大V字形。

图15：股价图（单位：港元）
来源：wind

分析到这里，可以发现：本案虽然目前的收入还在上升，但是几款核心产品的盈利能力已经开始有下滑迹象。那么，如果是你，接下来该怎么办？

6

研发情况

想要继续保持增长的状态，就必须有新的“爆款”药上市并迅速放量，以接替这几款已经开始走下坡路的核心产品。那么我们来看看它的研发情况。

先来看数据：2015年至2017年，中国生物制药的研发支出为10.55亿元、13.68亿元、15.95亿元；占收入的比重分别为8.95%、10.1%、10.76%；资本化比率8%、2%、3%。

这个数据是什么水平，我们来看同行情况。

恒瑞医药——2015年至2017年研发费用分别为8.92亿元、11.84亿元、17.89亿元；研发费用占收入比分别为9.57%、10.67%、12.93%；资本化比率为0。

石药集团——2015年至2017年研发费用分别为3.25亿港元、4.03亿港元、8.15亿港元（折合人民币2.83亿元、3.51亿元、7.09亿元）；研发费用占收入比分别为2.85%、3.26%、5.27%；资本化比率为0。

信立泰——2015年至2017年研发费用分别为3.15亿元、3亿元、4.39亿元；研发费用占收入比分别为9.05%、7.83%、10.57%；资本化比率为44.16%、25.25%、25.53%。

吉利德——2015年至2017年的研发成本分别为30.14亿美元、50.98亿美元、37.34亿美元（折合人民币200.93亿元、364.14亿元、248.93亿元），研发费用占收入比分别为9.37%、17.02%、14.55%，未披露资本化比率。

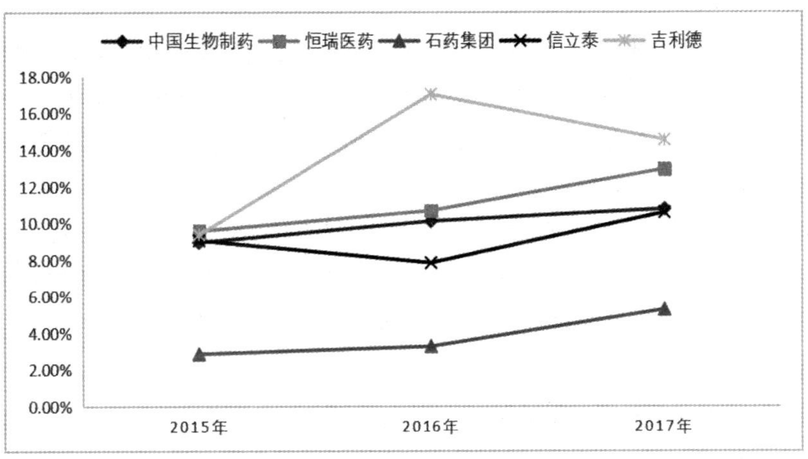

图16：研发费用占收入的比重（单位：%）
来源：并购优塾

由于吉利德主要以创新药为主，研发费用占收入比重较高。而在国内，恒瑞医药的创新药研究不断扩大，研发投入占比较高，研发能力较强。而中国生物制药的研发投入也不低，略低于恒瑞医药。

那么，中国生物制药投入了这么多钱，都有什么潜在的重磅药呢？

中国生物制药在研产品共有478件，涉及的领域覆盖肝病、心脑血管、抗癌、呼吸。其中，有3款药的销售峰值，预计可以达到10亿元以上。分别是福可维（盐酸安罗替尼）、替诺福韦艾拉酚胺半富马酸盐片、重组人凝血Ⅷ因子。分别来看：

（1）福可维（盐酸安罗替尼）胶囊

福可维胶囊，已于2018年5月获批上市，主治非小细胞肺癌（NSCLC）。上市首日就创下1.3亿元的销售额。

盐酸安罗替尼，是一种新型小分子、多靶点、络氨酸激酶（TKI）抑制剂，具有抗肿瘤血管生成和抑制肿瘤生长的作用，拥有广泛的抗瘤谱，对肺癌、软组织肉瘤、甲状腺髓样癌、肾癌等癌症治疗均有疗效。

目前，国内外关于NSCLC的一线和二线药物，品种丰富，但是据统计，20%至30%的NSCLC患者会产生耐药性和突变。于是，在这种情况下，就需要进行三线药物治疗，但目前国内外能选择的三线药物较少。

盐酸安罗替尼，是晚期NSCLC抗血管生成靶向药物中仅有的单药有效口服制剂，安全性良好，有望成为晚期NSCLC患者三线治疗的标准用药。这款产品，预计销售峰值将达到30亿元。

（2）替诺福韦艾拉酚胺半富马酸盐片

替诺福韦艾拉酚胺半富马酸盐片（简称：TAF），是替诺福韦酯的“升级版”。目前，尽管替诺福韦酯是治疗乙肝效果较好的药，但是由于用量较大，因此具有一定的肾毒性。而TAF的使用剂量仅为替诺福韦酯的十分之一，安全性更优。

所以，它有望代替润众，成为销售峰值超过20亿元的重磅药。

不过，该药为仿制药，其原研药为吉利德的Vemlidy，专利期在2021年结束。因此，目前正在做一致性评价，预计专利到期后，才能获批上市。

（3）重组人凝血因子Ⅷ

重组人凝血因子Ⅷ，主要用于治疗甲型血友病。血友病的发病率约为2.73人/10万人，其中甲型血友病占比80%。国内血友病市场规模超过20亿元。

重组人凝血因子Ⅷ，不依赖血源，发展潜力大，但技术要求高。国内重组人凝血因子Ⅷ的市场，被拜耳、百特和惠氏3家外资药企占据，定价较高，而国内暂无该类药品上市。所以，中国生物制药的这款药上市后，替代进口药的空间较大。

就本案而言，其销售峰值也可能超过10亿元，目前正在进行新药申请，预计2019年上市。

研究到这里，几个已经上市的重磅品种，以及几个重点在研品种及落地时间已经分析清楚。那么，接下来，未来的业绩又将如何？

7

收入预测

我们基于市场规模、增速以及市场竞争格局、可替代品等因素，来对它的业绩做一下粗略预测。先来看它的核心产品。

（1）润众（恩替卡韦）

对于润众的收入预测，我们主要从以下几方面考虑：

第一，从历史增速看，润众从2015年至2018年，历史年复合增速为7%；第二，从行业增速上来看，肝病药未来市场增速为12%；第三，考虑到虽然目前恩替卡韦的市场占有率很高，达到69%。但是其竞品替诺福韦酯的疗效明显优于恩替卡韦，并不断放量，预计未来会进一步抢占恩替卡韦的市场份额；第四，在带量采购中，中国生物制药的降价幅度高达91.86%。但是，此次带量采购仅占全国市场份额的15%~18%。我们来粗略计算一下影响有多大：

①带量采购之前，润众的市场份额为69%，假设总体市场规模为100个单位，则收入为69元。

②降价91.86%时，其收入为：69%×100×（1-15%）+15%×100×（1-91.86%）=59.87元。

③如果不降价，放弃15%市场份额，其收入为：69%×100×（1-15%）=58.65元。

④降价多少，才能保持原收入规模：1-［69-69%×100×（1-15%）］

/（15%×100）=31%。

根据计算，此次带量采购，其2019年收入可能会减少13%左右，但是，它通过降价仍可获得更高的收入，所以，尽管降价幅度巨大，但此次以价换量是值得的。

综合以上4点，我们赋予润众2019年6%的增速，未来为7%的增速。据测算，2019年至2021年润众的销售额大约为37.79亿元、40.44亿元、43.27亿元。

（2）天晴甘美（异甘草酸镁）

对于天晴甘美的收入预测，我们主要从以下几方面考虑：

第一，从历史增速来看，天晴甘美2015年至2018年，历史年复合增速为-4%；第二，从行业增速上来看，肝病药未来市场增速为12%；第三，考虑到天晴甘美的市场占有率为17.5%，是保肝药中市场占有率第一的品种，目前尚无具有威胁的竞品，短时间内不会被其他药品替代。

综合以上三点，考虑到天晴甘美已过高速增长期，现已经增长乏力，甚至收入出现了小幅度下降。因此，我们预测天晴甘美2019年至2021年的收入维持在2018年17.09亿元的水平。

（3）凯纷（氟比洛芬酯注射液）【影响未来业绩的重点品种】

对于凯纷的收入预测，我们主要从以下几方面考虑：

第一，从历史增速来看，凯纷2015年至2018年，历史年复合增速为

24%；第二，从行业增速上来看，镇痛药未来市场增速为15%；第三，目前，在样本医院的非甾体抗炎药市场份额达43%。考虑到目前尚无可替代的竞品出现，短时间内不会对它造成威胁。

综合以上3点，我们赋予凯纷24%的增速。据测算，凯纷2019年至2021年的销售额大约为23.56亿元、29.21亿元、36.23亿元。

（4）凯时（前列地尔）

对于凯时的收入预测，我们主要从以下几方面考虑：

第一，从历史增速来看，凯时2015年至2018年，历史年复合增速为-17%；第二，从行业增速上来看，抗血小板聚集药市场增速为15%至20%；第三，凯时的上市时间较长，加之目前市场上的竞争对手至少有6家，竞争格局激烈。虽然凯时的市场占有率较高，为35.1%，但是处于逐年下降的状态，从2006年的95%，到2018年下降为35%。

综合以上三点，我们预计凯时的销售额将会进一步下降，并赋予凯纷17%的减速。据测算，凯时2018年至2020年的销售额大约为6.27亿元、5.21亿元、4.32亿元。

（5）福可维（盐酸安罗替尼）【影响未来业绩的重点品种】

对于福可维的收入预测，我们主要从以下几方面考虑：

第一，2015年我国新增肺癌患者73.3万例，2012年至2015年，年复合增速为3.93%。其中，NSCLC患者占总肺癌患者的80%至85%，而晚期患者占40%至50%。并且，晚期NSCLC患者中，20%至30%会接受三线治疗；

第二，福可维上市首日实现收入1.3亿元，放量很快，目前已经超7亿元；第三，NSCLC的行业预计增速为15%；第四，外部研究员预计未来3年的收入分别为12亿元、18亿元、27亿元。

这里，主要参考外部预测，福可维2019年至2021年的销售额大约为12亿元、18亿元、27亿元。

除此之外，中国生物制药另外两款主要在研药，预计上市时间为2019年至2021年，由于上市初期放量较小，对整体收入规模影响不大，因此，本案暂不对其预测。

看到这里，主要产品的分项收入预测已完成。接下来，做个总收入预测，并进行本案最重要的工作——估值。

由于，润众、天晴甘美、凯时、凯纷这4款产品的收入，占总收入比重为46%，但这些产品的收入增速有所放缓，这里保守按照37%进行倒推。

另外，刚上市的福可维，放量快，我们也纳入本次收入预测，其2019年至2021年销售额约为12亿元、18亿元、27亿元。

依据表2倒推出2019年至2021年的总收入，分别约为490.37亿元、545.68亿元、618.42亿元。

	2016A	2017A	2018A	2019E	2020E	2021E
润众	31.55	31.69	32.58	37.79	40.44	43.27
天晴甘美	19.31	19.25	17.09	17.09	17.09	17.09
凯纷	12.46	15.73	19	23.56	29.21	36.23
凯时	12.71	10.9	7.56	6.27	5.21	4.32
合计	76.04	77.57	76.23	84.72	91.95	100.91
福可维				12	18.00	27.00
合计	152.09	155.14	152.46	181.44	201.90	228.82

表2：各产品收入预测（单位：亿元）
来源：并购优塾

接着，依据近3年数据，其净利率稳定在22%左右。因此，我们预估2019年至2021年的净利润率稳定不变，预测净利润分别为117.69亿元、130.96亿元、148.42亿元。

得到了预测净利润，那么，我们再选取可比公司的PE作为参考，简单预测一下它的合理估值大约是多少。

对比产品结构相似的可比公司历史估值区间来看：恒瑞医药为30倍至60倍、石药集团为18倍至25倍、信立泰为20倍至35倍、吉利德为5倍至35倍。

同时，中国生物制药自身的历史估值区间，约为20倍至33倍。

另外，再考虑中国生物制药的ROIC，近3年为18%至20%。综合考虑其巨头地位和其他巨头对比，取PE数据为20倍至40倍。

不过，只用可比公司法进行估值，还远远不够。还需要多种不同逻辑的估值方法，进行交叉验证。

8

DCF现金流贴现

由于中国生物制药上市以来经营稳定，经营活动现金流整体较稳定，适合用DCF现金流贴现估值法。同时，由于2018年收购子公司为非经常性行为，加之，考虑了此事件后，估值和历史区间不可比，因此，我们忽略此次并表，进行估值。我们来分步测算。

第一步假设，业绩增速。我们从历史增速、行业增速、机构预测增速、内生增速几个维度分析。

（1）历史增速——从本案的历史数据看，其2015年至2017年营业收入的复合增速为10%，净利润复合增速为23%。净利润复合增速高于营业收入增速，一方面由于毛利率有小幅度提升，另一方面由于投资收益上涨。综合考虑，取均值16%为历史增速。

（2）行业增速——目前，其收入占比仍以肝炎药为主，占比44%，因此，按照肝病药行业来看，行业增速为12%。

（3）机构预测增速——参考全市场机构分析师的预测数据，2018年至2020年，营业收入增长预测增速分别为41.91%、22.23%、20.67%。

（4）内生增速——上述预测，都是基于外部数据，我们再通过“内生数据”来预测业绩增速，用作辅助判断。预期利润增长率（内生增速）=资本报酬率×再投资率。

经我们计算，2008年至2017年再投资率的平均值为78%。资本报酬率，我们用ROIC衡量，2008年至2017年的ROIC平均值为19%。测算下来，其内生的预期利润增长率约为15%。

综上，历史增速16%、行业增速12%、机构预测增值28%、内生增速15%。因此，我们按照乐观、保守算法，去增长率为16%、12%，进行现金流贴现估值。

第二步假设，现金流情况。此处，我们取2013年至2017年企业自由现金流的平均值17亿元。

第三步假设，贴现率。我们采用加权平均资本成本（WACC）来预测。WACC的定义，是对投入企业的股权成本以及债务成本，根据其二者的结构配比进行加权计算，得出的平均资本成本。

股权成本——无风险收益率为3.41%（5年期国债收益率），贝塔值为0.98，平均资本收益率为9.96%（5年上证综指平均收益）。计算得出的股权资本成本为9.8%。

债权成本——由于中国生物制药没有公司债，我们取平均债务调整因子为2；短期利率为6个月短期贷款利率4.35%；长期利率为1年以上中长期贷款利率4.75%，计算得出债务成本为9%。

综上，资金来源96%为股权资本，4%来源于债权资本，所以，本案WACC的取值为9.7%。

第四步，永续增长率。考虑到中国生物制药未来前景稳定，所以，采取相对乐观的永续增长组合：乐观预估6%（GDP增速），保守预估3%（CPI增速）。

第五步，估值。按照上面的增长率，乐观值定为16%，保守值定为12%，我们进一步将其发展阶段分段，为“高速增长阶段——换挡增长阶段——稳定增长阶段——永续增长阶段”4个阶段，并赋予不同的增速。

按照乐观的增速——第一阶段：高速增长阶段，假设增速为A=16%，时间约为3年；第二阶段：换挡增长阶段，增速降低到第一阶段的60%×A，为9.6%，时间约为4年；第三阶段：稳定增长阶段，增速为6%，时间为3年。第四阶段：永续增长率定为6%。

所以，乐观的数据假设组合为：增速16%、折现率9.7%、永续增长率6%。

按照保守的增速——第一阶段：高速增长阶段假设增速为A=12%，时间约为3年；第二阶段：换挡增长，增速降低到第一阶段的60%×A，为7%，时间约为4年，第三阶段：稳定增长阶段，增速为4%，时间为3年。第四阶段：永续增长率定为3%。

所以，保守的数据假设组合：增速12%、折现率9.7%、永续增长3%。

我们按照上述参数，计算出企业价值大约在578亿元至1087亿元，扣除其债务76亿元，对应的市值大约在502亿元至1005亿元，对应的2017年的静态市盈率大约在13倍至27倍。

此外，综合收入预测及可比公司法得到的20倍至40倍估值区间，同时，考虑到本案的龙头地位以及未来的并购预期，大致可给予20倍至40倍的数据区间。对应的来看，如果估值在20倍左右及以下，相对具有安全边际，而如果估值上升至40倍以上，则安全边际相对较低。

而目前，本案的PE-TTM为9倍，市值为937.8亿港元（折合人民币802亿元）。此处的9倍的PE，是由于2018年年报对子公司并表，导致PE大幅下跌，如果扣除并表因素影响，PE-TTM大约在21倍。

值得一提的是，任何人在任何时间任何地点，对任何公司，都不可能做到百分之百准确的预估，因而本案仅做方法讨论，具体数据不具备任何参考价值，也不做任何建议。市场有风险，投资需谨慎。

本报告参考资料如下，特此鸣谢

[1] “全面了解乙肝，解读乙肝发展史”，2009.11.18，99健康网。

[2] “抗乙肝病毒六种药物的光辉历史，或许还有更多！”2017.7.18，肝健康资讯。

本文发布于2019年4月5日

微芯生物

中国创新药对外授权研发鼻祖

今天我们要研究的这家公司，是科创板中的一员，属于医药赛道，增长极快，营业收入年复合增速为31.9%，净利润年复合增速为248%。此外，其主要产品的毛利率高达96%，在A股化学药行业中排名第一，秒杀恒瑞医药（86.76%）、信立泰（78.68%）等医药龙头企业。

首先，从研发投入占收入的比重来看，2018年达到55.85%，这个研发投入强度，远超过被称为创新药概念股的恒瑞医药（15.3%）、贝达药业（20.05%）。

其次，它还是中国创新药license out的鼻祖。这家公司，采用“license out”的授权研发模式，该模式一般都为研发实力强大的公司所采用。比如，百济神州（号称是中国的“基因泰克”）、恒瑞医药（2015年开始做授权研发），从国际上来看，Juno（与新基合作）、Bluebird（与新基合作）、Kite（与安进、吉利德、罗氏等合作）等知名制药公司也进行授权研发。

它，名叫微芯生物，主营业务为针对恶性肿瘤、糖尿病、免疫性疾病的创新药物开发。微芯生物后的股东名单很豪华——淡马锡投资、礼来亚洲基金等知名的投资机构，以及医疗基金均在列。其中，淡马锡投资的全资子公司祥峰投资，早在2001年其成立之初，就成为其股东，礼来亚洲基金则在2009年进入。

看到这里，接下来重要的问题来了：

（1）它为什么研发投入强度这么高，并且能被多家知名基金看好，还成为我国医药领域首个对外授权研发产品的公司？

（2）它究竟研究了什么药物，毛利率能够达到96%？除此之外，还有哪些在研管线，未来前景如何？

1

彪悍数据，如何炼成？

20世纪90年代，微芯生物的创始人鲁先平，在美国的一家药物公司北美研发中心研究部担任负责人。当时，我国的医药企业以仿制药为主，创新药研发凤毛麟角，医药产业还处在生态链的最底层。

鲁先平看到了国内巨大的市场潜力，2000年，他和5位来自不同领域的年轻中国学者，决定回国创业。2001年，他在深圳创立了微芯生物，主要从事于小分子药物的原创研发。

但是，在全球制药行业中，创新药研发是一个高投入、长周期的产业。一个新药研发周期可能长达10~15年，这期间还伴随着研发失败的高风险。所以，新药研发，不仅要有技术，还得要有资金。

技术，对于专业出身的他们而言，并不是大难题，反倒是资金捉襟见肘。一开始，在2001年成立之初就顺利拿到了5000万元的风险投资，但对于创新药研发而言，杯水车薪。

2005年，它终于研发出了中国首个抗肿瘤原创新药——西达本胺，提交临床试验申请。但是，由于融资困难，包括鲁先平在内的所有人，工资都减少了一半，当初共同创业的5个人也只剩下3个。

无奈之下，2006年，微芯生物决定将其正在研发中的西达本胺，在国外进行专利授权（license-out）。

其采用“许可费+里程碑收入+收益分成”的方式，开创了中国创新药对外权益许可的先河，也是中国首个授权美国等发达国家使用专利的原创新药。

创业嘛，有时候没办法。尽管由于研发并未进入临床阶段，授权太早，微芯的授权收益有限，不过这却让它能够继续生存。

2009年，微芯生物又拿到了礼来亚洲基金的500万元融资，虽然钱不多，但也是国际医药巨头对其研发实力的一种认可。随着新药上市临近，微芯生物越来越受到资本市场的青睐，先后在2013年和2014年，获得了上亿元的融资。

渡过难关的微芯生物，终于在2014年12月迎来了首款原创药品——西达本胺的上市。而这一次，赶在科创板的风口，其恰好满足了科创板上市的条件，即：预计市值不低于人民币10亿元，最近一年净利润为正且营业收入不低于人民币1亿元。

因此，其拟发行不超过5000万股，占发行后总股本的比率不低于10%，本次计划募集资金8.035亿元，投前估值80亿元。

看到这里，如果你是微芯生物的老总，你觉得对这家公司来说，最重要的是什么？

2

到底怎么赚钱?

答案是：研发实力，以及所选药品的赛道。

微芯生物，成立于2001年。其控股股东及其一致性行动人合计持股比率为31.8633%，实控人为鲁先平。其主营业务为针对恶性肿瘤、糖尿病、免疫性疾病的创新药物开发。

2016年至2018年，其营业收入分别为0.85亿元、1.1亿元、1.48亿元；净利润分别为0.05亿元、0.26亿元、0.31亿元；经营性净现金流为0.63亿元、0.05亿元、0.24亿元；毛利率为97.5%、95.2%、96.3%；净利率为6.3%、23.4%、21.2%。

从业绩增速来看，3年营业收入复合增速为31.9%，净利润年复合增速为248%，净利润增速远高于营业收入增速。目前，其收入主要来源于创新药销售和专利技术授权费。

（1）创新药销售——主要产品为西达本胺，用于治疗外周T细胞淋巴瘤。

（2）专利技术授权费——是指通过license out的方式，将西达本胺授权给其他公司在其他国家或地区销售的权利，并收取相关许可费、里程碑收入，以及收益分成。具体包括：

2007年，授权沪亚生物国际公司（美国企业）在美国、日本、欧盟等国家或地区销售权利；2013年，授权华上生技医药公司（台湾地区企业）在台湾地区的销售权利。截至2018年，共收到专利技术授权费收入

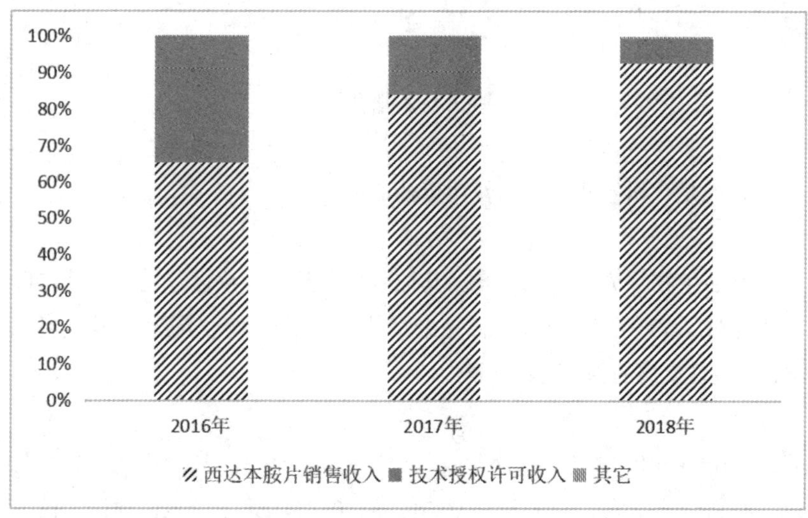

图1：收入结构（单位：%）
来源：并购优塾

合计约8800万人民币。

其上游，为化学制剂及原料药供应商，前五大供应商采购额占采购总额比重为77%，集中度比较高。但是由于其核心技术为微芯生物自有，原料药也是自己生产，供应商只提供一些基础化学原材料，因此微芯生物对上游企业的话语权较强。

其下游，为分销商、医院等，前五大供应商销售额占总销售额比重为79.7%，主要为分销商，包括华润、国药、上药等全国性分销巨头，供应商集中度较高，所以，微芯生物对下游的话语权不是很强。

从资产负债表结构上看——2018年，其资产总额为7.46亿元。其中，占比较大的科目分别为：在建工程（36%）、开发支出（19.6%）、货币资金（17.6%）。负债中占比较大的科目为长期借款（11.7%）和递延收益（10.5%）。

从利润表结构上看——2018年，营业收入为1.48亿元，其中，营业成本占比3.7%、销售费用占比34.6%、研发费用占比28.5%、管理费用占比19.7%，最终净利率为21.2%。

接下来，我们来扫描一下基本面数据：

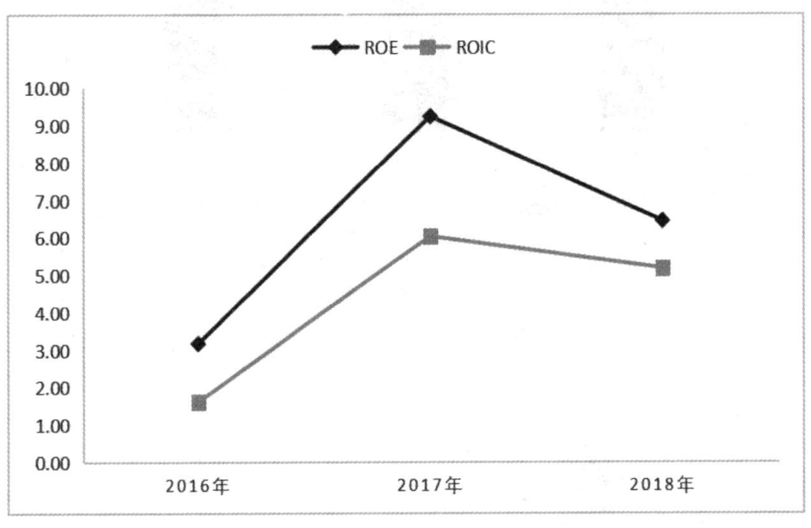

图2：ROE、ROIC（单位：%）
来源：并购优塾

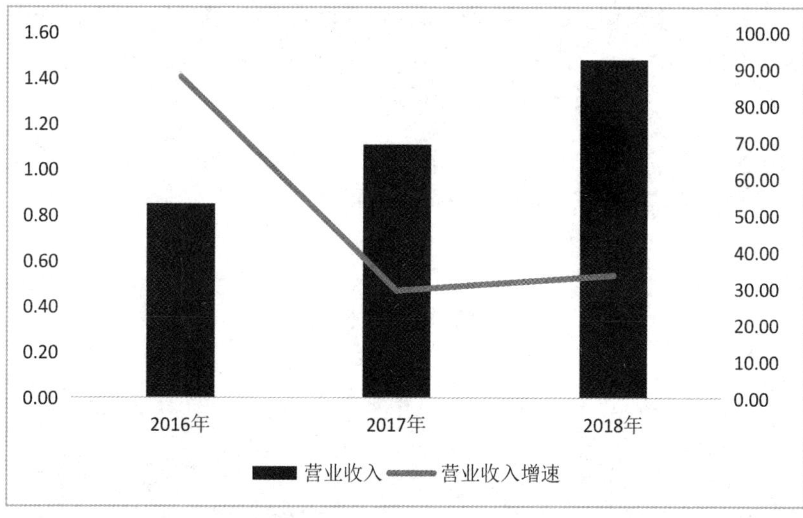

图3：营业收入、营业收入增速（单位：左：亿元、右：%）
来源：并购优塾

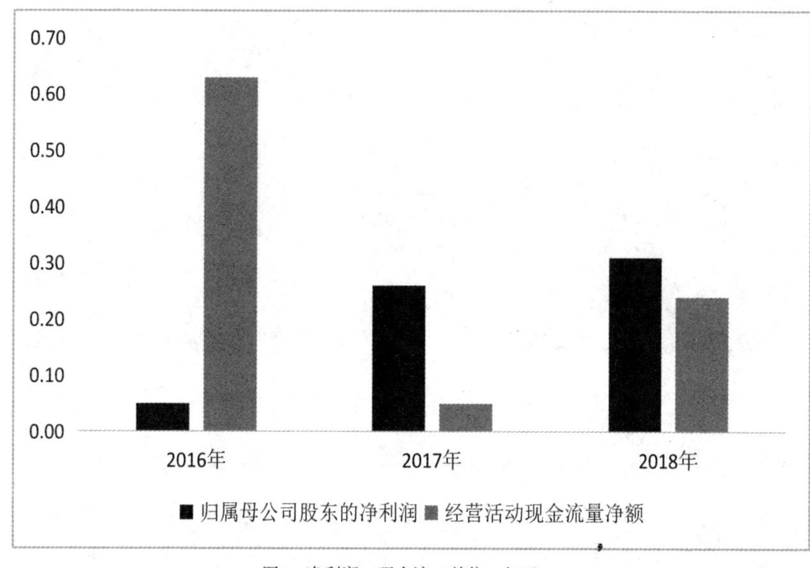

图4：净利润、现金流（单位：亿元）
来源：并购优塾

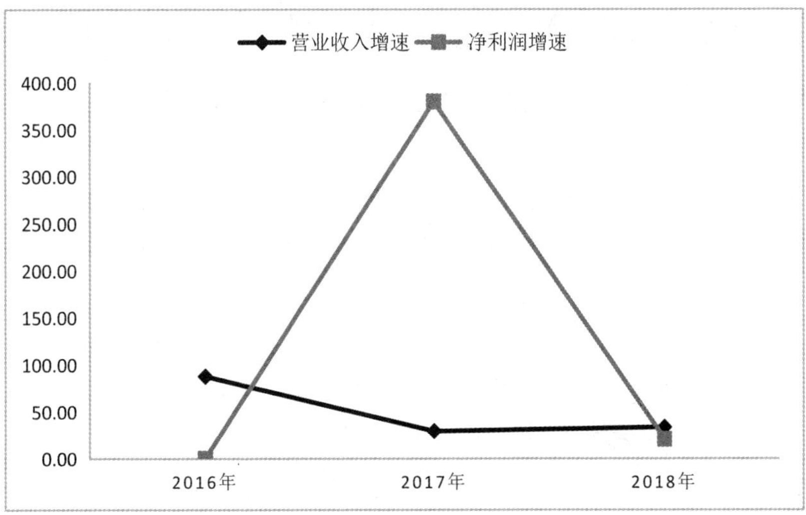

图5：营业收入增速、净利润增速（单位：%）
来源：并购优塾

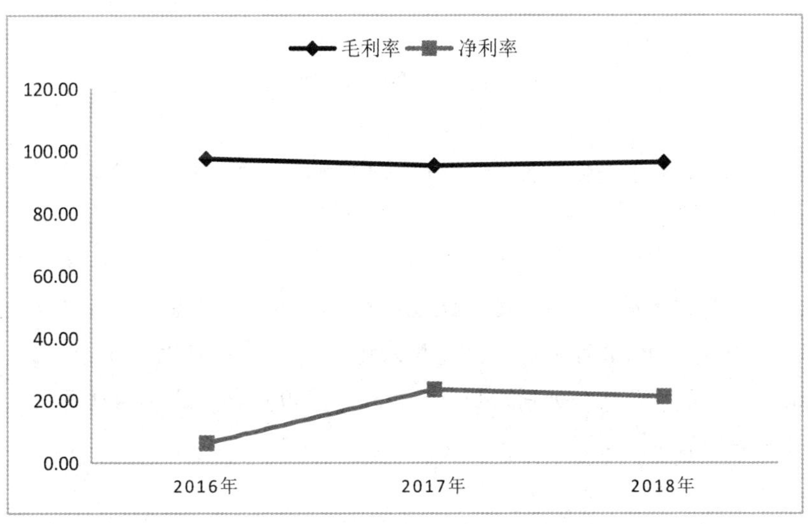

图6：毛利率、净利率（单位：%）
来源：并购优塾

综上来看，其生意流程，按照研发模式的不同，可以分为两类：

（1）自主研发模式下：投入研发→采购原材料→建厂→市场推广→销售；

（2）授权研发模式下：投入研发→授权专利→预收授权费→里程碑款以及销售分成。

不过，不管是哪种模式，研发实力都是重中之重。在这块护城河的投入上，它做的到底如何？

3

研发占比竟然超过50%？

研发投入的高低、研发管线的广度和市场规模，决定了这家公司未来的发展前景。

先看研发投入——2016年至2018年，其研发投入分别为0.51亿元、0.68亿元、0.83亿元；占营业收入比重分别为60.52%、62.01%、55.85%；资本化比率分别为43.6%、48.4%、49%。（注意这个比率，如果做调研需要提问）

超过50%的研发投入，这在同行业处于什么水平？我们找几家A股公司和美股创新药概念股公司来对比：

贝达药业（抗癌药制造公司，创新药为埃克替尼）：2016年至2018年三季度，研发投入分别为1.6亿元、3.8亿元、1.86亿元，占营业收入比重分别为15.6%、19.75%、20.05%；资本化比率分别为0.11%、46.74%，2018年三季度未披露资本化比率。

恒瑞医药（抗癌药龙头企业，创新药阿帕替尼）：2016年至2018年，研发投入分别为11.8亿元、17.59亿元、26.7亿元，占营业收入比重分别为10.7%、12.7%、15.3%；资本化比率均为0。

亚力兄制药（美股公司，罕见病药品制造商）：2016年至2018年，研发投入分别为52.51亿元、57.4亿元、50.13亿元，占营业收入比重分别为24.54%、24.74%、17.68%；资本化比率均为0。

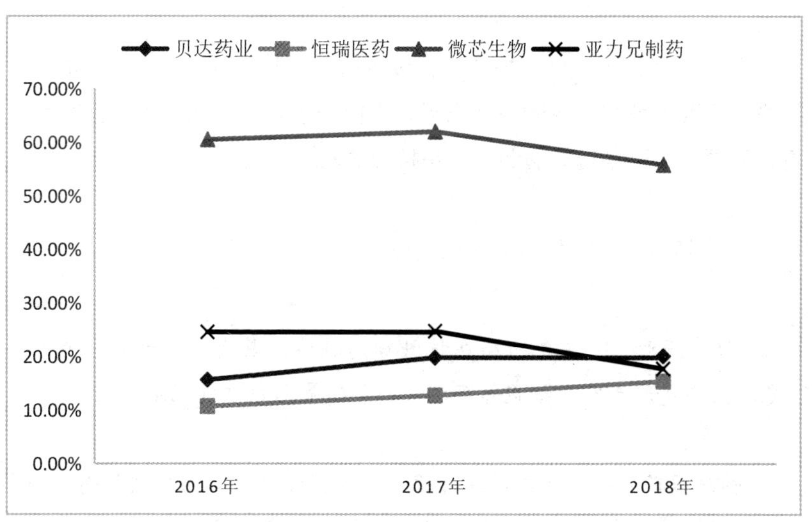

图7：研发费用对比（单位：%）
来源：并购优塾

通过对比，从绝对值来看，亚力兄制药的研发投入最高，且从研发投入的相对比率来看，亚力兄制药也比较高（除2018年外）。

而本案，微芯生物仅有一款药上市，收入相对同行业公司较低，所以导致研发费用占营业收入的比率相对较高。

另外，需要注意，微芯生物的研发投入资本化比率最高，如果扣除资本化的部分，近3年净利润将出现亏损，扣除后的净利润分别为-0.17亿元、-0.07亿元、-0.09亿元。当然，对研发型的医药公司来说，研发费用资本化，是正常操作。

看完研发投入，我们再看研发管线：目前，微芯生物仅有西达本胺一款产品上市。除此之外，在研药品共有7款，其中，西格列他钠、西奥罗尼进展较快，其余在研产品都处于临床前阶段。

其中，西格列他钠为糖尿病领域布局，目前已经处于新药上市申请阶段；而西奥罗尼为抗肿瘤药布局，目前处于临床II期。可见，其目前主打的赛道，一是糖尿病药，二是抗肿瘤药。

从赛道方面，我们再对比同行业来看：

贝达药业——主要布局在抗肿瘤药领域，其自研创新药埃克替尼，主要是用于非小细胞肺癌，2017年销量已超过10亿元；

恒瑞医药——主要在抗肿瘤药和麻醉药领域，其两款创新药：一款是阿帕替尼，2018年销售额超过17亿元；另一款是艾瑞西布，销售额约1.13亿元。

通用名 商品名 实验室代码	药物类型	适应证	临床前	一期	二期	三期	新药申请 上市申请	上市	来源
西达本胺 (爱普莎)	表现遗传调控剂 亚型选择性HDACi	外周T细胞淋巴瘤	√	√	√	√	2013.2	2014.12	自主研发 独家发现
		乳腺癌	√	√	√	√	2018.11		
		非小细胞肺癌	√	√	√				
		弥漫性大B细胞淋巴瘤	√	√	√				
西格列他钠	新型胰岛素增敏剂	2型糖尿病	√	√	√	√			自主研发 独家发现
		非酒精性脂肪肝	√						
西奥罗尼	三通路靶向激酶抑制剂	卵巢癌	√	√	√				自主研发 独家发现
		小细胞肺癌	√	√	√				
		肝癌	√	√	√				
		非霍奇金淋巴瘤	√	√	√				
CS12192	JAK3/JAK1/TBK1 选择性激酶抑制剂	自身免疫性疾病	√	√					自主研发 独家发现
CS17919	ASK1抑制剂	非酒精性脂肪肝	√						自主研发 独家发现
CS24123	IDO抑制剂	肿瘤、免疫性疾病	√						自主研发 独家发现
CS17938	PD1/PD-L1拮抗剂	肿瘤、免疫性疾病	√						自主研发 独家发现
CS27186	NR选择性激动剂	非酒精性脂肪肝	√						自主研发 独家发现

表1：产品结构
来源：招股书

亚力兄制药（Alexion）——主要开发重症和超罕见药，其主打产品Soliris，2018年销售额为35.63亿美金，全球销量排名第25位。这款药适用于非典型溶血性尿毒综合征，全球患者不过几千人，但是每年每位患者的治疗费用，竟然高达44万美元。

从目前的产品布局来看，微芯生物的产品相对于可比公司来看，规模较小。虽然它和美股的亚力兄都选择了罕见病领域，但是从产品收入来看，微芯生物未来的路还很长。

那么，究竟微芯生物这几款药品的前景如何？

4

西达本胺

先来看它的已上市产品——西达本胺。该药品的毛利率在2016年到2018年，分别高达97.5%、95.2%、96.3%。远远高于恒瑞医药、亚力兄制药，与贝达药业齐平。

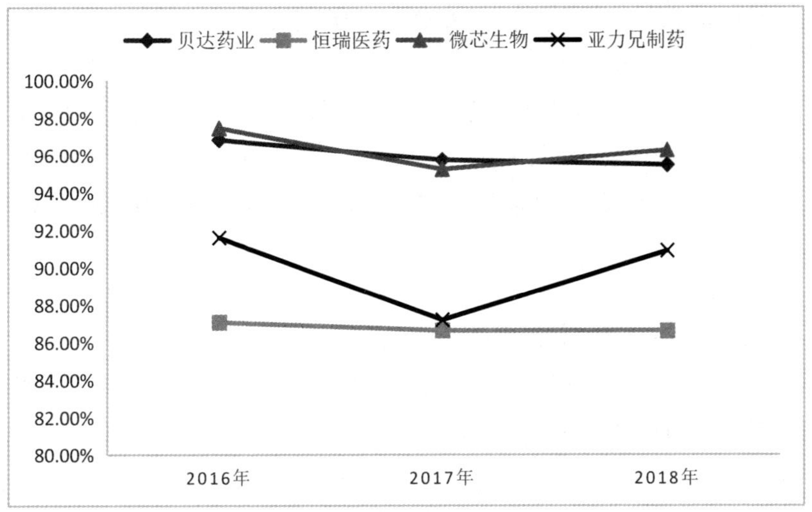

图8：毛利率对比（单位：%）
来源：并购优塾

为什么这款药毛利率这么高，它究竟是治疗什么的？西达本胺，主要用于治疗外周T细胞淋巴瘤。另外，也正在开发新的适应证，比如：

乳腺癌适应证——于2018年11月申请新上市；

小细胞肺癌、弥漫型大B细胞淋巴瘤适应证——正在进行临床试验中。

从淋巴瘤适应证来讲，淋巴瘤分为非霍奇金淋巴瘤（NHL）和霍奇金淋巴瘤（HL）两类，其中NHL占比90%左右。其临床表现多样，可以有慢性、进行性、无痛性淋巴结肿大，也可以表现为其他系统受累或全身症状。

如果按发病细胞区分，可分为B细胞淋巴瘤、T细胞淋巴瘤、NK细胞淋巴瘤。其中，B细胞淋巴瘤占比较高，而外周T细胞淋巴瘤占到NHL的

25%~30%，估计我国每年新发病例约1.31万人至1.57万人。

目前，外周T细胞淋巴瘤的一线治疗方案，主要为常规化疗CHOP（即环磷酰胺、阿霉素、长春新碱、泼尼松）。而二线治疗方案主要包括较早获批上市的叶酸代谢抑制剂（普拉曲沙）、HDAC抑制剂（贝利司他、罗米地辛、西达本胺）。

西达本胺，是一种组蛋白去乙酰化酶（HDAC）抑制剂。HDAC可以使染色体变得更加紧密牢固，其抑制剂，则抑制了这种功能，使肿瘤细胞的染色体变的松散，从而导致肿瘤细胞死亡。

其主要适用于既往至少接受过一次全身化疗的、复发或难治的外周T细胞淋巴瘤患者。其作用机理如下：

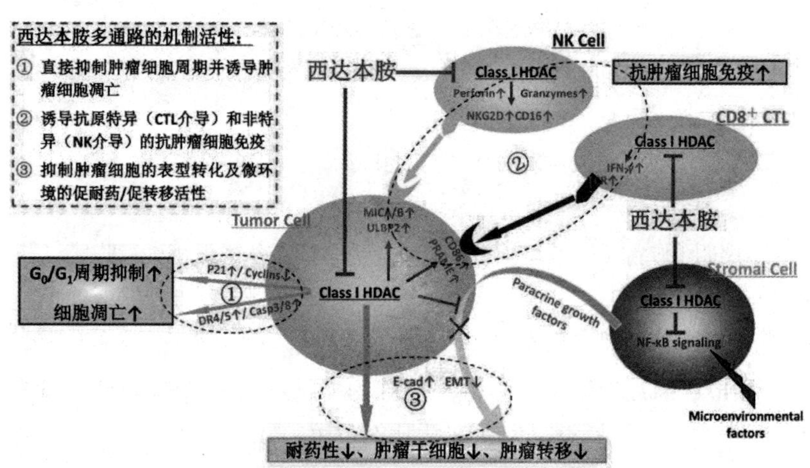

图9：西达本胺的一般性作用机理
来源：招股书

目前，西达本胺是我国唯一获批的、治疗外周T细胞淋巴瘤的二线治疗创新药，其他两款HDAC抑制剂（贝利司他、罗米地辛）均未在我国上市。另外，与其他二线方案相比，西达本胺有价格低、服用方便的优势，已于2017年7月列入国家医保目录。

药物类型	治疗方案	总生存期（OS）中位数	给药方式	上市时间	治疗费用
传统治疗方案	化疗（CHOP/CHOPE/其他方案）	5.8 个月	静脉注射	常规疗法，作为常规化疗方法，上市时间较早。	0.3-3 万元/月
叶酸代谢抑制剂	普拉曲沙	14.5 个月	静脉注射	2009 年 9 月，美国 FDA 批准作为治疗 PTCL 的新药上市。	14.97 万元/月
HDAC 抑制剂	贝利司他	7.9 个月	静脉滴注	2014 年 7 月美国 FDA 批准用于 PTCL 的二线治疗。	26.74 万元/月
	罗米地辛	11.3 个月	静脉滴注	2011 年 6 月美国 FDA 批准用于 PTCL 的二线治疗。	12.87 万元/月
	西达本胺	21.4 个月	口服	2014 年 12 月，获得 CFDA 的药品批准文号。	1.85 万元/月

表2：产品对比
来源：招股书

目前，西达本胺是微芯生物的主要收入来源，但是复发性或难治性外周T细胞淋巴瘤属于罕见病之一，患者人数相对较少。

2018年，西达本胺的国内销售额为1.36亿元，虽然3年销售复合增速为56.6%，但是，其在2017年列入医保目录后，未出现明显放量，营业收入增幅为47.51%。

并且，以国外销售的罗米地辛为例，其2017年的全球销售额也仅为0.76亿美元，折合人民币约5亿元。因此，这可能意味着该产品市场规模有限。

那么，新的适应证开发，对该款药品的放量有着很重要的意义。目前，它的实体瘤乳腺癌适应证，已于2018年11月提交上市申请，其他实体瘤适应证也在研发中，未来要关注它的新适应证的放量情况。

看完主打药品之后，再来看一看它的另外两款在研产品。

5

在研产品如何？

一、西格列他钠——这是一款国家一类新药，是新一代胰岛素增敏剂，目前正进行新药上市申请阶段，预计2019年提交上市申请。

它是全球最早完成Ⅲ期临床试验的PPAR全激动剂（是一种胰岛素增敏剂），主要用于治疗Ⅱ型糖尿病，它不但可以控制血糖，还可以治疗糖尿病患者的脂代谢紊乱。

一般来说，Ⅰ型糖尿病只能通过注射胰岛素治疗；而Ⅱ型糖尿病可以通过合理的饮食控制，以及适当的口服降糖药进行治疗。除饮食控制外，其治疗方案包括：

（1）单药治疗：首选是二甲双胍，不适用二甲双胍的，可口服α-葡萄糖苷酶抑制剂（比如：阿卡波糖）或胰岛素促泌剂；

（2）二联治疗：即二甲双胍加口服胰岛素促泌剂、α-葡萄糖苷酶抑制剂、胰岛素增敏剂等药物，或者口服二甲双胍加注射胰岛素等药物；

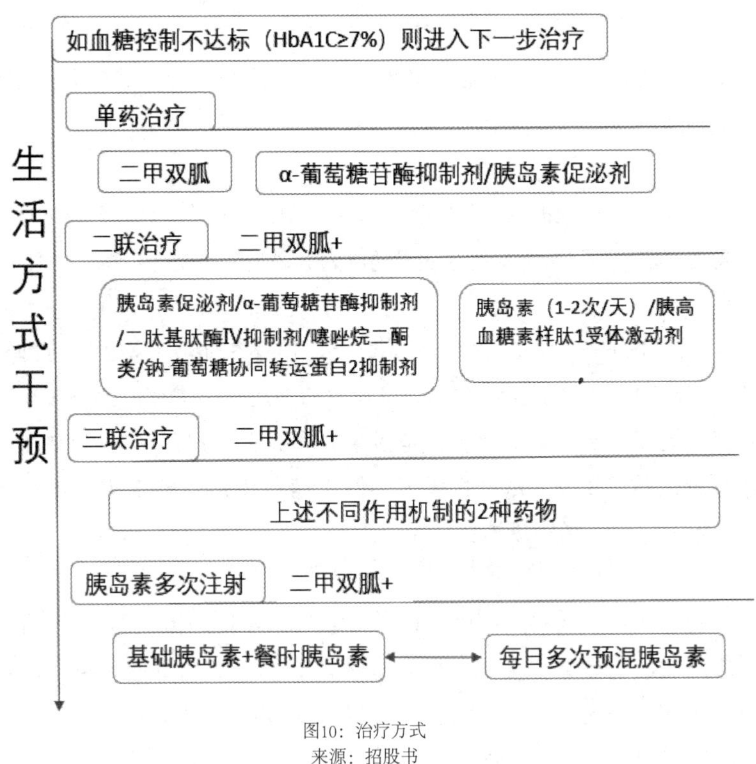

图10：治疗方式
来源：招股书

注意，二甲双胍、α-葡萄糖苷酶抑制剂都可以单联治疗，属于基础用药，而胰岛素促泌剂、胰岛素增敏剂都属于“搭配用药”，有一定的竞争关系。

西格列他钠，属于胰岛素增敏剂的一种，又称胰岛素增敏因子，是主要作用于过氧化物酶体增殖物激活受体（PPAR）的激动剂，简单来说，就是增强人体内胰岛素敏感性，促进胰岛素充分利用的特殊物质。

PPAR，主要分为3种亚型：PPARα、PPARδ、PPARγ。这3种亚型在结构及功能上均表现有差异。

PPARα，主要表达于脂肪酸氧化速度较快的肝细胞、心肌细胞、肠上皮细胞等，以单一形式存在。PPARδ表达较为广泛，而PPARγ主要表达于脂肪组织。

目前，市场上的胰岛素增敏剂主要包括TZD类药物（代表药物为噻唑烷二酮类似物）、贝特类药物（代表药物为非诺贝特、苯扎贝特）。其中：

二、TZD——主要以PPARγ为靶点，但存在如体重增加、水肿等不良反应，限制了这类药物在部分患者中的使用。该类药品2006年全球市场销售规模达到32亿美元，但是后来被FDA认定与某些心血管缺血性事件有关。尽管后来FDA对其解禁，但是销量还是一落千丈。该类药品2015年在国内市场规模为15亿元。

三、贝特类药物——以PPARα为靶点，用于血脂异常治疗已有30多年的历史。但是，需要很大的剂量才能获得明显的降脂效果，药效较差。2016年国内销量额8.3亿元。但是其主要作用为降血脂，不完全属于糖尿病治疗药物。另外，目前尚无以PPARδ为靶点的药物上市。

而本案，其在研药物西格列他钠，可以同时针对3个靶点，且可适度且平衡地激活PPAR3个受体亚型，在发挥胰岛素增敏、脂代谢调节作用的同时，可能还会减少体重增加、水肿等不良反应。

虽然疗效看起来还不错，但是，在口服药领域，2017年胰岛素增敏剂的整体市场规模约为19亿元，占糖尿病用药市场的比重为5.15%，低于胰岛素促泌剂（磺脲类和格列奈类）的市场份额（21%）。

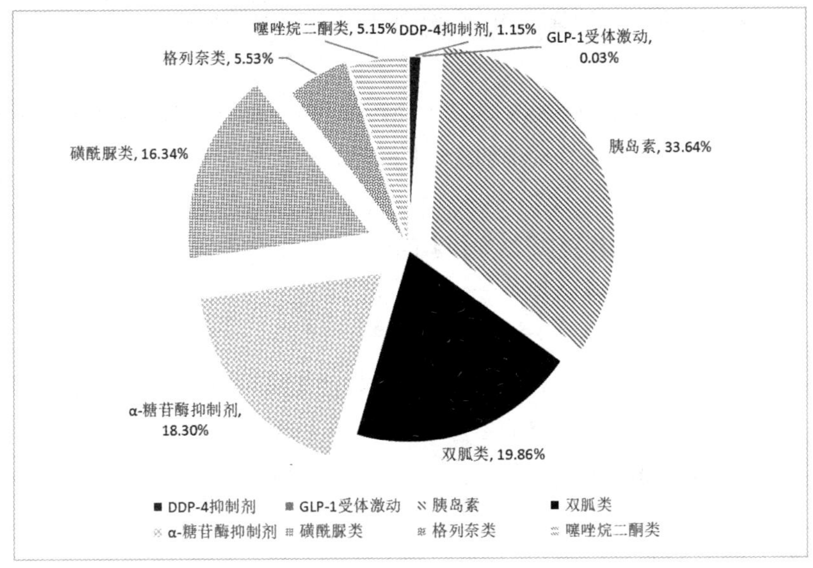

图11：糖尿病用药市场格局（单位：%）
来源：并购优塾

四、西奥罗尼——主要用于治疗卵巢癌、小细胞肺癌、非霍奇金淋巴瘤、肝癌等，是一个多靶点多通路选择性激酶抑制剂，属于小分子抗肿瘤原创新药。处于Ⅱ期临床试验阶段。

目前，其适用证进展较快的是卵巢癌。我国每年大约有5.2万人被确认为患卵巢癌，而目前，我国专治卵巢癌的药物只有阿斯利康的奥拉帕尼，2018年上市，是一种PARP抑制剂。

PARP抑制剂，是卵巢癌二线治疗方案的一种。此外，二线方案还主要包括新生血管抑制剂、PD-L1抑制剂，且目前市场以新生血管抑制剂为主。

西奥罗尼，就是新生血管抑制剂的一种，其与奥拉帕尼的作用机制不同，虽然存在竞争关系，但也可能成为新的联合用药方案。

西奥罗尼，主要通过3方面作用抑制肿瘤细胞的生长：

（1）通过抑制与血管生成相关的VEGFR和PDGFR，可以抑制肿瘤的新生血管形成，从而减少肿瘤的血液供应和生长；

（2）通过抑制细胞周期调控激酶Aurora B，抑制肿瘤细胞的周期进程，降低肿瘤的增殖活性；

（3）它还能通过抑制与免疫细胞增殖活化相关的CSF-1R，从而抑制肿瘤局部免疫抑制性细胞的生长，从而提高机体对肿瘤的免疫监测和免疫清除功能。

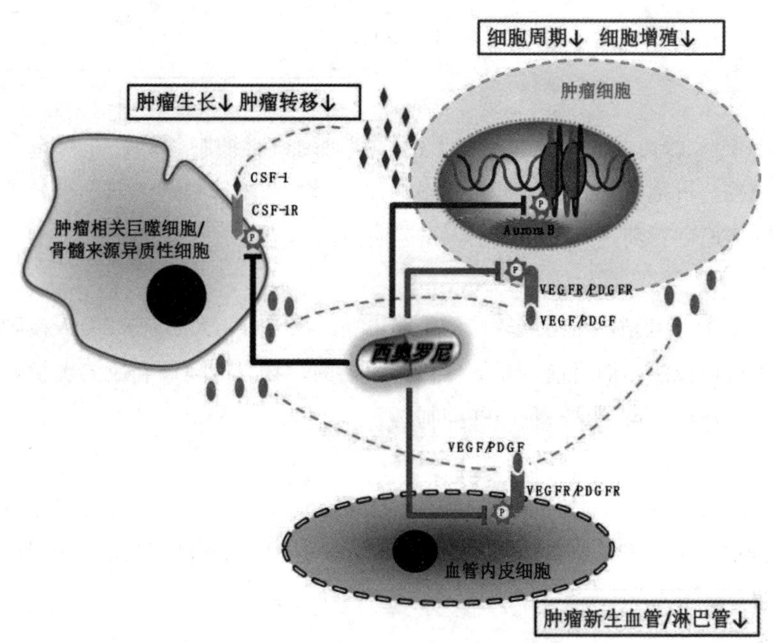

图12：西奥罗尼作用机制
来源：招股书

目前，国内一直缺乏卵巢癌靶向药物，市场还存在较大空间，如果西奥罗尼能快速申请上市，则有机会抢占较多市场份额。但是，随着PD-L1抑制剂和PARP抑制剂的不断上市，未来的市场竞争也会比较激烈。

看到这里，可以明确的是，未来，其收入的增长，必须要看已上市药品以及在研药品的放量。另外，别忘了它还有一部分授权研发业务。

之前我们在专业版报告库中研究百济神州时，因为其暂时还没有销售收入，其收入来源为授权研发带来的收入。而通常，这种收入确认，存在递延性质。

2018年，百济神州授权协议的合同总额为16.25亿美元（折合人民币约109亿元），而递延收益为0.18亿美元（折合人民币约1.21亿元）。那么，同样拥有授权研发模式的微芯生物，是否也有一部分递延收益呢？

6

递延收益有多少？

2016年至2018年，其递延收益分别为0.54亿元、0.7亿元、0.78亿元。但是注意，这些递延收益的主要组成是政府补助。

项目	2018 年 12 月 31 日	2017 年 12 月 31 日	2016 年 12 月 31 日
政府补助	7815.05	7042.62	5375.3
合计	7815.05	7042.62	5375.3

表3：3年递延收益情况（单位：万元）
来源：招股书

为什么递延收益里，没有授权研发的许可费？

这要从授权研发取得收入的模式说起。授权研发过程中，研发企业一共会收到3类现金流入：首付款、里程碑款、销售分成。

（1）在没有完成研发之前，企业会收到首付款和里程碑款，计入“递延收益”；

（2）然后，当研发过程进行中，根据进度或时间的不同，完成的部分，会从“递延收益”中陆续分配至“收入”；

（3）此后，一旦所有研发步骤完成，产品上市，那么，后续产生的销售分成在收到当期，会直接计入“收入”中。

而本案，西达本胺已经在2014年上市，授权协议中约定的许可费、里程碑收入，实际已经通过递延收益分步确认完成，所以，截至报告期，其不再存续递延收益，而是直接以“收入”计量，记为“授权研发收入”。

截至目前，微芯生物仍有西达本胺的授权许可收入，但除西达本胺外，没有其他产品进行授权研发。而授权收入占总收入的比重，从2016年34.61%下降至2018年6.63%，未来仍然重点要看上述药品的销量。

看到这里，不知你有没有做一下延伸思考——既然，能够采用license out模式的公司，一定是具有研发能力的公司，比如信达生物、恒瑞医药、康方生物、百济神州等热门医药公司。那么，换句话说，是否授权研发模式下产生的“递延收益”越多，其研发能力越强？

接下来，我们对比几家创新药公司，来看看它们的递延收益情况：

微芯生物——由于授权研发的时间较早，因此授权费相对较少。但是，2015年，沪亚生物国际公司将微芯生物授予其销售的西达本胺，以再许可的方式转让给日本卫材，并取得了2.8亿美元收入。

百济神州——授权研发合同总额为16.25亿美元（折合人民币约109亿元），2018年递延收益为0.18亿美元（折合人民币约1.21亿元）。

信达生物——授权研发合同总额为14.56亿美元（折合人民币97.78亿元），2017年递延收入为3.49亿元。

恒瑞医药——授权研发合同总额为5.73亿美元（折合人民币38.47亿元），2018年无授权研发产生的递延收入。

通过对比，非常明显，百济神州的授权研发合同总额更高，说明它的产品受国外市场重视程度更高，研发能力也相对更强。如果要在这些热门公司中只研究一家，那当然非百济神州莫属。

但是，除此之外，还需要注意一个更重要的细节——百济神州的递延收益比信达生物低，但是实际确认的收入比信达生物高，这说明百济神州的研发进度比信达生物更快。

而恒瑞医药没有递延收入，主要有3方面原因：（1）2015年的一项授权，目前已经终止，其终止了与被授权方Incyte的合作；（2）由于2018年才与Arcutis的合作，因此尚未收到首付款；（3）与TG Therapeutics的合作，首付款是以股权方式支付，因此不计入递延收入中。

看完研发，还不够，对于一家医药公司来说，还有一个更重要的生意流程要做——新药上市的销售和推广。

7

销售费用低，为什么？

新药上市的推广费用，体现在销售费用上。2016年至2018年，微芯生物的销售费用分别为2440万元、3199万元、5113万元。占营业收入比为28.6%、28.9%、34.6%。

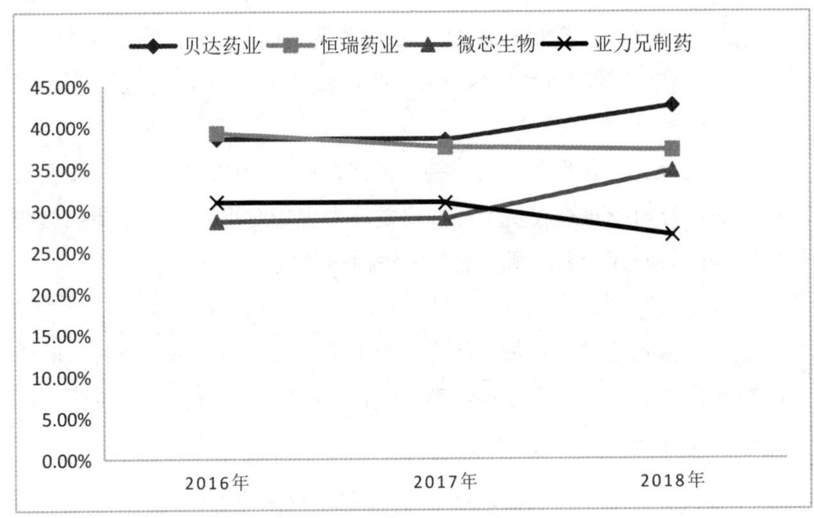

图13：销售费用对比（单位：%）
来源：并购优塾

再来看同行业情况：

通过对比，微芯生物的销售费用率在同行业中处于较低水平。这主要和它所选择的产品赛道——罕见病用药有关。

其主要产品西达本胺的首个适应证是外周T细胞淋巴瘤，属罕见病范畴，由于市场上同赛道的竞争者较少，市场推广费用相对较低。所以，如果将它和同为生产罕见病用药的美股公司亚力兄制药相比，它们的销售费用率接近。

另外，从销售费用增速VS营业收入增速来看：

产品竞争力更强的是亚力兄制药和恒瑞医药，它们的销售费用率虽然在下降，但是它们的营业收入增速却可以保持增长。而微芯生物和贝达药业则通过不断投入销售费用，来保证营业收入增速的上升。

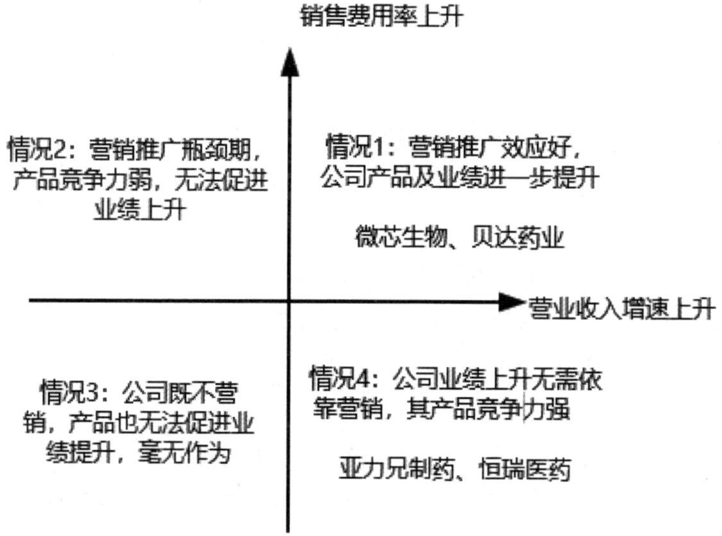

图14：营销四象限图
来源：并购优塾

到这里，已经梳理完了微芯生物的主要产品以及经营逻辑。那么，一个核心问题来了：以其1.48亿元营业收入和0.31亿元净利润的业绩，竟然上市估值高达80亿元，市盈率250多倍，请问，这个估值，究竟贵不贵？接下来到了二级市场，破发可能性有多大？

8

创新药公司，到底如何估值？

在估值之前，需要思考一个问题，对于一个创新药公司而言，其适用的估值方法，究竟是什么？我们的答案是：DCF现金流贴现。

看到这个答案，很多人可能会质疑我们，市场上有无数人认为DCF估值不适用创新药公司。但事实上，我们认为可以用，并且之前将这样的方法已经用在了创新药公司估值中。在美国一些大型的医药公司并购案中，通常采用的也是现金流贴现模型，比如：肝病巨头吉利德收购Kite，就是用的这种估值方法。

回到本案，由于微芯生物的招股书中披露相关的市场及疗效对比数据较少，因此，我们采用较乐观的方式进行收入预测，然后用多种估值方法综合比对。

收入预测的逻辑是，对于一款产品未来的收入多少，是基于其患者人数、渗透率、用药费用等假设，公式为：被治疗人群数×年治疗费用×药品市场份额×公司的药物市场份额。

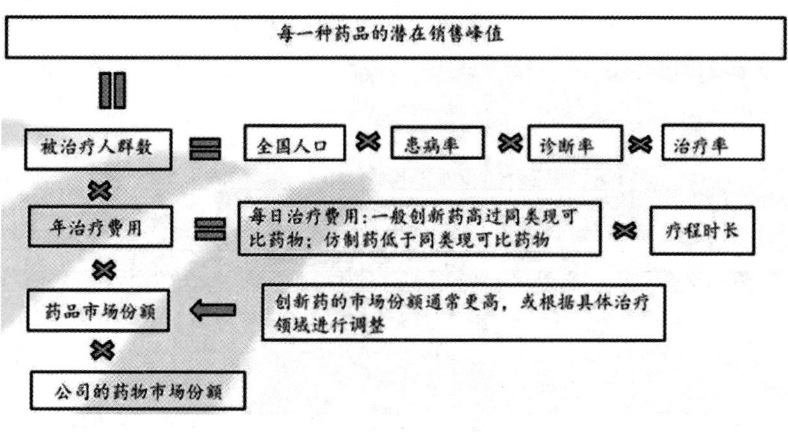

图15：FCFF高峰销售额
来源：民生证券

结合本案来看，先以已经上市销售的西达本胺为例：

（1）西达本胺，其当前适应证，是针对外周T细胞淋巴瘤，根据该疾病的新增患者人数、治疗渗透率、治疗费用等参数，我们给出以下假设：

患者人数——2018年至2021年，外周T细胞淋巴瘤患者人数从1.31万人上涨至1.57万人，后续保持每年5%的增长率；

渗透率——参考光大证券给出的类似靶点药物总有效率，假设渗透率为20%~30%；

治疗费用——根据每月1.85万元的治疗费用，年治疗费用约为22万元，假设潜在竞品上市后，其价格将出现小幅度下滑。

另外，市场占有率方面，由于目前西达本胺是国内唯一治疗外周T细胞淋巴瘤的二线治疗方案，所以目前市场占有率为100%，但是随着其他药品后期上市，市场占有率可能会遭到一定冲击。

并且，我们预测其在上市6年后，会达到销售峰值（2021年），峰值销售额为9亿元左右，并持续两年。综上，该款药品的相关收入预测如下：

西达本胺	2018A	2019E	2020E	2021E	2022E	2023E	2024E	2025E	2026E	2027E	2028E
外周T细胞淋巴瘤人数（万人）	1.35	1.43	1.5	1.57	1.65	1.73	1.82	1.91	2.00	2.10	2.21
渗透率	4.50%	13%	22%	30%	30%	30%	30%	30%	30%	30%	30%
年治疗费用（万元）	22	22	22	22	22	21	20	20	20	20	20
市场占有率	100%	100%	100%	88%	88%	63%	63%	50%	50%	38%	38%
当年收入（亿元）	1.36	4.09	7.10	9.07	9.52	6.82	6.82	5.73	6.01	4.73	4.97

表4：西达本胺销售预测
来源：并购优塾

看完已经上市的药品，如何对未上市的、还在临床研究中的药品进行预测和估值？

这里，我们引入实物期权法中的二叉树模型。传统的DCF估值法，仅通过折现率来反映项目的风险水平，而在新药研发中，管理层可根据不同阶段的结果，来决定下一步的投资策略。实物期权法认为，新药研发投资人，在面对下一阶段不可预测的结果时，具有一定的选择权利，这个权利就是期权。

比如：一个项目顺利通过I期临床，那期权拥有者可以选择投资II期临床，这个投资价格，即II期临床阶段的期权价格。同样，如果项目进展情况不好，投资人可选择不进行下一阶段投资，而每阶段履约进行下一轮投资的概率，也就是最终上市成功的概率，即每阶段都选择继续投资（临床效果好），最终产品即可成功上市。

这种估值方法的流程，主要分两步：一是利用DCF方法计算药品成功上市时的现金流；二是计算相应研发阶段的期权价值，即项目估值。

结合本案来看：以进度最快的两款在研药品：西格列他钠、西奥罗尼为例，前者在新药上市申请阶段，后者在临床II期，根据其未来上市的概率不同，我们来对其用二叉树模型估值。

西格列他钠，处于申请上市阶段，其成功概率取85.3%，而西奥罗尼处于临床Ⅱ期，其成功概率取49.5%（85.3%×58.1%）。

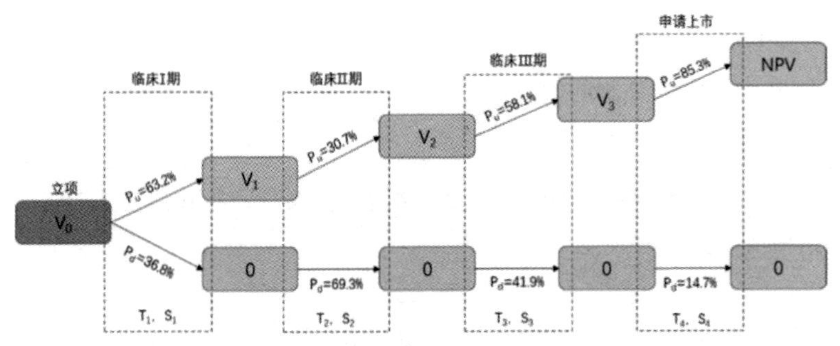

图16：新药研发二叉树模型
来源：平安证券

下面我们分别来看：

（2）西格列他钠

属于胰岛素增敏剂，2017年胰岛素增敏剂市场规模大约在19亿元。鉴于胰岛素增敏剂和胰岛素促泌剂都将受到新机制药的冲击，我们预测其自然增长率为0。

> 鉴于其疗效好于目前市场上的胰岛素增敏剂，我们乐观推测其如果上市成功，峰值市场占有率为50%。预计该药品在2021年上市，2027年达到峰值，并持续两年。

西格列他钠	2018A	2019E	2020E	2021E	2022E	2023E	2024E	2025E	2026E	2027E	2028E
胰岛素增敏剂市场规模（亿元）	19	19	19	19	19	19	19	19	19	19	19
市场占有率	0%	0%	0%	10%	10%	20%	30%	30%	40%	50%	50%
成功上市概率	85.30%	85.30%	85.30%	85.30%	85.30%	85.30%	85.30%	85.30%	85.30%	85.30%	85.30%
年收入（亿元）	0	0	0	1.62	1.62	3.24	4.86	4.86	6.48	8.10	8.10

表5：西格列他钠销售预测
来源：并购优塾

（3）西奥罗尼

其未来收入预测的假设：

患者人数——每年新增卵巢癌患者5万人，每年按照过去10年平均增速2%增长；

渗透率——由于目前该种靶向药市场占有率最高，所以患者相对认知较高，我们假设其渗透率为50%；

治疗费用——目前市场上使用的奥拉帕尼为进口卵巢癌靶向药，每个月费用大约5万元。我们假设西奥罗尼上市后价格便宜一半，每月治疗费约2.5万元；

市场占有率——目前血管生长抑制剂类药物市场占有率较高，但是竞争也较激烈，后续PARP及PD-L1会抢占较多市场份额，所以我们乐观预计其市场占有率为10%。

最后，预计该药品在2025年上市，2031年达到峰值。

西奥罗尼	2018A	2019E	2020E	2021E	2022E	2023E	2024E	2025E	2026E	2027E	2028E
卵巢癌患者人数（万人）	5	5.1	5.2	5.3	5.4	5.5	5.6	5.7	5.9	6.0	6.1
渗透率	0	0	0	0	0	0	0	50%	50%	50%	50%
年治疗费用（万元）	30	30	30	30	30	30	30	30	30	30	30
市占率	0	0	0	0	0	0	0	3%	5%	8%	10%
成功上市概率	49.50%	49.50%	49.50%	49.50%	49.50%	49.50%	49.50%	49.50%	49.50%	49.50%	49.50%
年收入（亿元）	0	0	0	0	0	0	0	1.28	2.17	3.55	4.53

表6：西奥罗尼销售预测
来源：并购优塾

通过上述假设，我们预测出目前已上市产品和两款上市可能性较大的产品的收入情况，接下来我们进行DCF估值。

（1）营业收入——我们不再假设营业收入增速，直接根据目前预测的3款主要产品收入进行求和。永续增速保守情况下取3%，乐观情况下取6%。

（2）营业利润率——取其近两年平均值23%。

（3）折旧摊销——近两年占营业收入比重3%，我们假设近3年折旧摊销占比不变，随着其投入增大，3年后上升到5%并保持不变。

（4）资本支出——近两年资本支出较大，主要是由于在建工程较大，超过营业收入，但是随着其生产基地建成，我们假设其资本支出会逐步减小到和折旧摊销相同值。

（5）营运资本变动——取其目前营运资本变动占营业收入比重5%。

（6）WACC——等于7.5%。

	2018A	2019E	2020E	2021E	2022E	2023E	2024E	2025E	2026E	2027E	2028E		
年收入（亿元）	1.48	4.09	7.10	10.69	11.14	10.06	11.68	11.87	14.67	16.39	17.60		
营业利润率	0.23	0.23	0.23	0.23	0.23	0.23	0.23	0.23	0.23	0.23	0.23		
(1-t)	0.85	0.85	0.85	0.85	0.85	0.85	0.85	0.85	0.85	0.85	0.85		
EBIT*(1-T)	0.29	0.80	1.39	2.09	2.18	1.97	2.28	2.32	2.87	3.20	3.44		
折旧摊销	0.04	0.12	0.21	0.53	0.56	0.50	0.58	0.59	0.73	0.82	0.88		
资本支出	1.36	2.86	3.55	3.21	1.11	0.50	0.58	0.59	0.73	0.82	0.88		
营业资本变动/收入		0.05	0.05	0.05	0.05	0.05	0.05	0.05	0.05	0.05	0.05		
营运资本变动	1.23	0.20	0.35	0.53	0.56	0.50	0.58	0.59	0.73	0.82	0.88	乐观值	保守值
自由现金流	-2.25	-2.15	-2.30	-1.12	1.06	1.46	1.70	1.73	2.13	2.38	2.56	82.83	27.61
折现因子		1.08	1.16	1.24	1.34	1.44	1.54	1.66	1.78	1.92	2.06	现值之和	
现值		-2.00	-1.99	-0.90	0.80	1.02	1.10	1.04	1.20	1.24	1.24	2.75	
												85.58	30.36
											净债务	0.33	0.33
												85.91	30.69

表7：现金流预测

来源：并购优塾

按照以上参数大致测算，其股权价值大约在30.7亿元至85.9亿元。而本案的投前估值大约为80亿元。这个估值虽然可以用DCF，毕竟是单一估值方法，而且整体来看，需要用到太多假设，任何一个假设出问题，都会影响整体区间，所以未必准确，接下来，我们还得用更多的方法。

9

相对估值?

看完绝对估值，接下来，我们再来看看相对估值。通常，医药行业的公司，都比较适合PE估值法，比如恒瑞医药、石药集团、中国生物制药等。这是因为，PE一般适用于盈利质量较为稳定的成熟公司，而医药行业正是一个刚性消费、未来增长比较确定的行业。

但是，对于还没有实现盈利或者刚刚实现盈利的公司，PE很难真实的反映企业的价值，因此，初创的医药公司要么尚未实现盈利，要么盈利未达到一定规模，容易使得PE值畸高、失真。

比如本案，根据招股书显示，我们大致预测其发行市值为80亿元，对应2018年其净利润为0.31亿元，静态PE为258倍。如果你依据这样的市盈率去做估值，那基本上就是失去了对估值的核心思考。

与同行业相比，恒瑞医药历史PE区间在大致在40倍至60倍，贝达药业历史PE区间大致在54倍至105倍，亚力兄制药历史PE区间大致在46倍至61倍。

和同行业化药龙头相比，微芯生物的PE明显高出许多，主要是由于在售产品数量过少、盈利能力还未完全展现的原因。因此，本案不适宜用PE估值法。

接下来再看，市销率（PS）行不行？PS一般适用于利润亏损或不稳定，以及收入增长很快的公司。而在创新药领域，比如贝达药业PS历史区间大致在16倍至29倍，恒瑞医药的PS历史区间大致在9倍至13倍，亚力兄制药历史PS区间大致在5倍至10倍。

可见，创新药领域的贝达药业，其PS明显高于偏成熟的仿制药龙头，而国内创新药的PS又明显高于国外。

但以2018年微芯生物营业收入1.48亿元计算，其对应PS为54倍，仍然远高于行业龙头。并且几家公司的PS区间也没有重合，明显用这样的方法也不合理。（如果一种可比估值可以使用在某家公司，那么一定会有行业特性，也就是说，大多数同行业公司的区间会有重合，这是优塾估值体系的重要理论。）

看完以上两种估值方法，仍然不够。然后，不得不看PEG。

PEG一般适用于增速较快的企业，比如小牛电动车、百济神州、锐科激光等。即在PE倍数较高的同时如果增速也很快，PEG在小于等于1的情况下会比较合理。

2018年其西达本胺销售额1.36亿元，近两年复合增长率为56%，假设PEG为1，对应的PE为56倍，而它的PE为258倍，也远高于56倍这个水平。

此外，继续沿着商业模式和财务数据思考，再看下医药行业一个独特指标：P/研发费用。

微芯生物2018年研发投入0.83亿元，P/研发费用大约为97倍，可比公司贝达药业大致在64倍，恒瑞医药大致在73倍。和同行业公司相比，微芯生物的P/研发费用略高，主要由于它的规模较小。

以上估值方法做完后，我们仍然没有获得想要的结果。最后，带着不情愿，看下PB。

PB，一般行业内认为适用于周期性行业或者银行保险等金融行业。可是，真没想到，比较出来是这样的结果：

在医药领域，按照PB区间来看，恒瑞医药6倍至15倍，贝达8倍至17倍，百济神州5倍至8倍，歌礼制药8倍至13倍。几家公司的PB估值区间，居然有重叠，而且区间相仿。看来，用这个来做估值区间对比，基本可行。（具体原因很可能是这类前景极大、但亏损或利润少的创新药公司，收入、EBITDA、利润、研发投入变动都很大，而净资产是唯一变动相对较小的数据。当然，发生大笔融资的情况也得考虑。）

回到本案，目前，微芯生物净资产为5亿元，对应PB为16倍，如果按照上市后的净资产13亿计算，则对应PB为6倍。

综上，PE、PS、EV/EBITDA等指标，都不太适合，如果真的要用相对估值，可能只有PB略微符合。在诸多可比法无法使用时，有时候不得不退而求其次，选择一些看上去并不是那么符合的估值方法。

但无论如何估值，只要最后能得出结论就好。最怕的就是做出一大堆数据，最后给出的是模棱两可的结论，这样的估值就意义不大。

10

优塾投研团队九问

（1）这门生意的核心是什么？——肿瘤患者和糖尿病患者对疗效更好、价格更便宜的药品的需求。

（2）其核心护城河在哪？——主要在于其原创研发能力，其所有药品都是自主研发创新药，有很强的技术研发壁垒。

（3）行业天花板如何？——目前来看其布局的赛道都是市场相对小的细分赛道，目前唯一在售产品西达本胺适应证属于罕见病，而其他适应证正在申请上市或临床试验中，且整体市场规模都不大。如果要做长期价值研究，那么，显然要考虑体量问题。目前来看，这个领域更适合成长型策略。

（4）未来3年增速看什么？——主要看目前3款核心药品的适应证和临床试验开发情况：西达本胺能不能获取更大的适应证范围，同时扩大市场规模；其他两款药要看研发进度和上市申请进度。

（5）未来10年增速看什么？——还是看研发能力，如果能有更多的资金支持研发、增加研发速度、扩大在研药品规模，未来增速会有较大想象空间。

（6）产业链上的话语权怎么样？——从对上下游的话语权来看，其原料药为自主生产，所以上游只需要基础化学制品，所以对上游没有依赖。但是下游经销商的集中度较高，而且下游经销商都为大型医药流通企业，应收账款占比较大，话语权较弱。

（7）这门生意到底好不好？——其开发的药品主要属于抗糖尿病和抗肿瘤领域，符合高频次和刚需的定位，但是目前主打产品西达本胺适应证为较罕见病，目前来看市场规模不大。

（8）估值水平如何？——目前来看，根据数据测算出其价值在30.7亿元至85.9亿元，根据招股说明书显示，其本次计划募集资金8.035亿元，占行后总股本的比率不低于10%，可大致估测其发行市值约为80亿元。这样的发行市值，基本落在了数据的相对较高区间。所以，要提防上市后的盲目炒作。

（9）如果要去调研，应该问什么？——如果有机会去调研，应重点研究创始人产品布局思路和在研产品预期上市时间节点。

本文发布于2019年4月10日

恩华药业

精麻类赛道独特护城河

天，我们要研究的这家公司，上市短短10年时间，前复权股价从最低点1.05元，上涨至最高点21.53元，上涨近20倍，也是一家标准的Ten Bagger（十倍股）。来，感受一下它的走势：

图1：股价图（单位：元）
来源：wind

不仅如此，它生产的产品也很特殊——麻醉药，由于这类药品受国家严格监管，所以赛道特殊。最近，韩国某大型跨国集团的长公主，就被爆出涉嫌注射静脉麻醉药丙泊酚，知名歌星迈克尔·杰克逊也因过量注射丙泊酚死亡。

本案，就是麻醉药领域三巨头之一——恩华药业，主营麻醉药、精神类疾病药品。

从业绩增速来看，恩华药业近3年营业收入年复合增速13%，净利润年复合增速30.1%，净利润增速远高于营业收入增速，呈现明显的成长股特征。

依托麻醉药和精神类疾病药品的双向布局，它的PE倍数在2016年之前，始终维持在40倍至60倍的高估值区间，这样的估值水平，甚至持续高于另外两大麻醉药巨头——恒瑞医药（33倍至45倍）、人福医药（25倍至40倍）。

高估值时间久了，总会还回去。2018年，在医药行业黑天鹅事件爆出、带量采购失利等多方面影响之下，本案股价突然暴跌，一路下挫，腰斩还不够，区间最大跌幅高达62%。

粗略分析数据后，很多值得思考的问题就已经来了：

（1）本案的核心产品究竟是什么，在市场上的竞争优势究竟如何？是什么原因，让其能够长期维持在40倍至60倍的高市盈率区间，甚至还高于恒瑞医药这样的巨无霸？

（2）2018年带量采购失利，究竟对它的影响有多大？这样的影响，又将对未来的估值预期有何触动？

（3）本案和同赛道的人福医药、恒瑞医药相比，在业绩、产品布局，以及估值等方面，究竟有何区别？谁才是护城河更强的寡头？

（4）如今，在其股价大幅下跌62%之后，其PE已经下跌到史无前例的24倍，这样的估值水平，究竟处于什么样的区间？

1

行业小巨头，怎么炼成的?

恩华药业成立于1998年，其控股股东为恩华投资有限公司，持股比率为34.72%，实控人为孙彭生及其一致行动人（付卿、陈增良、杨自亮），持股比率为35.75%。2008年，公司在深圳证券交易所上市。

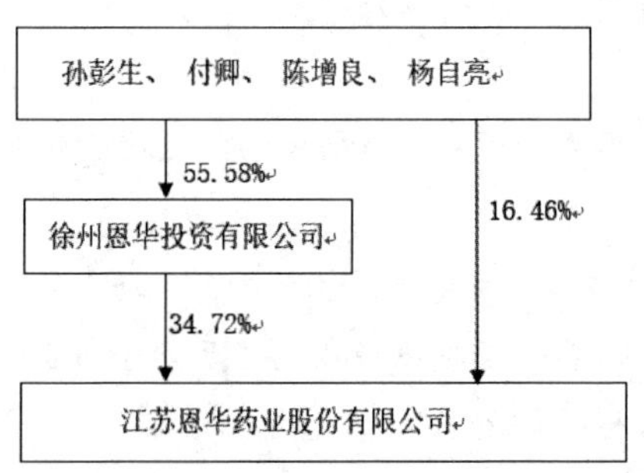

图2：股权结构
来源：并购优塾

从业绩体量上看——2016年至2018年，其营业收入分别为30.18亿元、33.94亿元、38.58亿元；归母净利润分别为3.1亿元、3.95亿元、5.25亿元；经营性活动现金流净额分别为2.77亿元、4.52亿元、4.05亿元；毛利率分别为46.09%、47.97%、56.15%；净利率分别为10%、11.06%、13.46%。

需要注意的一个细节是：2018年毛利增幅较大，主要是因为医药工业占比增加，提升了整体毛利率。

此外，从资产负债表结构上看——2018年，其资产总额40.3亿元，其中，占比较大的科目分别为：货币资金（24%）、应收账款（21%）、固定资产（19%）、其他流动资产（12.5%）、存货（10.2%）。负债中占比较大的科目为短期借款（7.8%）和应付账款（6.5%）。

从利润表结构上看——2018年，营业收入为38.58亿元，其中，43.8%花在了营业成本上、30.9%花在了销售费用上、4.4%花在研发费用上、3.9%花在管理费用上，最终剩下13.46%，是它的净利率。

其营业收入主要来源于医药工业和医药商业两大业务。其中，医药工业是其主要收入、利润来源（收入占比为62.89%，毛利占比为93.8%）；其次为医药商业（收入占比35.8%，毛利占比为5.1%）。

（1）医药工业——主要为中枢神经类产品的生产，包括麻醉类、精神类和神经类原料药及其制剂的研发、生产制造。其中麻醉产品主要包括咪达唑仑、依托咪酯、右美托咪定、瑞芬太尼等品种；精神类产品主要包括利培酮、齐拉西酮、丁螺环酮等。但是，并没有营业收入超10亿元的单品“爆款”药。

（2）医药商业——主要为医药批发、零售业务，其业务主要集中在江苏省，目前拥有零售药店73家。

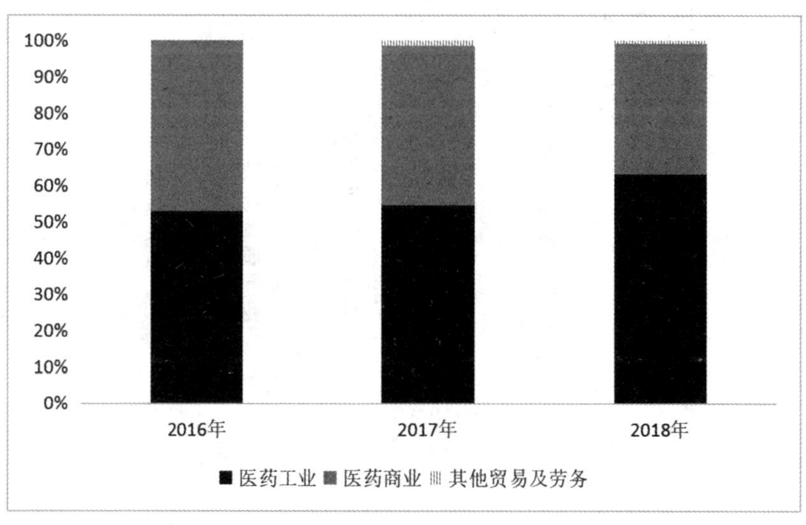

图3：营业收入结构（单位：%）
来源：并购优塾

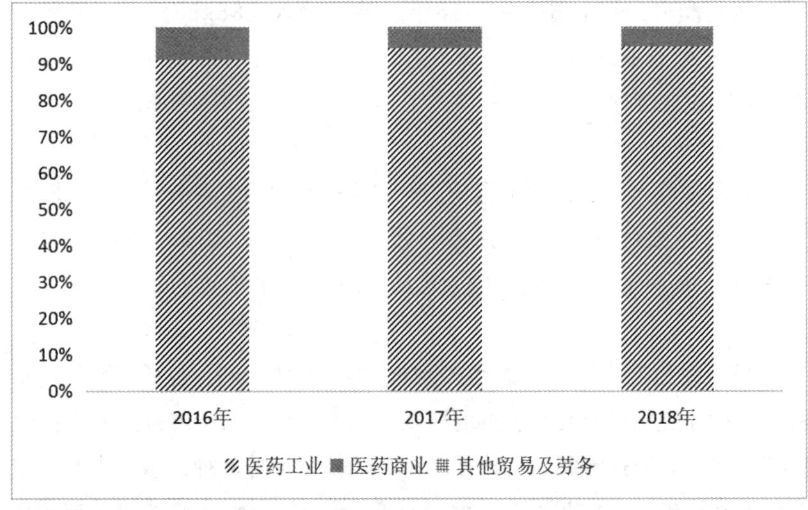

图4：利润结构（单位：%）
来源：并购优塾

从产业链上来看，上游为原料药厂商，其前五大供应商采购额占总采购额12.48%，上游集中度不高。下游为医疗机构、分销商、零售终端等，其前五大供应商占总收入17.92%，集中度也不高。

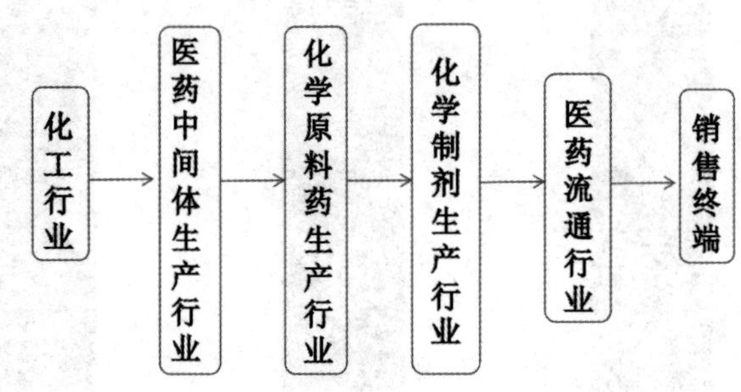

图5：化学药行业产业链
来源：渤海证券

研究本案之前，我们先来看看化学药产业链的价值分配情况：

（1）原料药生产赛道，毛利率平均水平在48%，代表企业有华海药业、健友股份；

（2）化学制剂生产赛道，毛利率水平在74%，代表企业有恒瑞医药、信立泰；

（3）医药流通，毛利率水平在5%~9%，代表企业有国药股份、上海医药。

通过对比，很明显可以看出，整个产业链上附加值较高的为制药环节。

并且有一个细节需要注意，在医药流通企业中，有精麻分销牌照的国药股份和上海医药的毛利率高于其他企业（如南京医药毛利率为6%，而国药股份的毛利率为8.83%，如果研究医药分销商，依据此数据，就可以帮助筛选了）。

不仅在流通行业，在精麻制药企业的定价环节，精麻类药品生产企业也和普通药企存在一定的差距。

比如，在麻醉药领域，可按照定价机制分为麻醉镇痛药和普通麻醉药。麻醉镇痛药（如芬太尼、吗啡等）实行统一定价，药品出厂价格和批发价格由监管层统一制订。而普通麻醉药（如七氟烷、丙泊酚等）主要由市场招标定价。

	麻醉镇痛药	普通麻醉用药	普通药品
生产	严格限制生产单位	按照一般药品管理	按照一般药品管理
流通	指定国药股份、上海医药、重庆医药为一级批发商，各地有指定二级批发商	按照一般药品管理	按照一般药品管理
招标	不参与招标	参加招标	参加招标
价格	国家定价	市场定价	市场定价
销售	产品需求具有一定刚性。改变医生观念需要学术推广	因麻醉科在院内的特殊地位，先入企业具有一定优势	先入企业的优势不牢固
竞争压力	很小	较小	较大

表1：麻醉镇痛药、普通麻醉药和普通药品的比较
来源：东北证券

因为麻醉药的特殊性，因此要想进入这个赛道，就要求有很高的准入门槛，也就是生产许可证，这就是护城河。

目前获批的麻醉药品和精神药品原料药定点厂家只有1至2家，单方制剂定点厂家有1至3家，复方制剂定点厂家1至7家，相较于化学药仿制药动辄10家左右的竞争格局来看，这个赛道确实比较轻松，竞争压力较小。

纵观恩华药业历史，我们大致可以将其分为两个阶段：

第一阶段，2008年到2014年（原有产品稳定增长）；

第二阶段，2014年至今（产品调整期后重新发力）。

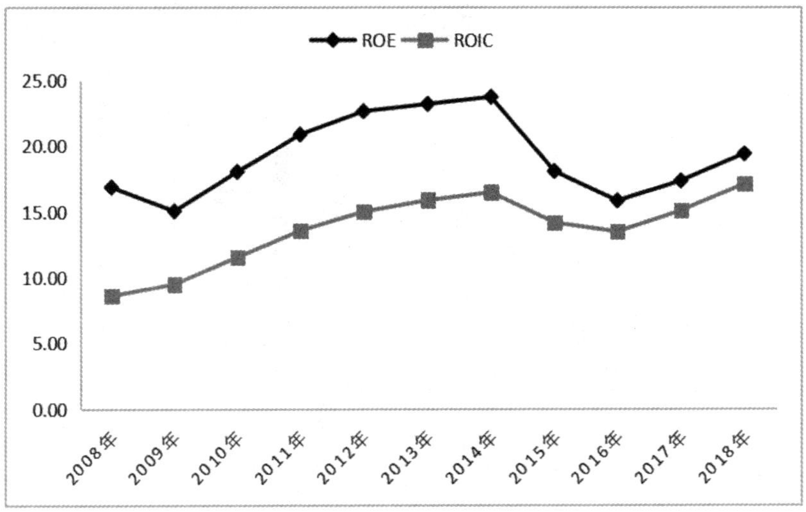

图6：ROE、ROIC（单位：%）
来源：并购优塾

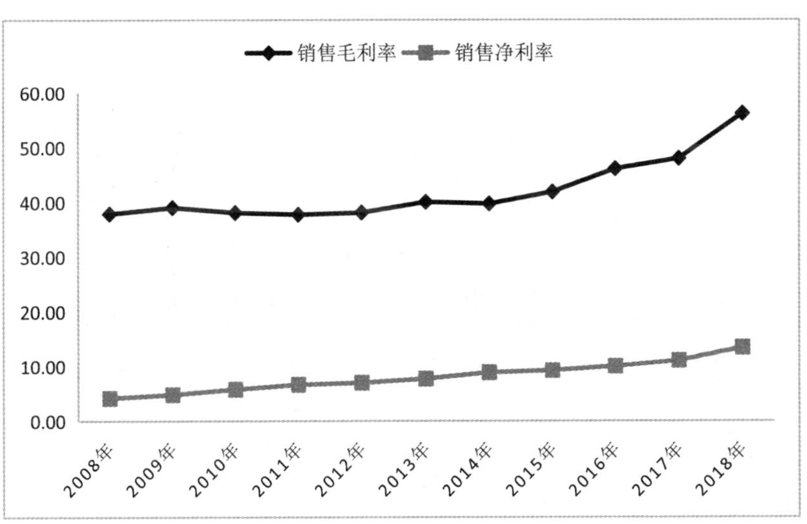

图7：销售毛利率、销售净利率（单位：%）
来源：并购优塾

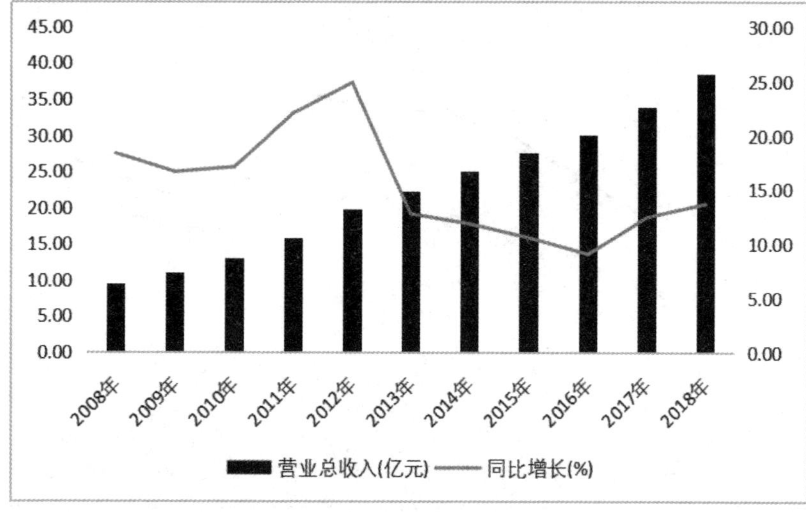

图8：营业点收入、营业收入增速（单位：左：亿元、右：%）
来源：并购优塾

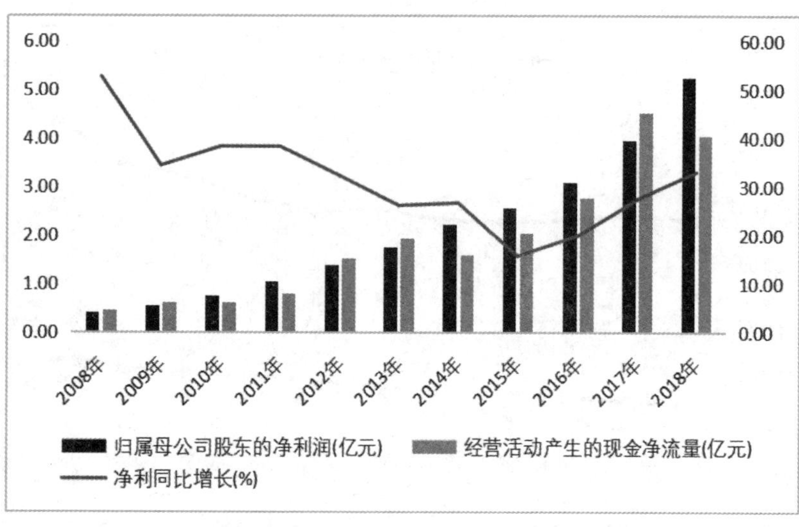

图9：净利润、经营活动现金流及增速（单位：左：亿元、右：%）
来源：并购优塾

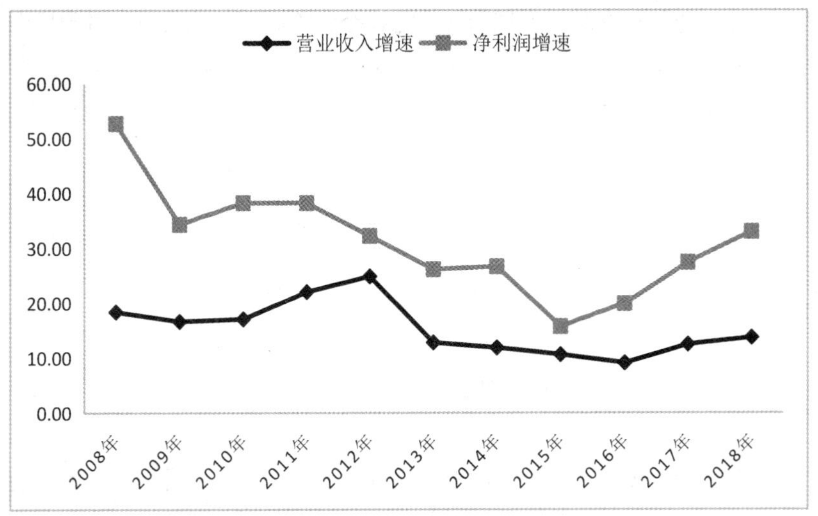

图10：营业收入增速、净利润增速（单位：%）
来源：并购优塾

综合来看，要想看清本案的基本面，必须思考以下几个问题：

（1）从股东投入资本回报率来看，ROE在第一阶段不断上升，但在第二阶段出现下滑，这和持续上升的净利率为什么有差异？同时，ROE波动的幅度要明显大于净利率波动幅度，又是为什么？

（2）从增速上看，营业收入、净利润增速在第一阶段基本呈现同步下滑的趋势，随后增速在第二阶段回暖，这是为什么？

（3）2014年至2016年，为什么它的在建工程大幅度上涨？这些工程是干什么用的？

（4）从估值上看，2018年之前，其估值区间持续保持在36倍至56倍，而后在2018年大幅下跌，甚至跌到历史低位，这又是为什么？

（5）如果与麻醉药领域的其他龙头企业相比，它的估值一直力压人福医药，甚至在2016年之前，PE比恒瑞医药都要高，这是为什么？这背后，护城河究竟在哪里？

2

中枢神经药，生意怎么样?

在分析恩华药业各阶段的经营情况之前，我们先来看一下它所在的这个细分赛道——中枢神经类药物。中枢神经类药物主要分为两大类：

一、抑制类药品：主要包括镇静催眠药、抗精神失常药、抗癫痫药、抗惊厥药、抗帕金森病药、镇痛药。二、兴奋类药品：主要为中枢兴奋药。

在全球中枢神经药物消费总额之中，美国占比高达49%，欧洲和日本占比分别为26%和9%，我国仅占到全球消费总额的3%。仅这一个数据对比，就可知这个赛道还有多少成长空间。基本上，中枢神经类药物的使用，和经济发展程度正相关。中国经济体量和美国相当，人口是美国的4倍，而此类药物的消费量却低了这么多——由此可见，国内中枢神经药物行业和国外相比仍然处于起步阶段。

回到本案，看了以上数据，未来天花板无须多疑，甚至大家可能还要留意某些阶段超高速增长的可能性。据艾美仕公司预测，到2020年，中国中枢神经类疾病市场规模将达到甚至超过1000亿元。

恩华药业主要布局的就是中枢神经类药物中的麻醉药和精神疾病药物。我们分别来看：

（1）先来看麻醉药方面。麻醉药，主要作用为抑制中枢神经系统，使患者呈现出意识和痛觉丧失、肌肉松弛等表现，主要应用于手术中。目前，我国麻醉用药市场规模接近200亿元，平均增速约为20%。

麻醉类药品按作用不同，主要分为全身麻醉剂、局部麻醉剂、麻醉镇痛药、肌松药4大类。在一般手术中，会根据患者的情况来选择不同的麻醉方式。

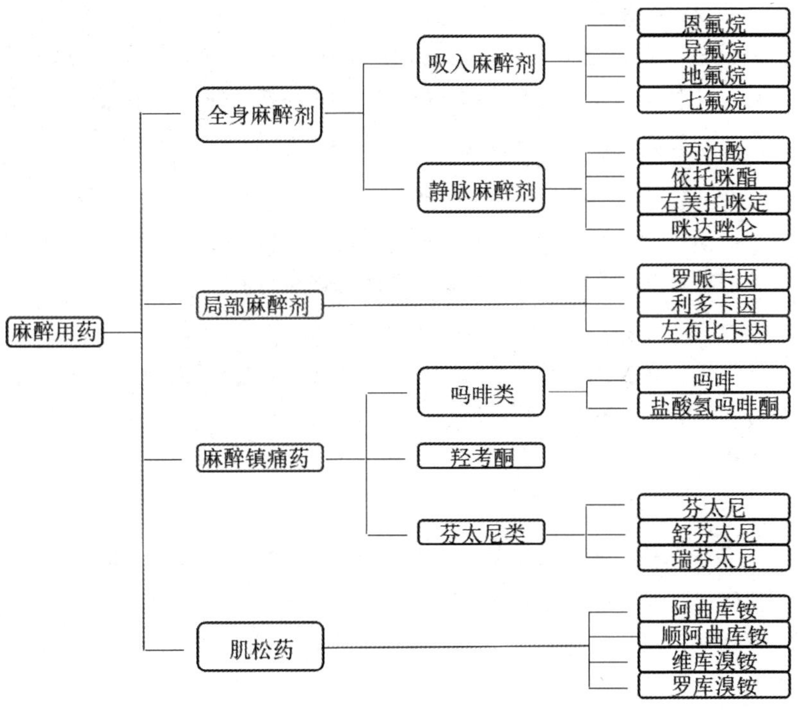

表2：麻醉用药分类
来源：东北证券

其中，麻醉镇痛药的市场占有率最高，达到44%，其次为全身麻醉剂（40%）、肌松药（12%）、局部麻醉剂（4%）。

由于镇痛药的管制比较严格，因此参与企业相对较少，人福医药是这一赛道的主要生产商。（不过，几个月前我们对其财务数据和商誉做过简要提示，2019年年初，其发布业绩预亏22亿元至27亿元。）

回到本案，业务结构中占比第二的全身麻醉剂，按给药方式的不同，又可以分为吸入麻醉剂（通过呼吸机将麻药与氧气混合后由患者经口鼻吸入）和静脉麻醉剂（经血管注入各种麻醉药物）。

注意，因为一次全身麻醉需要用的药品为：吸入麻醉剂+静脉麻醉剂（二者取其一或者共用）+麻醉镇痛药+肌松药，所以各个大品类之间不存在竞争关系。

其中，静脉麻醉剂是目前大多医院主流的麻醉方式。在静脉麻醉剂市场中主要以丙泊酚、右美托咪定、依托咪酯为主。

其中，丙泊酚是静脉麻醉剂的王者，是目前应用范围最广，市场份额最大的静脉麻醉剂。2015年全球销量超过10亿美元，目前国内销量超过25亿元。

其优点是苏醒较为迅速，持续输注后不易蓄积，对呼吸和心血管的抑制作用较强，可以降低颅内压，具有一定脑保护作用。但由于丙泊酚的市场竞争格局呈现寡头垄断，2017年，CR2（阿斯利康与费森尤斯卡比）市场占有率为75%。

所以，在静脉麻醉剂领域，恩华首先切入的是其他静脉麻醉剂。其代表产品是：咪达唑仑（力月西）、依托咪酯（福尔利）、右美托咪定（一思）。分别来看：

（1）咪达唑仑（力月西）：1998年上市，是一款首仿药，原研药为罗氏（Roche)的多美康。主要用于抗焦虑、镇静、安眠、肌肉松弛、抗惊厥，是一款强镇静药，属于第二类精神药品，由于具有潜在的依赖性和耐受性，受国家监管较严格，已列入国家医保目录。

目前，其市场占有率为92%，远超原研药多美康的1%的市场占有率。但是，由于上市时间较长，属于成熟品种，加之其含有被国家严格监管的成分，所以用量受到限制，增速较慢，2012年至2017年，年复合增速仅为7.84%。

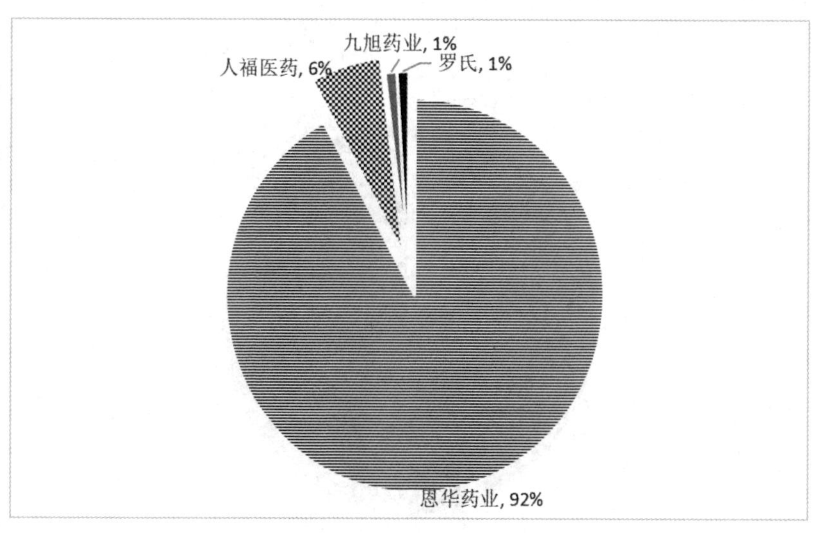

图11：咪达唑仑市场份额（单位：%）
来源：并购优塾

（2）依托咪酯（福尔利）：2002年上市，分为脂肪乳剂和水型注射剂两种剂型，原用于全麻诱导，现在拓展到麻醉维持，也是一款静脉麻醉用药，2009年已列入国家医保目录。

其原研药厂家为强生，1972年上市，当时的剂型仅为水型注射剂。但是，由于水型注射剂对患者的刺激较大，会引起注射部位疼痛和静脉炎的不良反应。因此，1986年脂肪乳剂上市。

目前，国内大部分生产厂家生产的是水型注射剂。恩华的脂肪乳剂型为国内独家，只有进口的德国贝朗公司的产品有相同剂型。

2017年，福尔利的市场占有率达到90%，排名第一，远超德国贝朗公司10%的市场占有率。

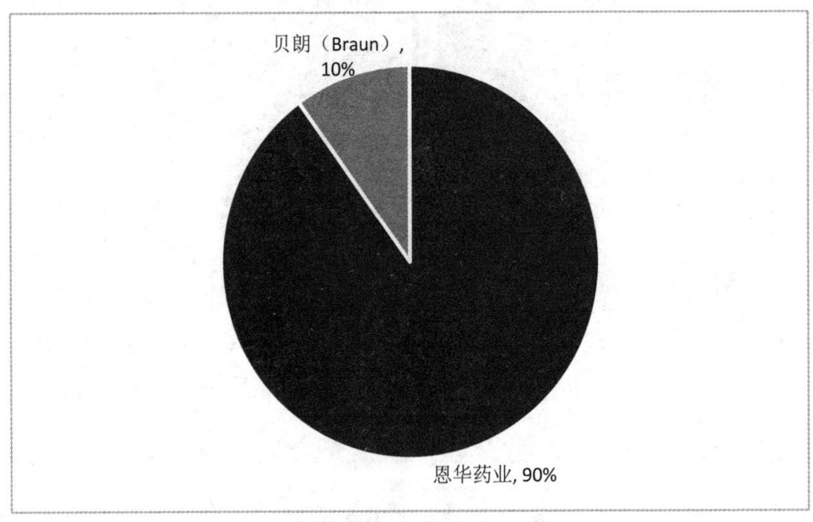

图12：依托咪酯市场份额（单位：%）
来源：并购优塾

但是，由于福尔利对肾上腺皮质抑制作用较强，一般麻醉时间不宜超过3小时，在实际的临床应用中多数静脉麻醉剂仅被用于时间较短的全麻操作，比如乳腺手术等。

（3）右美托咪定（一思）：2011年上市，也是一款仿制药，其原研药厂家为雅培的Precedex。能产生近似自然睡眠的镇静作用，在临床上主要应用于麻醉和ICU，具备无呼吸抑制、容易被唤醒、减少麻药和抗高血压药用量等优点，被看作是咪达唑仑的升级版。

其2017年列入新版国家医保目录，但由于相较于首仿药厂家恒瑞医药（2009年）上市较晚，失去了先发优势，2018年市场占有率为11.1%，国内排名第二。

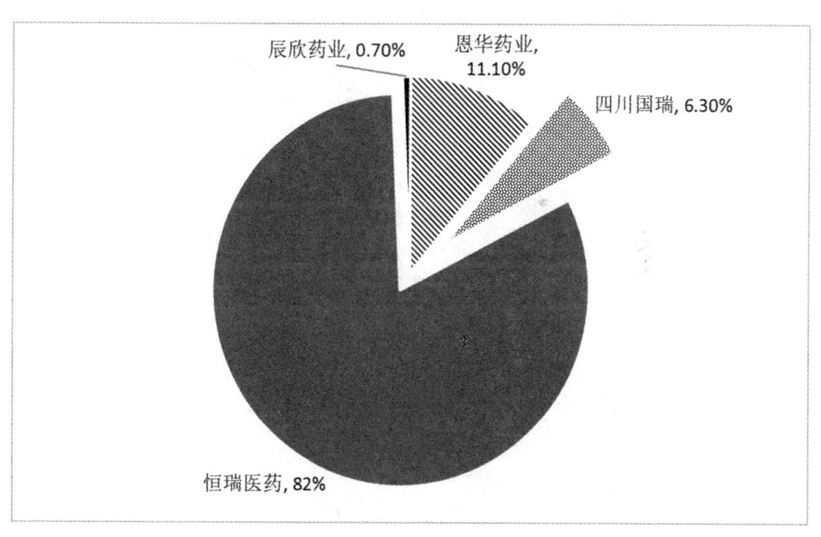

图13：右美托咪定市场份额（单位：%）
来源：国信证券

（2）恩华药业的精神类药物主要以利培酮（思利舒）为主。

利培酮：2005年上市，也是一款仿制药，主要用于改善精神分裂症的阳性症状，常用于治疗躁狂症，是治疗精神分裂症的一线用药。其原研药厂家为强生，1994年上市，2012年全球销量达到17亿美元。

目前，利培酮的市场竞争格局比较激烈，市场份额主要被西安杨森和强生占据，恩华药业的市场占有率只有不到10%。

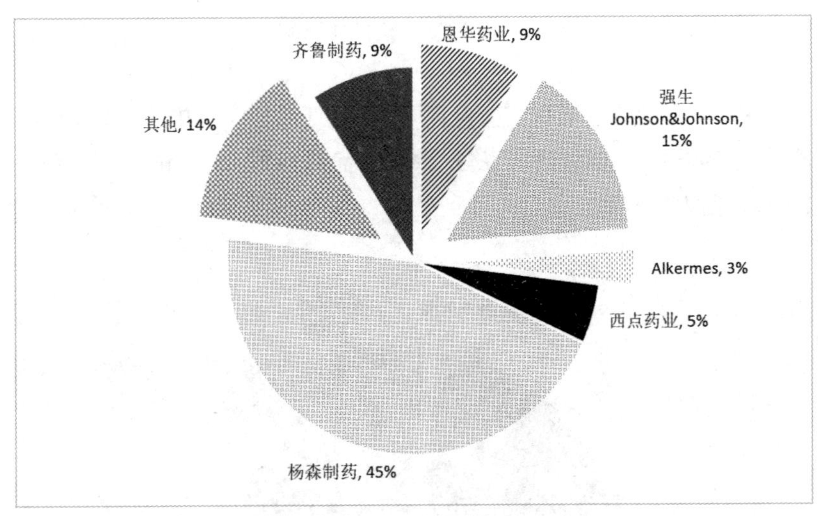

图14：利培酮市场份额（单位：%）
来源：华泰证券

拥有以上麻醉、精神类药品的恩华药业，其经营业绩究竟如何？

3

为什么大幅上升?

这一阶段，它的ROE和ROIC不断上升，ROE从2008年的17.8%上升至2014年的23.7%，ROIC从2008年的8.6%上升至2014年的16.5%。

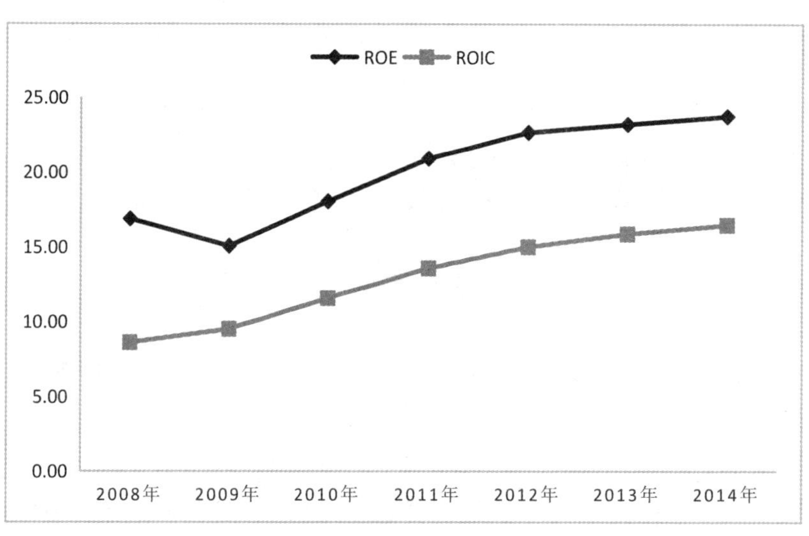

图15：ROE、ROIC（单位：%）
来源：并购优塾

其中，拉动ROE的主要因素是净利率的提升。

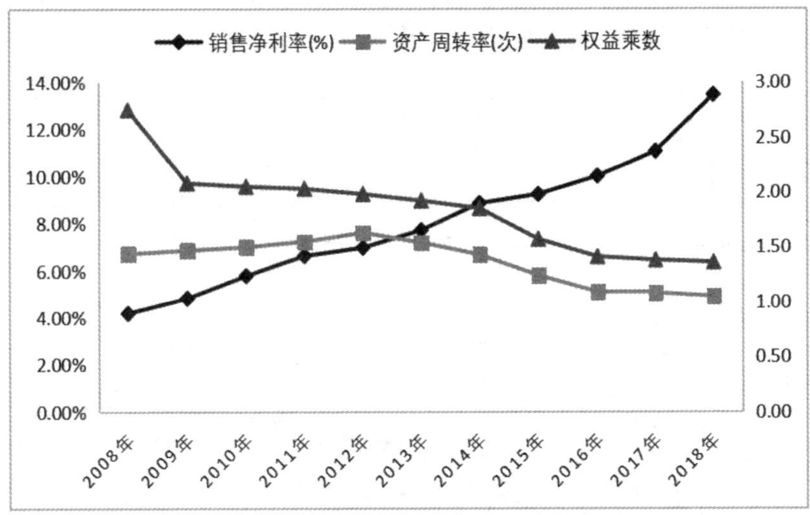

图16：杜邦分析
来源：并购优塾

而拉动净利率提升的因素，主要有两方面：一是毛利率的提升；二是管理费用率下降。

先来看毛利率：这一阶段，它的毛利率从2008年37.9%上升至2014年39.73%。而毛利率的上升，主要是由于它毛利率较高的医药工业收入占比上升导致的。注意，医药工业收入占比从2008年的46.4%，上升到2014年的52.3%。

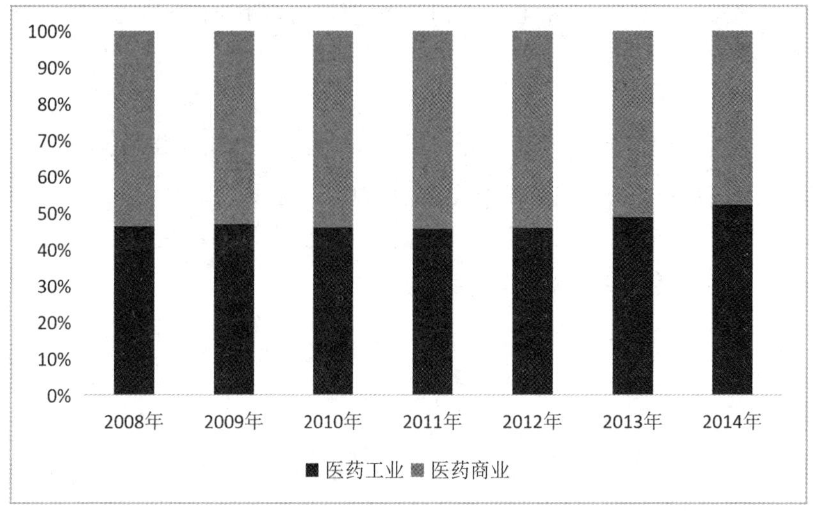

图17：收入结构（单位：%）
来源：并购优塾

再来看管理费用：由于它的营业收入增速高于管理费用增速，因此，尽管这一阶段它的管理费用仍然保持上升，但是管理费用率从2008年7.88%下降至2014年5.05%。

那么，其医药工业收入不断上涨是哪些药品带来的收入？主要包括：

（1）力月西，这一阶段，它的市场占有率已经达到87%，国内排名居首位。2010年至2013年年复合增速仅为13%，2013年销量约为2.6亿元。

（2）福尔利，由于其脂肪乳剂是独家剂型，加之相较于进口药的价格优势，使得它在这一阶段市场占有率达到91%，远超同一剂型的生产厂家德国贝朗（8.1%）。2010年至2013年年复合增速达到35%，2013年销量约为1.8亿元。

（3）利培酮，这一阶段，它的市场占有率为13%，行业排名第三，低于排名第一的杨森（38.4%）。但是增速较快，2010年至2013年年复合增速约为29%，2013年销量约为1.5亿元。

除此之外，它还分别在2011年、2012年，布局了右美托咪定（一思）和丙泊酚，但是由于还未放量，贡献收入较少。

然后，我们从业绩增速上来看：

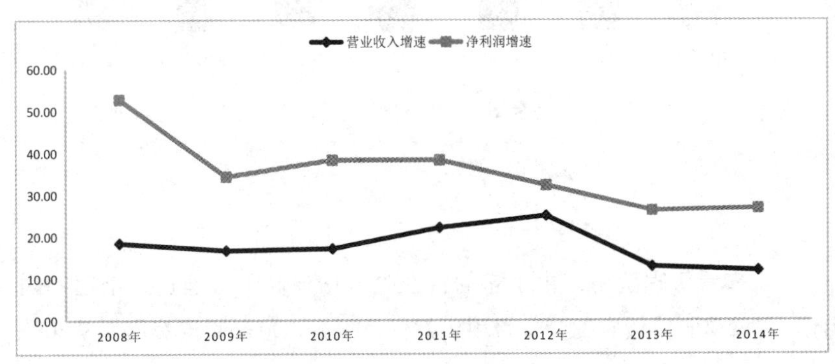

图18：营业收入增速、净利润增速（单位：%）
来源：并购优塾

2008年至2012年，营业收入增速处于上涨状态，但是，由于它的新产品右美托咪定和丙泊酚刚刚上市，错过了2013年的招标，所以导致2013年增速下滑。同时，受整个神经系统用药市场大环境影响，行业增速从2012年30.36%下降至2013年14.39%，从高速增长期进入换挡增长期。

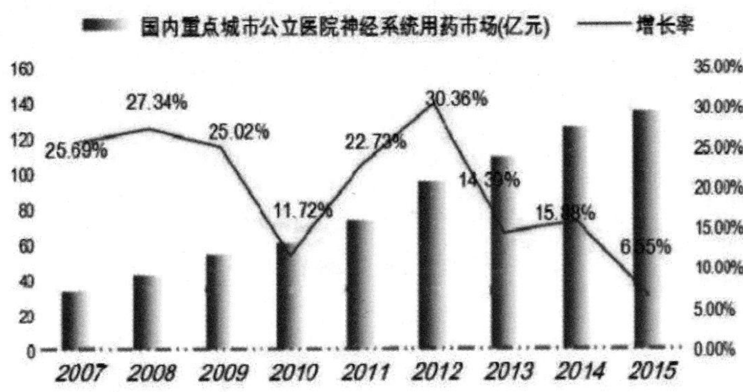

图19：2007年至2015年国内样本医院神经系统用药市场情况
来源：医药经济报

综上，这一阶段，受业绩上涨的影响，它的股价从上市初1.5元上涨至2014年底9.8元，涨幅达到553%。而它的PE倍数则在30倍至50倍之间波动。

那么，令人期待的是，在下一阶段，其还未放量的麻醉、精神药品，表现如何？

4

下降又是怎么回事？

这一阶段，它的ROE和ROIC先降后升，其中ROE先由2014年的23.7%降到2016年的15.8%，随后2018年又升到19.4%；ROIC先由2014年的16.5%降到2016年的13.5%，随后2018年又升到17.1%。

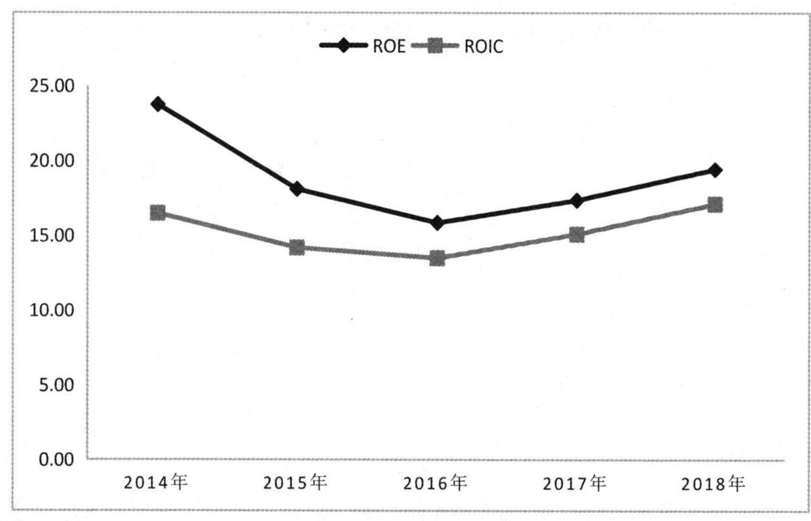

图20：ROE、ROIC（单位：%）
来源：并购优塾

因此，我们将这一阶段再细分为两个阶段：

（1）2015年至2016年；（2）2017年至今。

先来看2015年至2016年，我们将其ROE拆开来看：

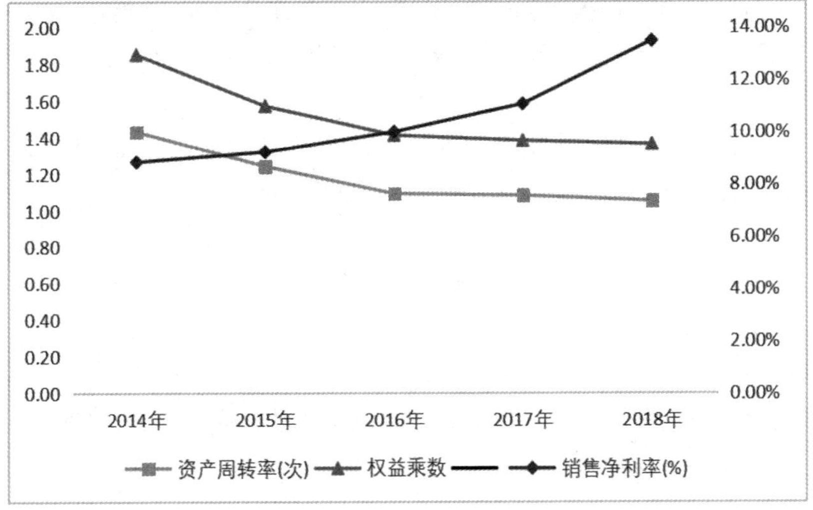

图21：杜邦分析
来源：并购优塾

也就是说，其ROE在这一阶段下滑主要是因为总资产周转率和权益乘数下滑。

先看总资产周转率，这一阶段营业收入增速下滑，但是总资产快速上升，是因为其账上现金增加，以及在建工程增加。现金增加是因为定增募集资金，所以，也导致总权益乘数同步下滑。

2014年11月，其定增募集资金5.5亿元，主要用途为国际原料药出口基地建设项目、药品制剂制造车间项目。

新建国际原料药出口基地建设项目，主要是因为根据徐州市监管层的要求，将原厂区从市主城区搬迁至工业园区，同时提升自己的产能。而建设药品制剂制造车间，主要为解决研发试生产和正常生产的冲突，建立高标准研发试生产车间。

这么一来，既提高了产能，又增加了研发质量。那么，提高了产能之后，它的业绩是否会因此大幅提升？再来看2017年至今。

果然，这一阶段，它的ROE从2016年15.8%上升至2018年的19.4%；ROIC从2016年的13.5%上升至2018年的17.1%。

拉动这一阶段ROE回升的主要因素，是净利率的上升。它的净利率由2017年的11.06%上升到2018年的13.4%。

而净利率的提升，主要依靠它的毛利率拉动，是由于它的制药业务占比继续提升，从2017年55%上升至2018年63%所致。

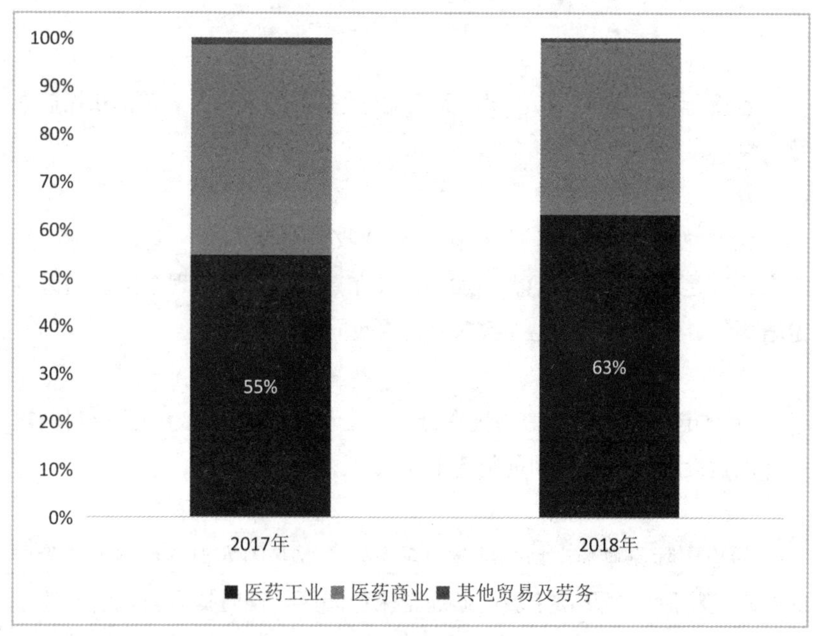

图22：收入结构（单位：%）
来源：并购优塾

制药收入进一步提升，来看看这背后的业务逻辑：

首先，先来看麻醉药领域：

（1）咪达唑仑增速下降，从13%下降至6%左右，但依旧保持绝对领先的市场份额。

（2）依托咪酯在市场上仍保持寡头垄断地位，同时保持着较高速度的增长（20%）。

（3）右美托咪定在2017年被列入新版国家医保目录后，开始放量，受益于中标省份数量增加，恩华药业的市场占有率由2012年的0.67%上升为2018年上半年的10.87%，但仍然落后于恒瑞医药的82.53%。

（4）丙泊酚于2017年新一轮招标中已在9省市中标。虽然目前市场占有率远低于阿斯利康与费森尤斯卡比，但是价格上有较为明显的竞争优势，具有进口替代的空间。此外，国内目前生产厂家有广州嘉博、西安力邦、国瑞药业，但是市场占比均低于8%。

在保有原有主要品种的同时，它还开始向监管更严格的镇痛药领域布局。

2014年瑞芬太尼上市。同时，受益于取消手术适应证限制，无须招标即可入院，且作为国家一类镇痛药，只允许3家厂商（国药、人福、恩华）生产，该产品增长较快。但由于该药品市场份额几乎被人福垄断，其市场占有率为90%，后续发展要看能从人福医药手中抢占多少份额。

其次，除了麻醉药领域，再看看其在精神类药品领域的表现。

其中成熟产品利培酮基本上保持较稳定的占有率，市场增长率在4%左右。而前期布局的阿立哌唑（2014年）、度洛西汀（2013年），效益也开始显现。

阿立哌唑，是治疗精神分裂症的新品种，其原研药厂家为大冢制药，2016年全球销售额约40亿美金。在国内市场，目前主要由原研药厂家大冢制药（50%）、康弘药业（30%）、上海中西制药（15%）占据。恩华药业药价约为原研药的一半，有显著的价格优势，进口取代空间巨大。

度洛西汀，主要用于治疗重度抑郁症，其原研药厂家为礼来，2004年在美国上市，2016年全球市场销售规模12亿美金。目前国内市场主要由原研药厂家礼来（60%）、上海中西制药（30%）、恩华药业（10%）占据，同样基于价格优势，国产替代空间仍然较大。

品种	2015年中标省份	2016年新中标省份	2017上半年新中标省份	2017下半年新中标省份	合计中标省份
阿立哌唑	山西、广西	河南、河北、宁夏、上海、广东、山东、江西、海南、福建	四川、辽宁、江苏、黑龙江	内蒙古	16
丙泊酚	湖南、广西、山西、广东、甘肃、四川、浙江	天津、黑龙江、海南、福建、陕西、上海、河北、江西、山东、宁夏	青海、重庆、江苏	辽宁、内蒙古、贵州	23
右美托咪定	广西、云南	黑龙江、山东、江西	辽宁、四川、福建、湖北、青海、重庆、山西、贵州、江苏	内蒙古、贵州、宁夏、广东	18
度洛西汀	四川、上海、云南	山东、福建、广西、江西	辽宁、福建、湖北、青海、重庆、山西、江苏	宁夏、内蒙古、广东	16

表2：利培酮市场份额
来源：东兴证券

有一点需要注意，由于右美托咪定和利培酮在2018年带量采购之前尚未完成一致性评价，因此这两款药都没有参与此次带量采购。但是，基于我们之前的分析，此次带量采购由于所占市场份额不大，因此对恩华药业这两款药的影响有限。

从增速来看，这一阶段其受益于2016年、2017年的集中招标，及新产品列入国家医保目录，产品开始放量，该阶段营业收入、净利润增速均大幅度上涨。

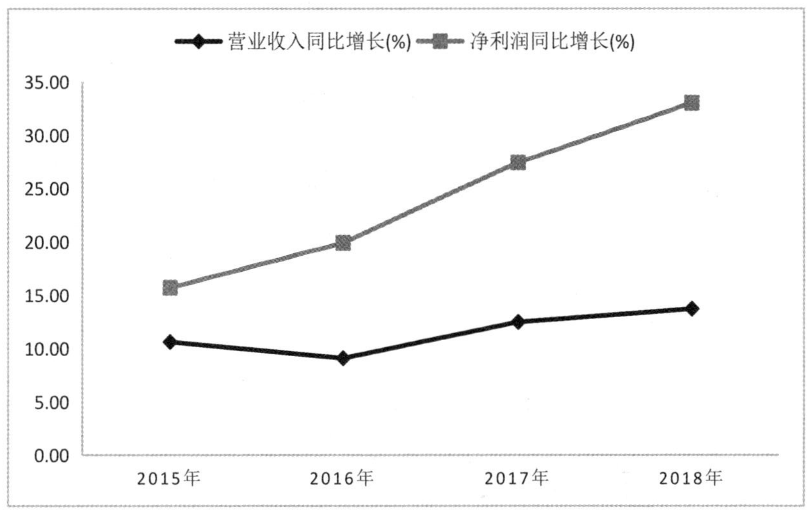

图23：营业收入、净利润增速（单位：%）
来源：并购优塾

这一阶段，受业绩上涨影响，2015年至2018年股价整体呈上升趋势，从2015年的9.68元最高上涨至2018年21.53元，涨幅达到122.42%。

然而，就在恩华药业一路上涨的同时，医药行业已经迎来全行业严重高估，当时优塾投研团队曾做过简要分析。2018年，医药行业爆出疫苗黑天鹅事件，此后又是带量采购等一系列事件影响，导致全行业估值回调。本案，股价一路暴跌至最低8.25元，跌幅达到61.68%。除了2018年外，之前本案的PE基本维持在36倍至56倍。

看到这里，有一个最大的疑问——国内上市的3家麻醉药龙头：恒瑞医药、人福医药、恩华药业，如果做对比，它们各自表现如何？

5

几大麻醉巨头PK，哪家强?

要分析这个问题，第一，先从业务层面来看——产品独特性较强的是人福医药，其布局的是镇痛药赛道，管制程度最高，进入壁垒也最高。而恩华药业、恒瑞医药主要做麻醉镇静药，前者主要做静脉麻醉，后者是包括静脉麻醉和吸入式麻醉。不过，恩华药业还有精神类药物。

从研发费用方面来看，恩华药业2016年至2018年研发费用分别为0.83亿元、1.16亿元、1.72亿元；研发投入占收入的比重分别为2.8%、3.4%、4.5%；资本化比率为0.63%、4.1%、0.8%。

这个研发水平到底如何，再来看同行业情况：

恒瑞医药，2016年至2018年研发费用分别为11.8亿元、17.59亿元26.7亿元；研发投入占收入的比重分别为10.7%、12.7%、15.3%；资本化比率为均为0。

人福医药，2016年至2017年研发费用分别为5.02亿元、6.02亿元；研发投入占收入的比重分别为4.1%、3.9%；资本化比率为35.9%、33.8%。

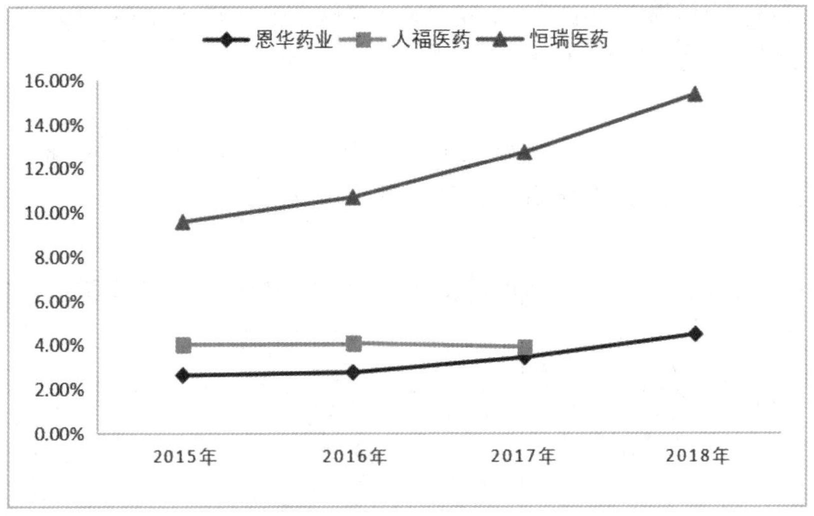

图24：研发费用占营业收入比重（单位：%）
来源：并购优塾

研发投入强度最高的，是恒瑞医药，近3年研发支出占比均值为12.8%，远高于人福药业的4%和恩华药业的3.2%。

第二，再从在研管线来看——3家核心药品和在研药品各有侧重。

恩华药业侧重于静脉麻醉剂+精神类疾病药品，主要产品为咪达唑仑、右美托咪定和丙泊酚。核心在研药物有：I类新药DP-VPA（丙戊酸改良品种，适用于癫痫症，市场规模预计10亿元）、仿制药地佐辛（镇痛药，预计市场规模50亿元，目前国内只有扬子江一家在做）。

人福医药重点布局镇痛药，主要产品为瑞芬太尼和舒芬太尼。核心在研药物有：阿芬太尼（小手术专用、强镇痛药）、苯磺酸瑞马唑仑。

恒瑞药业重点布局吸入式麻醉（七氟烷）、肌松药及催眠镇静药（右美托咪定）。在研药方面，恒瑞药业有M6G（镇痛效果强、不良反应小、市场规模约5亿元）、甲苯磺酸瑞马唑仑（静脉全麻药，比丙泊酚效果更佳，预计市场规模达20亿元）。

从这个布局来看，人福医药考虑到财务风险的问题暂不考虑，而即便把恒瑞医药这个巨无霸放在面前，本案也仍然有竞争力。

相关公司	布局特点/代表品种	治疗小类	相关产品	2017年样本医院销售（万元）
恩华药业	1）重点布局：侧重于镇静药、静脉麻醉领域等 2）代表品种：咪达唑仑、丙泊酚、右美托咪定等	催眠/镇静药	**咪达唑仑**	**13066.85**
			右美托咪定	**4850.17**
			硝西泮	29.11
			三唑仑	0.35
		全麻药	**丙泊酚**	**11169.99**
			依托咪酯	625.07
		局麻药	罗哌卡因	46.57
		镇痛药	瑞芬太尼	957.72
			芬太尼	20.72
人福医药	1）重点布局：侧重于镇痛领域等 2）代表品种：舒芬太尼、瑞芬太尼等	镇痛药	**瑞芬太尼**	**42790.51**
			舒芬太尼	**36645.49**
			氢吗啡酮	4191.94
			芬太尼	2535.50
			纳布啡	1145.66
			哌替啶	60.49
			对乙酰氨基酚+曲马多	23.84
		催眠/镇静药	咪达唑仑	825.68
		局麻药	罗哌卡因	205.38
		肌松药	维库溴铵	2.84
恒瑞医药	1）重点布局：主攻吸入式麻药、肌松药、镇静药的重磅品种 2）代表品种：七氟烷、苯磺顺阿曲库铵等；右美托咪定是镇静领域重磅品种	催眠/镇静药	**右美托咪定**	**63768.53**
		肌松药	**苯磺顺阿曲库铵**	**47913.31**
			阿曲库铵	635.32
			阿曲库铵	211.70
		全麻药	**七氟烷**	**38902.02**
			依托咪酯	0.03
			氯胺酮	0.28
		镇痛药	布托啡诺	7918.13
		局麻药	左布比卡因	430.47
			罗哌卡因	401.41

表3：市场布局对比
来源：广证恒生

接着，再从财务层面来看——毛利率最高的是恒瑞医药（86%），其次是恩华药业（47.9%）、人福医药（38.08%）。

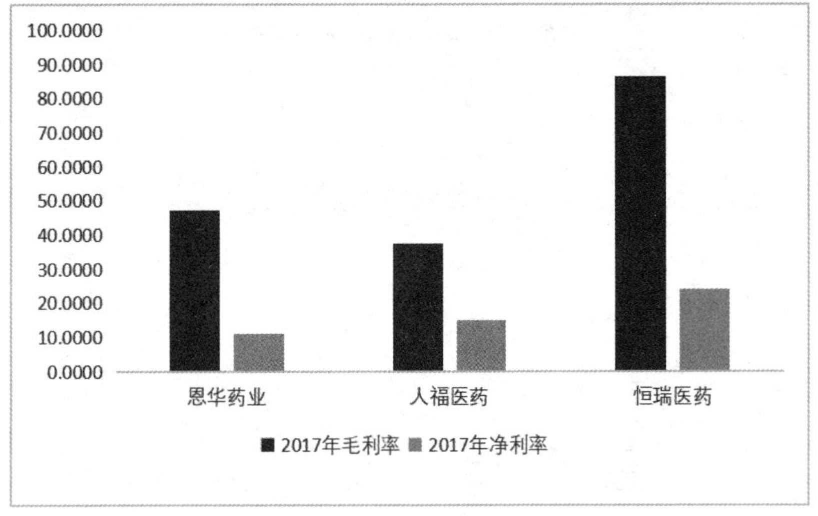

图25：毛利率、净利率对比（单位：%）
来源：并购优塾

恒瑞医药毛利率高，主要是由于其以医药工业为主，包括抗癌药、麻醉药，都是毛利率很高的医药品类，综合毛利率约为86%，净利率也高，约为20%~25%。而恩华、人福医药除了麻醉药外，还包括医药分销业务，拉低综合毛利率。

不过，恩华药业净利率较低于人福，这主要是由于人福医药销售费用低于恩华药业10%左右，也低于同行平均水平10%左右。

不过，尽管恩华药业的净利率略低，但是，若从ROE角度对比，恒瑞医药＞恩华药业＞人福医药。所以，如果在同样的估值水平下，恒瑞医药仍然是更值得研究的对象。

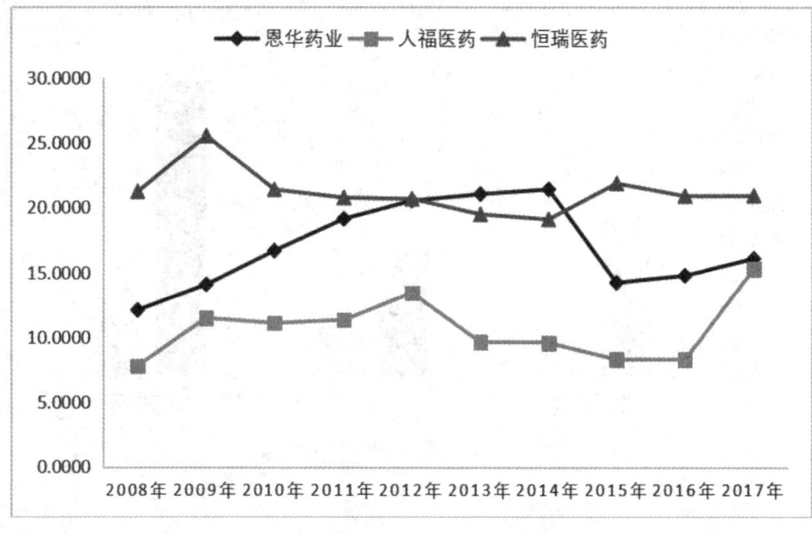

图26：ROE对比（单位：%）
来源：并购优塾

回到本案，人福医药的ROE低，是因为总资产周转率低。据分析，其存货周转率很低，主要是其业务比较多元化。2013年之前，其存货中还有房地产业务，使得存货周转率很低（康美药业也是类似的存货结构）。

同时注意，人福医药的商誉很高，商誉总值66.5亿元，占净资产比重38.7%。2019年1月29日，其公告预计将计提商誉减值约30亿元。

然后，我们再从估值层面来看——2016年，是3家企业估值的分水岭。

2016年之前，恩华药业的PE倍数始终高于恒瑞医药和人福医药。这是由于人福医药多元化经营，导致大家对它的估值不高。加之，恒瑞医药当时主要以仿制药为主，还没有重磅创新药上市。而恩华药业占据静脉麻醉药领域几款核心产品的寡头垄断地位，市场比较看好。

但2016年后，随着恒瑞医药的创新药阿帕替尼上市并且快速增长，该药在当年销售额高达10亿元，销售额同比增幅300%。于是，恒瑞医药的估值随之大幅度上涨，远超过恩华药业和人福医药。所以，对医药公司来说，一款药就能改变形象。在恒瑞医药的收入结构中，直到目前创新药仍然占比不大，但却普遍被市场认为是创新药龙头。

值得注意的是，自2018年下半年以来，受医药“黑天鹅事件”和大盘回调影响，医药概念股纷纷大幅下挫。恒瑞医药下跌超30%，人福医药下跌40%，而本案恩华药业则下跌58%。

那么，本案最核心的问题来了——它的估值区间，目前处于什么水平？

6

估值，到底应该怎么做？

对于恩华药业，由于它的经营能力强、现金流稳定，所以我们可以采用DCF以及PE估值法进行估值测算。

首先来看其历史PE变动情况。其中，PE的两次高点分别出现在2010年、2015年，对应的ROE分别为18.02%、18.13%。而PE的两次低点分别出现在2008年、2019年。

	时间	ROE	营收增速	净利润增速	PE
估值高点	2010	18.02	17.07	38.25	93.8倍
	2015	18.13	10.6	15.7	81.8倍
估值低点	2008	16.8	18.35	56.29	29.4倍
	2019	-	-	-	18.7倍

表4：估值高低点
来源：并购优塾

PE高值发生在2015年牛市和2010年ROE大幅上涨时，而PE低值发生在2008年金融危机时。也就是说，精麻药品这个赛道，除非金融危机以及行业性的黑天鹅事件，否则很难撼动其固有优势。中国的精麻赛道水平和发达国家之间存在巨大的鸿沟，而这样的鸿沟，就是这个赛道的内生增长动力，而且在可见的未来仍将长期维持。所以成长性+牌照护城河，让这个领域成为典型的成长赛道。

结合本案的经营情况，它的历史PE大约为33倍至48倍。这个区间到底在什么水平，我们来对比一下同行业的历史PE情况：

（1）仙琚制药——历史PE为35倍至50倍；
（2）人福医药——历史PE为33倍至47倍；
（3）恒瑞医药——历史PE为38倍至50倍；
（4）辉瑞——历史PE为13倍至24倍；
（5）阿斯利康——历史PE为13倍至40倍。

综合来看，本案可比公司估值区间可取在33倍至50倍。这样的估值区间和海外巨头的估值区间相比较高，这正是由于产业红利所导致。预计在这个市场接近天花板的长期过程中，估值水平会逐步向海外巨头的水平回归。

不过，以上这样的对比分析，只能是粗略的比较，不具备参考价值，想要更加深入地研究它的价值，还需要结合不同逻辑的估值方法。

7

DCF估值，到底怎么算？

现金流贴现，预测的主要环节的假设如下：

（1）营业收入增速——外部研究员增速（12.73%）、历史增速（13.06%）、行业增速（10%至15%）、内生增速（10.69%）。

按照乐观、保守算法，取增长率13%、10%。永续增长方面，由于中枢神经类药品和公司个体的确定性较高，因此乐观增速为6%、保守增速为3%。

（2）营业利润率——取恩华药业历史平均值13.37%。

（3）折旧摊销——取历史增速12.3%。

（4）资本支出——取其平均值1.46亿元作为基期数据，另外，虽然本案固定资产占比仅为19%左右，但是考虑到由于2014年进行了厂房搬迁，导致固定资产出现上升，并且预计未来出现大规模扩建产能的可能性不高。因此，预计未来永续期的资本支出占折旧的比率，需要保持在100%左右（资本支出/折旧=1）。

（5）营运资本变动——取历史平均值7.5%。

（6）WACC——综合计算，取7%。

按照以上参数大致测算，计算企业价值大约在60亿元至237亿元，净债务为-6亿元，所以股权价值大约在66亿元至243亿元，对应的PE-TTM大约为预测各期自由现金流的取值，具体如下：（见表5）

综合以上两种方法，得出的大致数据区间：

（1）PE法——为183.75亿元至288.75亿元，对应PE-TTM大约为33倍至50倍；

（2）DCF法——为66亿元至243亿元，对应PE-TTM大约为13倍至46倍。

因此，综合多方数据，如果数据在33倍左右及以下，较具有安全边际；而如果数据升至46倍左右及以上，则安全边际相对较低。

一般来说，得出上述数据后，这个案例分析似乎就算完了。不过，研究完这个数据后，总感觉哪里还有些欠缺。比如，DCF计算的估值下限，为何这么低，只有13倍左右？

	预测现金流										
	基期	*1*	*2*	*3*	*4*	*5*	*6*	*7*	*8*	*9*	*10*
收入增速		13.00%	13.00%	13.00%	12.00%	11.00%	10.00%	9.00%	8.00%	7.00%	6.00%
折旧增速		12.00%	12.00%	12.00%	11.14%	10.29%	9.43%	8.57%	7.71%	6.86%	6.00%
收入金额	38.53	43.54	49.20	55.59	62.82	69.73	76.71	83.61	90.30	96.62	102.42
1-息税前利润率	84.61%	85.01%	85.42%	85.82%	86.23%	86.63%	86.63%	86.63%	86.63%	86.63%	86.63%
营业成本费用	32.60	37.01	42.02	47.71	54.17	60.41	66.45	72.43	78.23	83.70	88.72
EBIT	5.93	6.52	7.17	7.88	8.65	9.32	10.26	11.18	12.07	12.92	13.69
税率	15.00%	15.00%	15.00%	15.00%	15.00%	15.00%	15.00%	15.00%	15.00%	15.00%	15.00%
EBIT (1-t)	5.04	5.55	6.10	6.70	7.36	7.92	8.72	9.50	10.26	10.98	11.64
折旧摊销	0.54	0.60	0.68	0.76	0.84	0.93	1.02	1.10	1.19	1.27	1.35
资本支出	1.46	1.65	1.86	2.11	2.38	2.69	2.42	2.15	1.88	1.62	1.35
营运资本变动	3.14	3.27	3.69	4.17	4.71	5.23	5.75	6.27	6.77	7.25	7.66
自由现金流	0.98	1.24	1.22	1.18	1.11	0.93	1.56	2.18	2.79	3.39	3.98

表5：乐观现金流预测（单位：亿元）
来源：并购优塾

8

估值逻辑，到底哪里出了问题？

我们一遍又一遍回溯现金流贴现的各项假设，至少检查了5遍，并未发现假设有什么缺陷、计算过程有什么错误，但是，为什么这个数值和相对估值法的下限差距这么大？

于是，第一步，我们又翻出了历史估值区间图，研究发现，本案的历史估值区间，有明显的“降档”现象。估值区间从2010年到2016年，都在33倍至70倍，而到2016年至2018年，开始降档到33倍到60倍：而到2018年之后，低位区间也被突破，下跌到历史最低的18倍。

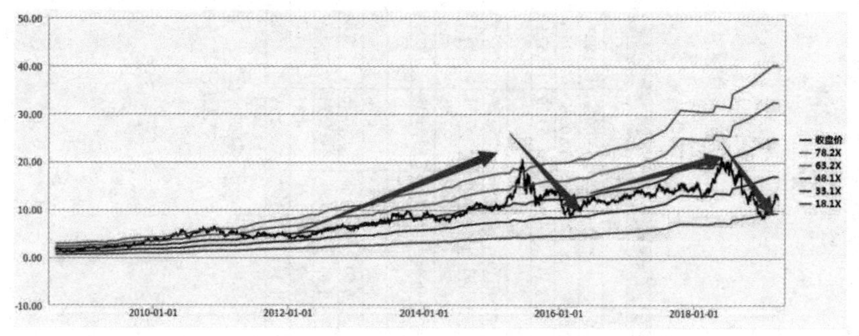

图27：PE band（单位：倍）
来源：wind

接下来有意思的几个问题来了，对这些问题的思考，其实才是本案最精髓之处：

（1）这样的估值降档，到底是什么因素导致的？

我们又分析了业绩增速，发现这并非问题的原因，因为，无论利润增速还是营业收入增速，都较为稳定，营业收入增速10%左右，利润增速20%左右。

那么，问题只能出在一件事上——ROE和ROIC：我们发现，这几年ROIC是在逐步下滑的。而这，是本案估值不断降档的核心因素。

所以，分析到这里，整个产业逻辑和估值逻辑明确了。从产业逻辑来看，未来增长前景较为确定，天花板也还远远没到，和恒瑞医药相比竞争力也不弱，但问题在于之前几年的ROE出现降档、下调。而如今的估值降档，基本可以说是之前累积的高估状态，在政策诱导下产生的正常回归。

（2）从基本面分析ROE和ROIC，还会涨回去吗？

要回答这个问题，要先回溯一下前面分析过的ROE下调原因——其实净利率一直在涨，但权益乘数、总资产周转率下滑，因为募资+新建产能导致，而非护城河降低导致。

同时，经过前面的基本面分析，预计未来募资因素会稳定下来，权益乘数不会有太大变动。那么，未来的ROE是会维持平稳还是上行，一是取决于利润率，二是取决于总资产周转率是否会上行。整体来看，ROE上行概率仍然较大，甚至可能回到之前的ROE水平。

（3）分析完以上这些，更重要的问题来了：既然ROE可能接下来会上行，那么估值区间是否还会升回到之前的33倍至50倍的水平？

这个问题，其实就仁者见仁、智者见智了。我们仅提供一个思路，供大家思考——首先，恒瑞医药、石药集团这样的综合型制药巨头，在什么样的区间？这两大巨头ROE水平和之前恩华药业的23%水平差不多，同时估值大致在30倍至60倍的区间。

那我们的问题来了：尽管恩华药业在细分领域也不弱，但毕竟生意质地、财务数据、业绩增速，并没有比恒瑞医药和石药集团更有优势，那凭什么之前的估值区间能维持33倍至70倍，比恒瑞医药还高？

我们分析认为，之前本案的估值区间，其实就已经偏高——属于市场的错误定价。对于恩华药业这类细分赛道药厂，即便有护城河，但估值区间也应该在恒瑞医药和石药集团的基础上打折扣，根据其财务数据的质地，给予20倍至40倍区间差不多，很难给予30倍至70倍这么高。

弄明白这个问题，我们也就解决了最上面思考的核心问题——为什么估值会杀跌、降档？核心原因一是ROE下调，二是市场对之前错误定价的理性回归。也就是说，按照其生意质地、产业地位，未来大致给予20倍至40倍的数据区间，会更为合理。

所以，经历了漫长的错误定价后，终于看到了估值回归。还是那句老话：理性只会迟到，但永远不会缺席。

目前，本案在触及历史低位18倍后回升，市盈率升至25倍。

不过，任何人任何时候，对任何公司都不可能做出百分百准确的预估，因而本报告仅做研究方法讨论，具体数据不具有任何参考价值，并且也坚决不作任何建议。我们能做的已经全都做了，剩下的需要你自己思考。

最后总结一下基本面，本案的增长因素包括：（1）护城河方面，精麻类药物壁垒较高；（2）未来增长方面，短期看国产替代和药品招标情况，长期看研发创新能力；（3）产业红利。

风险因素，则包括：（1）带量采购流标对药品市场占有率的影响，不过考虑到其赛道特殊，且在一些药物的市占率实在太高，预计不会有太大影响；（2）企业核心“爆款”产品储备还不够，增长率不确定性较大。

本文发布于2019年3月29日

华东医药

糖尿病药物广阔赛道

之前在研究云南白药时，我们曾经提到，它是A股第一支10倍股，而今天要研究的这家公司，也是名副其实的10倍股。其自上市至今，前复权股价上涨85倍，来感受一下它的走势：

图1：股价图（单位：元）
来源：wind

这家公司，和云南白药一样，身处医药赛道中。既然是制药公司，那么其股价暴涨，必定和它的“爆品”密不可分——2002年，它的单品“爆款”药上市之后迅速放量，并在2017年，实现单品年销售额超过20亿元，年复合增速达到43%。

注意，年销售额20亿元，是什么概念？我们来对比几个耳熟能详的“爆款”药看看：

东阳光药，旗下一款“可威”（通用名奥司他韦，抗流感药），2006年上市，2017年实现销售收入14亿元；

江苏豪森，旗下“爆款”产品“奥氮平”，2001年上市，2017年实现销售收入16.82亿元；

之前优塾投研团队在研究以上几家公司时，曾多次提到过“大单品”对医药公司的重要性。而正是手握这样的大单品，让本案的投资回报率始终保持在20%以上，和格力、海康、茅台、恒瑞、海天这样的行业巨头站在同列。

对本案，我们来看业绩：2015年至2018年三季度，营业收入分别为217.27亿元、253.8亿元、278.32亿元、232.04亿元；净利润分别为11.52亿元、15.35亿元、18.88亿元、19.11亿元。

以上数据看完，不知你有没有发现一件怪事——20%的ROE，其背后对应的净利率竟然只有6.78%，毛利率只有26.12%。不是制药公司吗，才这么点毛利？这是为什么？

并且，更怪的是，从2018年6月至今，短短半年时间大幅下挫，股价从53.20元一路跌至最低23.16元，暴跌56%！并且，其中还出现过连续暴跌，甚至跌停的走势——在整个医药板块的龙头公司中，这样的下跌，也很让人费解。这又是为什么？

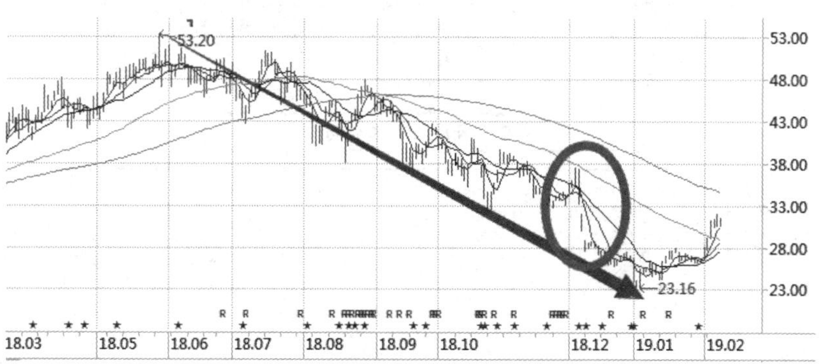

图2：股价图（单位：元）
来源：wind

1

这样的巨头，到底什么来路？

华东医药，成立于1952年，是一家集医药研发、制药工业、药品分销、医药物流为一体的大型综合性医药企业。控股股东为中国远大集团，持股比率为41.77%，实控人为胡凯军。

其董事长李邦良，今年72岁，教授级工程师，执业药师，医药领域的传奇人物。其大学毕业于南京华东工程学院火箭弹制造专业，和医药行业八竿子打不着。据《券商中国》报道，1992年他开始当厂长时，华东医药在杭州医药行业毫不起眼，而到今天，本案已经成为年营业收入超270亿的A股医药龙头。

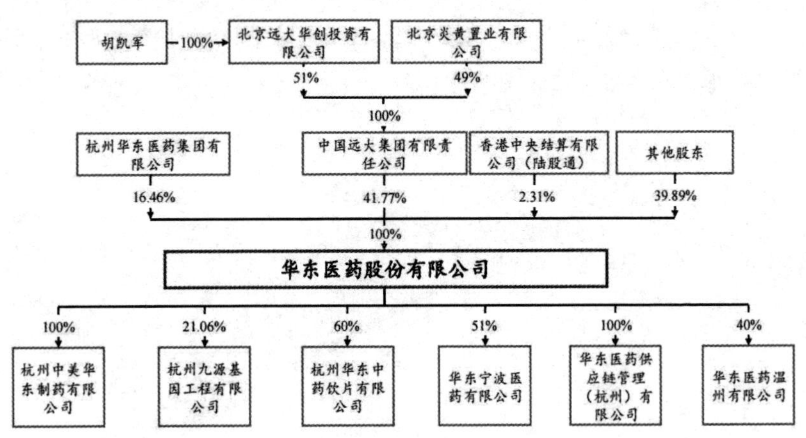

图3：股权结构（单位：%）
来源：民生证券

再来重温一下财务数据——2015年至2018年三季度，其营业收入分别为217.27亿元、253.8亿元、278.32亿元、232.04亿元；净利润分别为11.52亿元、15.35亿元、18.88亿元、19.11亿元；经营活动现金流分别为6.59亿元、13.47亿元、16.61亿元、14.11亿元；毛利率分别为23.98%、24.27%、26.12%、29.51%；净利率分别为5.3%、6.05%、6.78%、8.23%。注意，营业收入年复合增速为13.18%，净利润年复合增速为28.02%。净利润增速高于营业收入增速，属于典型的成长股特征。其营业收入主要来源于两大业务，分别是：医药商业和医药工业。其中：

医药商业是主要收入来源，收入占比为76.14%，医药工业为23.86%。但是，医药商业的毛利率很低，所以，毛利主要来源为医药工业（毛利占比为78.35%），医药商业为21.65%。

（1）医药商业业务——涵盖浙江省的医院直销、商业调拨、药品批发以及终端配送等多个业务。是浙江省最大的综合性大型医药商业公司，并在全国药品批发企业中连续多年排名前十。

（2）医药工业业务——核心经营主体为控股子公司杭州中美华东制药，制药产品涉及器官移植免疫抑制剂、糖尿病和消化等领域，核心产品为百令胶囊和阿卡波糖。

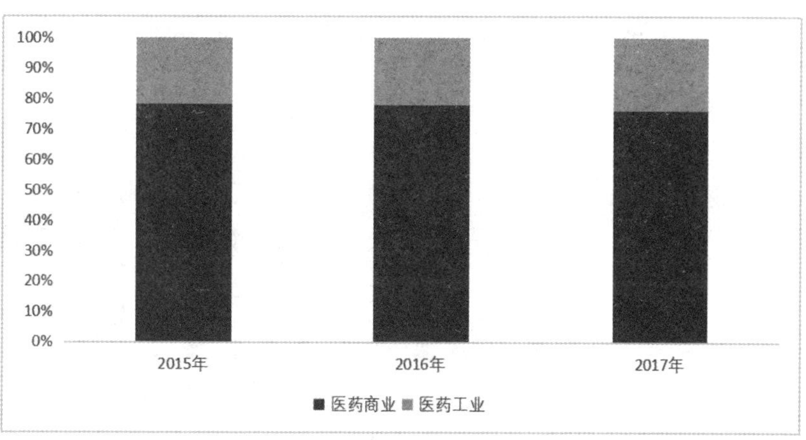

图4：收入构成（单位：%）
来源：并购优塾

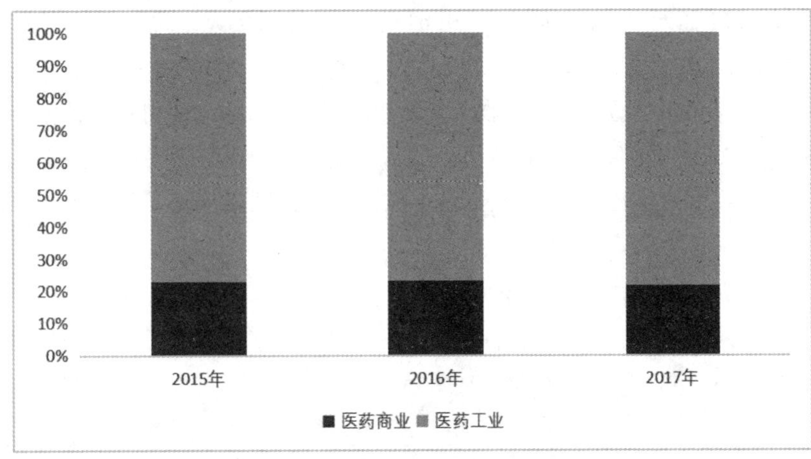

图5：毛利构成（单位：%）
来源：并购优塾

从产业链上看，其上游为原料药、药品等供应商，前五大供应商采购额占总采购额的6.8%，集中度不高；其下游为医疗机构、零售终端、分销商等，前五大客户占总收入的7.69%。

纵观其历史，大致分为四个阶段，第一阶段：2000年至2004年（获得“爆款”药）；第二阶段：2005年至2009年（多元发展不顺）；第三阶段：2010年至2013年（稳定经营）；第四阶段：2014年至今（增速下滑）。

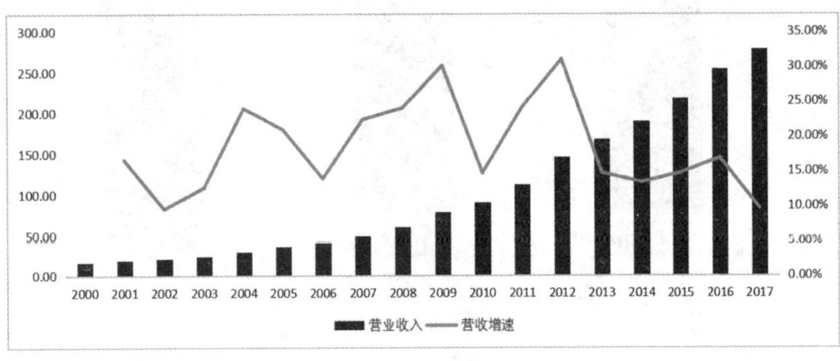

图6：营业收入、营业收入增速（单位：左：亿元、右：%）
来源：并购优塾

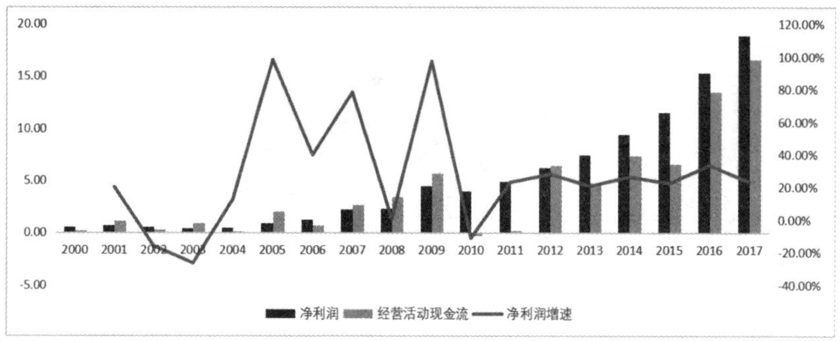

图7：净利润、经营活动现金流及净利润增速（单位：左：亿元、右：%）
来源：并购优塾

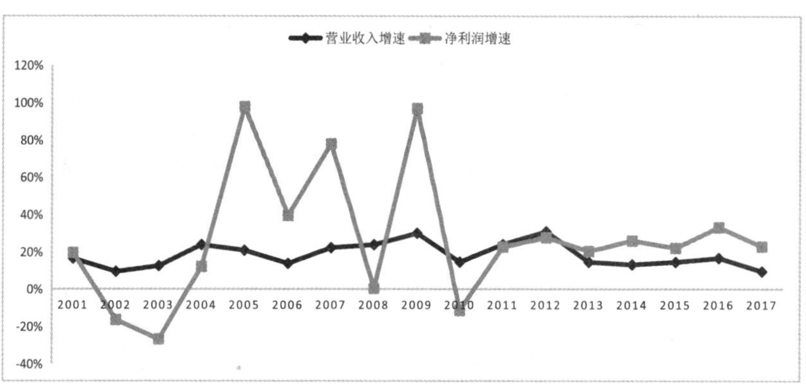

图8：营业收入增速、净利润增速（单位：%）
来源：并购优塾

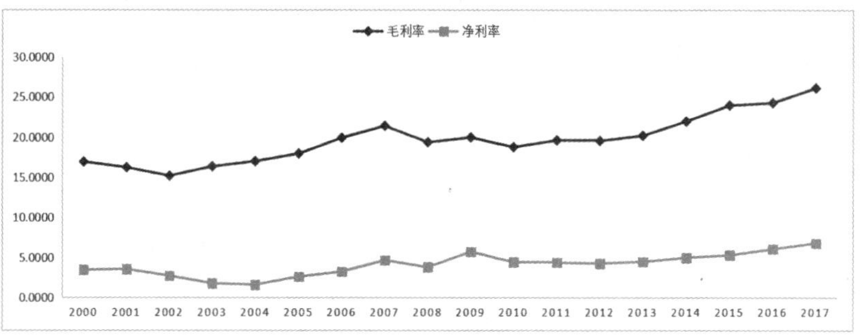

图9：毛利率、净利率（单位：%）
来源：并购优塾

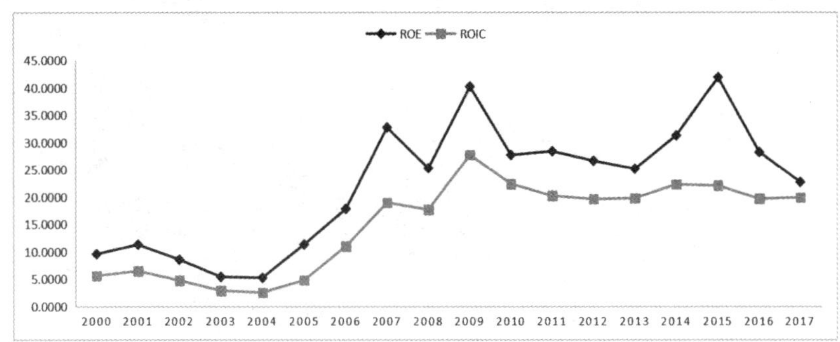

图10：ROE、ROIC（单位：%）
来源：并购优塾

梳理本案的基本面信息，有几个地方必须思考清楚，才能看透这家公司：

（1）毛利率、净利率每年都在平稳上升，但为什么ROE在2008年出现大幅下滑，2015年又为什么出现了峰值，这两年到底发生了什么？

（2）注意，近年来，营业收入、净利润增速不断走低，营业收入增速从2009年峰值30%降到2017年10%，净利润增速从2009年的峰值97%降至2017年23%，这是为什么？

（3）上市以来，它的股价不断走高，但是估值却不断下降，这背后的逻辑又是什么？

2

老业务出现瓶颈，怎么办?

上市之初的第一个阶段，2000年到2004年，其ROE和ROIC呈现下降态势，ROE从2000年9.62%降至2004年5.28%，ROIC从2000年5.63%下降至2004年2.58%。

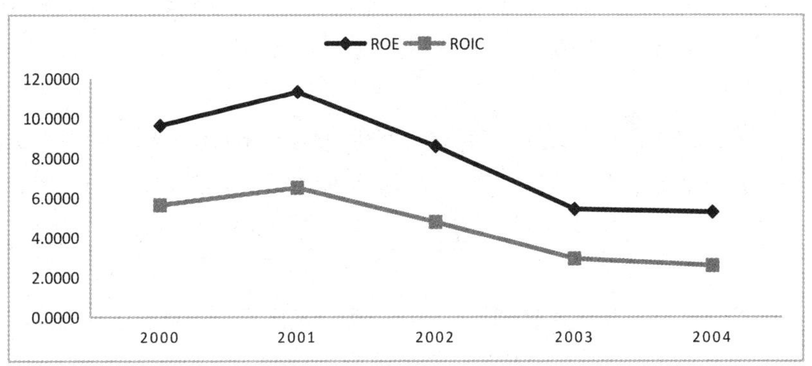

图11：ROE、ROIC（单位：%）
来源：并购优塾

而拖累ROE和ROIC下滑的主要因素，是净利率下滑。要搞清楚这一点，得从业务逻辑开始说起。

和许多制药公司类似，华东医药也是从抗生素起家。但是，由于抗生素市场竞争激烈，随后只能逐渐转入制药和医药分销领域。

上市初期，华东医药的主要收入来源为医药分销，以及其核心产品百令胶囊的销售。从毛利率角度看，其毛利率波动性不大，基本维持在16%左右。所以，净利率下降的因素，只能是另一个因素：费用上升。

这一阶段，变动较大的两个费用科目为：销售费用和管理费用。

先看销售费用——2000年至2004年，销售费用从1.02亿元上涨至2.22亿元，年复合增速为21%，销售费用率也从6.3%上涨为7.71%，并且从2003年开始销售费用上涨幅度上升。这是为什么？

原来，是它在制药领域布局了一款重磅产品——阿卡波糖（商品名：卡博平）。注意，对制药公司来说，一旦发现销售费用上升，那么一定要仔细研究其背后的原因，以及重磅产品的推广效果。

在此之前，华东医药主要依靠百令胶囊来开拓制药领域，但是由于百令胶囊是用于器官移植抗排异反应的辅助用药，而非一线用药，加之1991年就已经上市，上市超10年，年复合增速已经降为10%。

为了在制药领域站稳脚跟，它一方面在拓展百令胶囊的适用范围，同时，另一方面，急需寻找另一款畅销药。

这时，华东医药盯上了市场空间巨大的慢性病赛道——糖尿病药物市场。我国糖尿病患者人数位居世界首位，糖尿病用药市场需求巨大。

不过，糖尿病用药数量众多，包括口服和注射两类，究竟该选择哪个产品为切入口？

注射类用药，主要是胰岛素，胰岛素的研发技术门槛很高，竞争者相对较多，包括诺和诺德、礼来、赛诺菲等，国内还有已经占据了先发优势的通化东宝。

而口服用药，阿卡波糖占据主导地位，且市场份额全部被拜耳的拜唐苹占据，竞争对手相对单一。加之，受益于拜耳在我国市场的大力宣传，使糖尿病患者对阿卡波糖的认可度较强。

于是，2002年7月，华东医药从其关联方杭州华东医药集团生物工程研究所，以2450万元的价格受让了卡博平，成为阿卡波糖的首仿，正式进军口服糖尿病市场。

切入糖尿病药物赛道，是华东医药的一次重要转型，他们在宣传力度方面十分卖力，销售费用大增，从2002年1.36亿元上涨至2003年1.66亿元，涨幅为22%。在拿到专利后不久的2003年，就已经实现了2000万元销售收入。

另外，除了销售费用大增，其这一阶段的管理费用也在上涨。

2003年，管理费用从1.02亿元上涨为1.47亿元，增长44%。主要原因是其控股子公司中美华东的税费上升所致(2003年起，教育费附加全部由中方股东承担）。

综上，本阶段，由于处于新旧产品交替期，新产品阿卡波糖还在推广期未大幅放量，老产品遇到增长瓶颈，营业收入增速、净利润增速都在下滑，ROE、 ROIC处于较低水平。

同时，由于新品销售初期需大力推广以抢占市场，所以，短期内又进一步拉低了ROE、ROIC水平。但是，由于阿卡波糖放量很快，所以很快扭转了基本面，从2004年开始，净利润增速进入了上升通道。

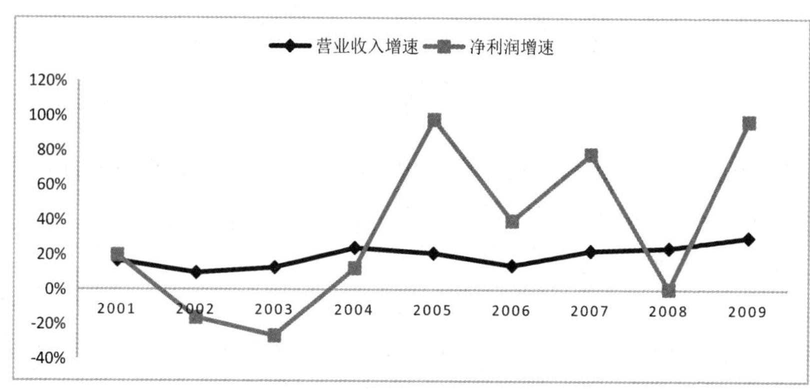

图12：营业收入增速、净利润增速（单位：%）
来源：并购优塾

不过，由于前期基本面低迷，使得其股价从上市初的1.59元下降至0.9元，降幅为43%。PE也从上市初97倍下降至48倍，几乎腰斩。

那么，问题来了，在2004年净利润增速进入上升通道后，之后的业绩表现又如何？

3

重磅产品，如何放量？

这一阶段，2005年至2009年，直接来看数据：ROE从2005年的11.34%上涨至2009年40.2%，翻了近4倍；ROIC从2005年4.82%上涨至2009年27.73%，翻了近6倍。

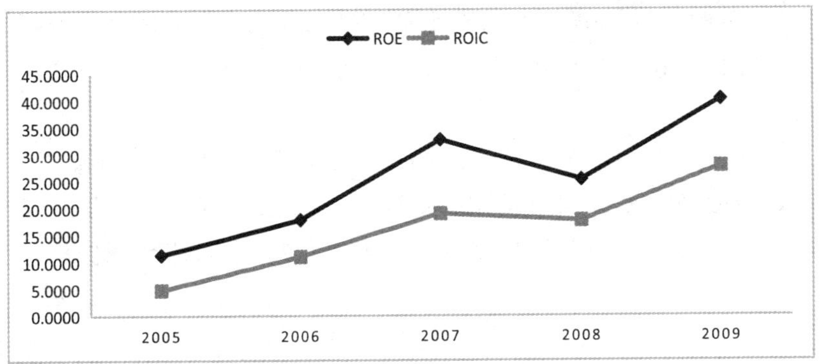

图13：ROE、ROIC（单位：%）
来源：并购优塾

促使这一阶段ROE和ROIC不断上涨的原因主要有两方面：一是净利率上升，二是权益乘数上升。

注意，净利率从2004年1.59%上涨至2009年5.72%，主要原因是医药工业的毛利率提升，或者更确切地说，是阿卡波糖的放量驱动。（重磅产品就是这样，前期销售推广期，销售费用会增加，拉低利润，但这其实也隐藏着未来业绩上行的驱动力）

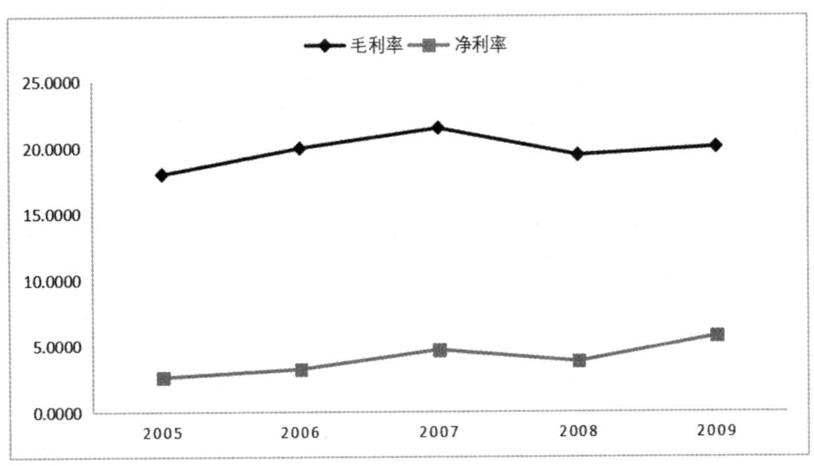

图14：毛利率、净利率（单位：%）
来源：并购优塾

2009年，阿卡波糖的销售额已经突破2亿元，较2003年2000万元的销售额翻了10倍，年复合增速60%左右。

新业务的突破，直接拉升了净利润增速，突破了2004年的利润增速拐点，甚至在2005年大幅飙至100%。并且，这也使得第二阶段的净利润增速，几乎始终高于营业收入增速，盈利质量极好，ROE增速极快。

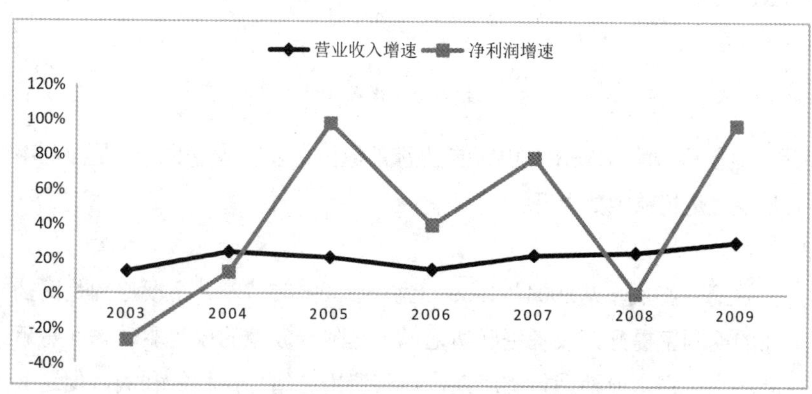

图15：营业收入增速、净利润增速（单位：%）
来源：并购优塾

如果把增速拆分来看：这一阶段，阿卡波糖始终保持高速增长，增速在30%至65%，百令胶囊的增速也在10%至20%，医药流通增速也在10%至30%。

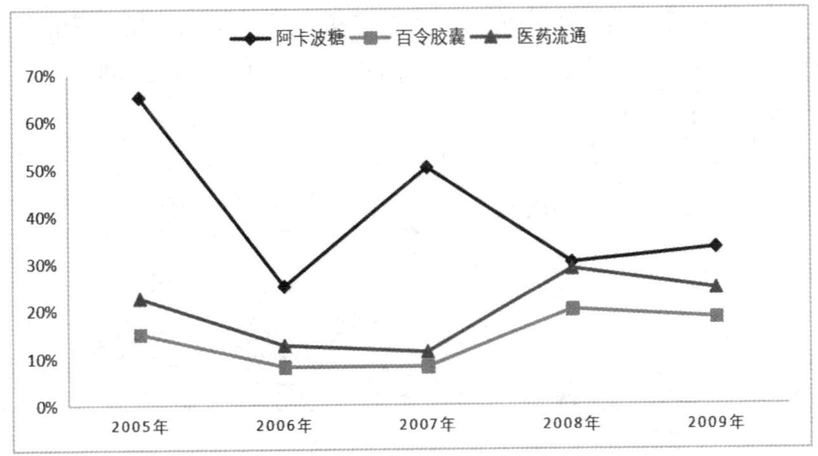

图16：营业收入增速对比（单位：%）
来源：并购优塾

尽管净利润增速极高，但要注意一个细节：净利润增速波动较大，特别是2008年的净利润增速接近零增长，这是为什么？从业务逻辑去分析，有两个原因：

一、医药商业业务受挫——2008年，由于国家对于医药流通领域监管越来越严格，医改政策也逐渐压缩医药流通领域的利润，加之“药品降价令”的出台，导致其医药商业业务的毛利率从2007年的7.93%降至5.41%。

二、金融危机的影响——2008年，因其母公司注入了房地产业务（收入占比3%、毛利贡献5%），受金融危机影响，项目未完工且出现了亏损，一定程度上拖累了利润。

也正是因为这个房地产业务，使得其银行贷款增多，同时因预售制带来预收款增加，使得权益乘数从2004年2.76上涨至最高点2007年4.41，变相推高了ROE。

但不管怎么样，ROE飙升以及阿卡波糖的快速放量，使得股价表现整体上扬，从0.88元上涨至5.57元，涨幅达到531.05%。而它的PE在2005年至2007年从48倍上涨至86倍。

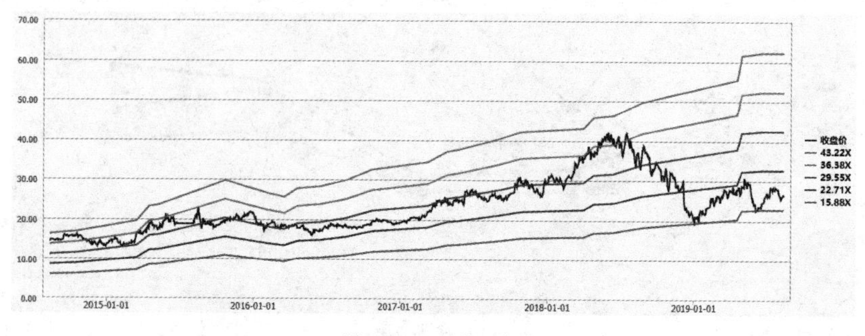

图17：PE（单位：倍）
来源：wind

但是，2008年以后，随地产业务受金融危机的影响，以及限价令等一系列原因影响，PE逐渐降至32倍左右，相较于上一阶段，估值水平下了一个台阶。

注意，原本具有抗周期属性的医药股，却因房地产业务拖累业绩。那么，面对这样的业务板块，如果你是华东医药的老板，你会怎么办？

4

一看不行，赶紧出手

答案：赶紧剥离。先看这一阶段的ROE情况（2010年至2013年）。ROE和ROIC较上一阶段出现了回落，ROE从2009年40.2%降至25%~27%，ROIC从2009年27.73%降至20%左右，但此后基本保持稳定。

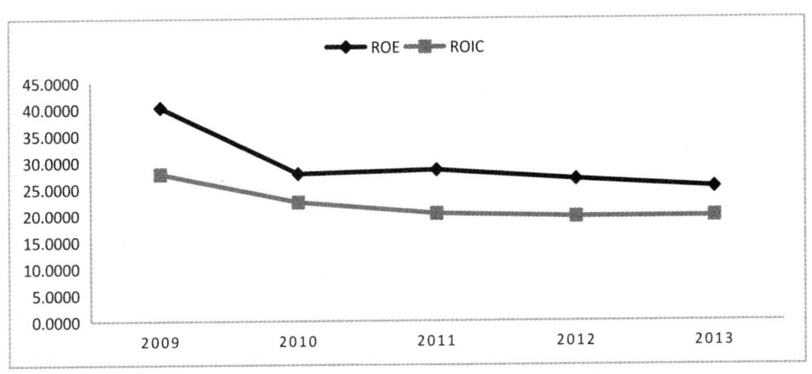

图18：ROE、ROIC（单位：%）
来源：并购优塾

ROE下降，是因为净利率下降，而这和剥离房地产业务有关。由于房地产业务不及预期，2010年，华东医药将其以1.8亿元的价格，卖给控股股东中国远大，结束了房地产业务。

此后，华东医药开始聚焦医药商业和医药工业两大板块。特别是医药工业板块，业绩增长保持强劲，提供了很好的利润支撑。比如：

阿卡波糖，仍保持着年均30%左右的快速增长；百令胶囊，经过适应证拓展后，迎来了新一轮上涨，截至2013年销售额已经突破10亿元，年复合增速近40%。而医药流通板块，增速也保持在20%至30%。

所以，聚焦主业后，其净利润增速状态恢复稳定。不过，如下图的利润增速所示，利润增速大幅波动背后，其实是控股股东对上市公司战略的波动，而这样的波动，也可能会成为本案未来的潜在风险因素。

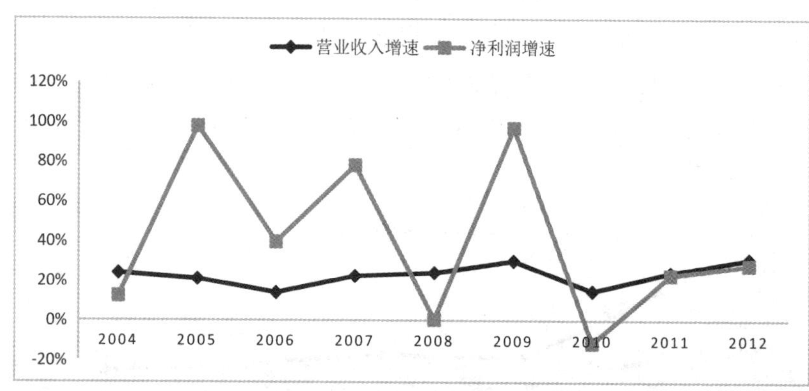

图19：业绩增速（单位：%）
来源：并购优塾

接着来看财务数据，有一个小细节要注意，在2013年这个节点，其营业收入增速出现了显著下滑，从30%下降到15%。我们把这一年放大来看：

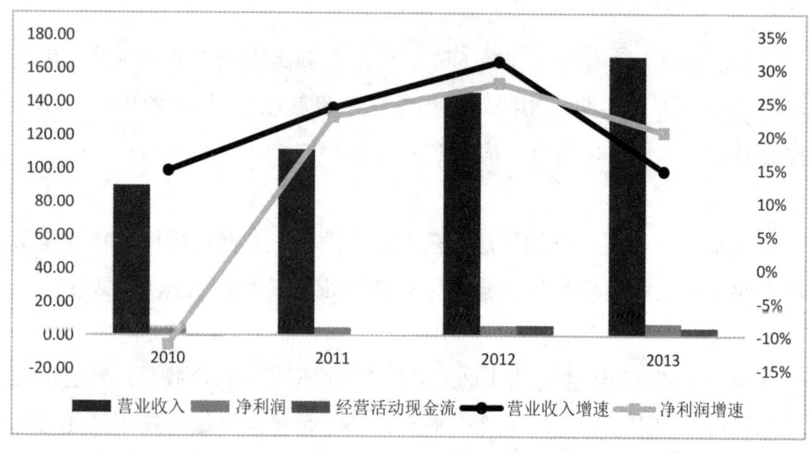

图20：业绩情况（单位：亿元（左）%（右））
来源：并购优塾

这是为什么？仔细看，营业收入增速明显下滑，而利润增速波动不大。

考虑到本案的收入结构（流通贡献营业收入、制药贡献利润），因此，原因只能出在医药流通板块。

医药流通业务，原本在2010年至2012年保持在30%左右，但是2013年，受药品减价政策以及一系列医药市场整顿的政策影响而下滑，同年，药品流通行业销售总额为137.42亿元，同比上年增速下滑了18%。

这是一次行业政策的冲击，不仅是华东医药，同行业竞争对手的营业收入增速，也均有不同程度的下滑。

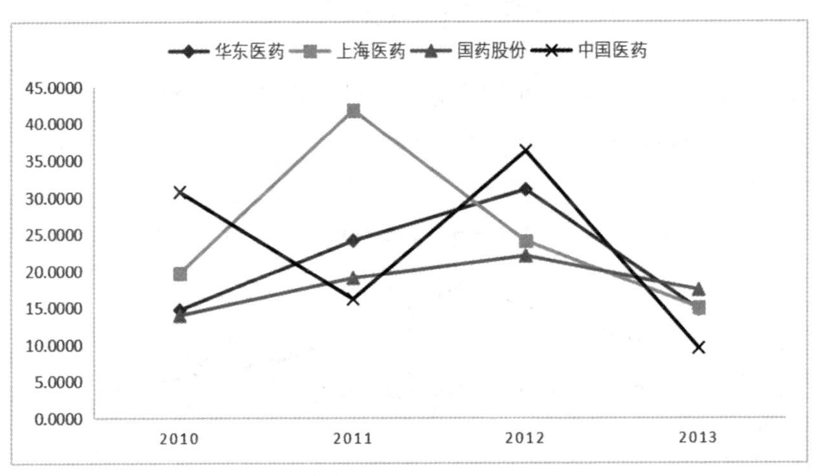

图21：同行业营业收入增速（单位：%）
来源：并购优塾

综上来看，尽管营业收入增速在2013年出现下滑，但整体业绩表现仍然亮眼。所以，该阶段的股价仍保持上升趋势，从5.51元上涨至14.28元，涨幅为156.19%。而PE受ROE比较稳定的影响，在这一阶段坚挺在31倍至36倍。

看到这里，可以发现，医药行业虽然抗周期性强，但是受行业政策的影响较大（无论是医药流通还是医药工业），那么，究竟行业政策的不确定性，对它的影响有多大？以及它应对行业政策的弹性如何？

这个问题，在下一阶段会进行讨论，因为非常巧合的是，2017年、2018年，恰逢医药行业政策频出，包括两票制、带量采购等。那么，华东医药的表现究竟如何？

5

重磅政策接连出台，怎么办？

这一阶段，2014年至2017年，华东医药的ROIC整体保持稳定，但ROE的波动较大。

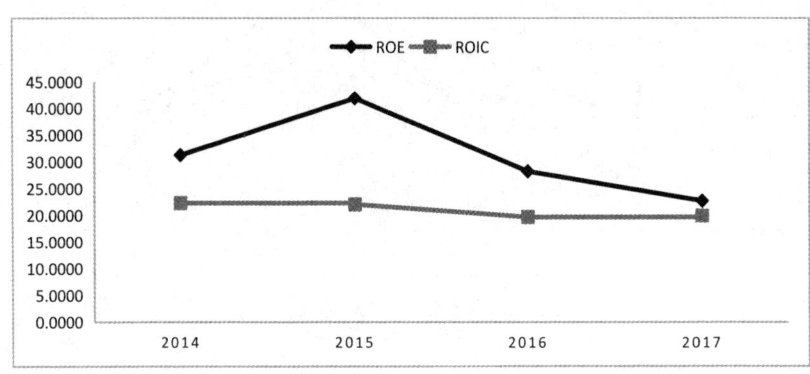

图22：ROE、ROIC（单位：%）
来源：并购优塾

问题来了：一、为什么ROE与ROIC之间出现明显差异，为什么财务杠杆会加大？二、为什么2016年ROIC基本稳定，但ROE大幅下跌？

首先，ROE和ROIC的杠杆，从2014年开始加大，2015年到极高值。原因有二：

一是百令胶囊和阿卡波糖的销售规模不断扩张，对生产能力的要求不断增强，因此从2014年开始不断扩大产能，建设生产基地；二是2014年支付4.5亿元收购中美华东剩余25%的股权，实现全资控股（中美华东是重要的子公司，负责医药研发和制造）。

2015年，华东医药的有息负债共37.73亿元，占总资产的33%。其中，2015年它还发行了9.87亿元的债券，用于补充流动资金以及偿还债务。

反应在现金流量表上为：经营活动现金流稳健。同时，投资、融资活动现金流均在2014年至2015年，有大幅度提升。其中：投资活动现金流从2013年的3.28亿元上涨到8.15亿元，融资活动现金流从2013年0.31亿元上涨至2014年2.08亿元。

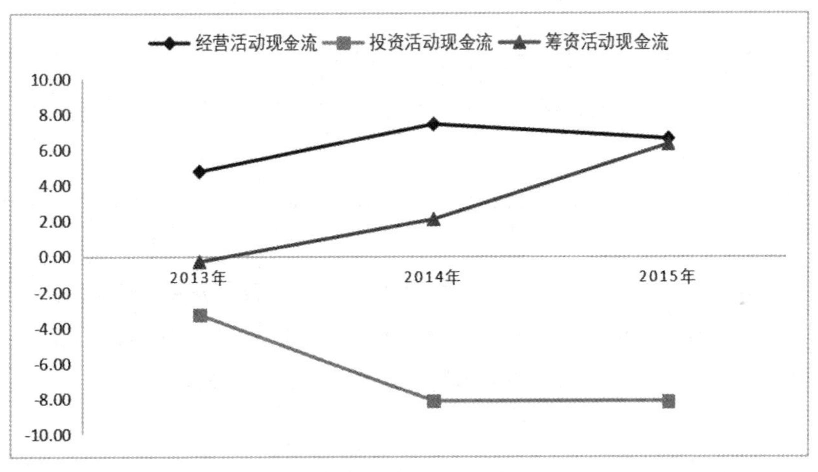

图23：现金流情况（单位：亿元）
来源：并购优塾

注意了，从它加杠杆的动作可以看出，华东医药正在大幅加码医药制造版块，巩固它的利润基石。

厘清上面的逻辑，我们再来看第二个问题，为什么2016年ROE大幅下滑。据杜邦分析，ROE下滑的主要原因是权益乘数的下降。

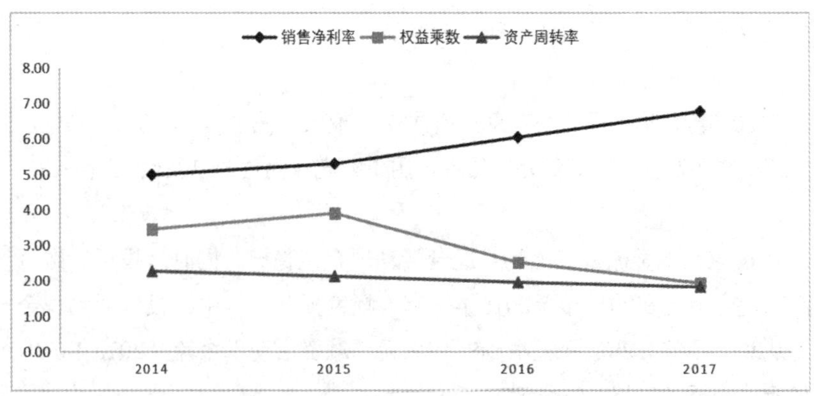

图24：杜邦分析（单位：%）
来源：并购优塾

这是因为，2016年，华东医药向原股东远大集团和华东医药集团，定向增发34.68亿元，用于补充流动资金，定增后，远大集团的持股比率由35.5%上涨为41.77%，华东医药集团从17.72%降至16.46%。取得资金后，它偿还了债务，导致2016年权益乘数从3.9降至2.52。

也就是说，其ROE下降的原因，是因为从债务融资调整为股权融资，导致权益乘数下降所致，且销售净利率还在不断攀升，说明盈利质量仍然稳中有升。同时，控股股东的股权控制力度继续加强。

盈利质量提升，在净利润增速和营业收入增速的关系上，也可以看出。该阶段，净利润增速始终高于营业收入增速，属于典型的成长型公司。

不过，此处还有一个细节：2017年的营业收入、净利润增速出现了同步下滑。放大一下，来看下图的各季度增速图：

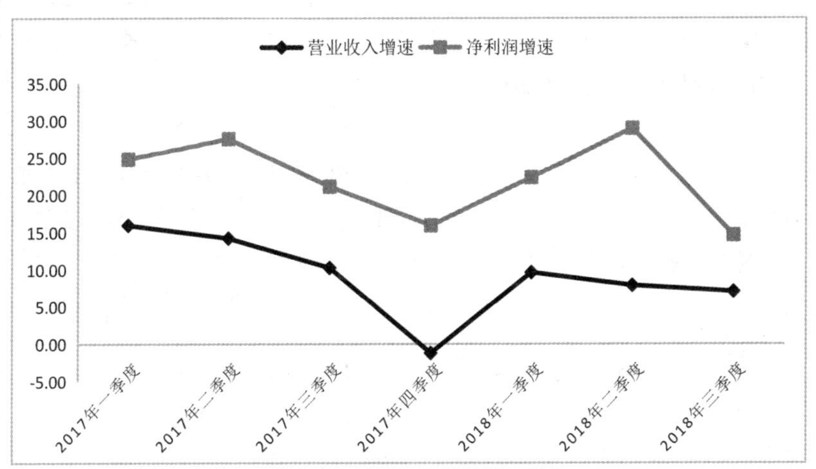

图25：季度营业收入增速、净利润增速（单位：%）
来源：并购优塾

注意，2017年四个季度的营业收入增速都在下滑，并在第四季度降至负增长（-1.2%），这是为什么？

原来，2017年下半年，浙江省开始实行“两票制”，两票制的实行，压缩了流通行业的营业收入、利润空间，拖累2017年第四季度营业收入出现负增长。

由于两票制在不同省、市、自治区的实施时间不同，我们来看看医药流通行业的可比公司情况：

通过对比我们发现，在各医药流通公司所处的地区施行两票制的当季，营业收入增速均有不同程度的下降。但是，两票制的影响逐渐被消化，之后的营业收入增速逐渐恢复上升通道，说明两票制对大型医药流通企业的影响有限。

其中，上海医药在2018年一季度的营收增速暴涨，是因为它发生了并购，其并购了美国医药分销三大巨头之一的康德乐的子公司康德乐马来西亚100%股权，收购PE为28倍，取得其中国业务，并产生27亿元的商誉。截至2018年三季度，上海医药账面上共有122.86亿元商誉，占净资产的比重超过20%，为26.6%。

可是，2018年下半年以来，华东医药的股价一直疯狂下挫，估值也不断下调，甚至在2018年12月6日逼近跌停（9.6%），次日跌停，整整3个交易日，股价跌去了24.69%，这又是怎么回事？

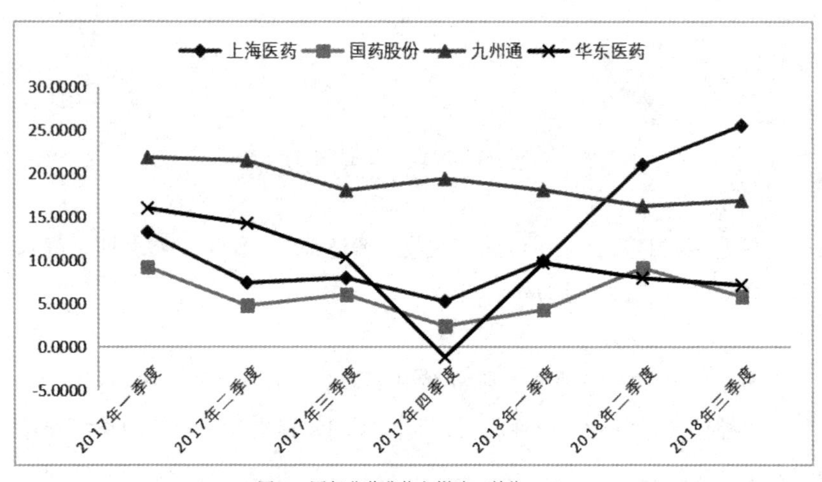

图26：同行业营业收入增速（单位：%）
来源：并购优塾

这背后的原因，又是一个重磅医药政策——带量采购。2018年11月15日，出台了“4+7带量采购”政策，同年12月6日，公布第一批带量采购中标名单，而华东医药的阿卡波糖并未在其名单内，因此，引发了市场恐慌。

那么，带量采购政策，究竟对华东医药有什么影响？

6

带量采购，影响有多大?

带量采购，是在集中采购的基础上，明确采购数量，让企业针对具体的药品数量进行报价的招标方式。尽管具体细节比较复杂，但简单地说，带量采购可以理解为政府的大型“团购”，用以量换价的机制促进药品降价。

通过这种方式，政府直接向药企买药，大大削弱了医药流通企业药品销售和推广的业务，而分销商在带量采购的市场中将变成配送商，而配送的毛利却很低，这样一来，医药流通企业的营业收入、利润增长空间将会大幅度降低。

另一方面，对仿制药企业来说，政府会对通过一致性评价的企业，选择报价最低的公司进行采购，因此，制药公司为了中标，降价压力较大。

为什么降价压力较大？面对那么大的团购量，竞争对手都会报低价来争取采购量，如果不降价，只能落在人后。所以，我们会看到很多公司宁愿报出超低价，也要挤进带量采购名单。甚至有些大型制药公司的药品宁愿降价90%也要进入名单。

再或者，如果是体量较大、重磅药较多的大型医药公司，也会拿出其组合中的一些品种，主动大幅降价以打击其他对手。而反过来说，这也是中型公司通过降价占据市场，用来实现“弯道超车”的机会。一句话，行业会发生大洗牌。

总体来看，带量采购是一个对压低药品价格非常有效的政策。博弈论中著名的“囚徒困境”，说的就是眼下的格局。真正敢直接降价90%的基本都是正大天晴、恒瑞药业这样的大型公司。

接下来顺着这个思路，请你来思考一下——带量采购，究竟对哪些制药公司可能产生更大的影响？答案的关键，就在这个地方：市场竞争格局。

第一，如果一款药的竞争对手多，那就会面临对手企业降价的压力，以及对手企业药品被列入采购名单后，自身销量受到冲击。比如一款药有10个对手在竞争报价，你在考量降价时，需要考虑其余9家企业的报价，那么可能的降价空间就更大。而如果你的竞争对手少，只有两三家，那么你只需要和这两三家企业竞争报价，那么降价空间有限。甚至，如果你的药是独家药品，那就影响很小。

这个逻辑，其实和二级市场的交易心理有点像。

第二，这样的政策，非常明显，会进一步有利于行业集中度提升，对旗下重磅药多的大型医药公司有利，而对药品组合少的公司可能形成重大打击。手握多款药物的大型医药公司，有其他药品支撑业绩，往往可以在一两个甚至几个品种上，采取大幅降价的策略，绞杀竞争对手。而研发能力弱、竞争实力差的小型医药公司，手头的药品是“命根子”，则不敢这么干。

第三，持续的带量采购（目前仅在11个城市试点，未来也可能铺开），会不断打压医药全行业的估值。但是，不要恐慌，危险中也许藏着重大机遇。估值逐步打压、市场洗牌过后，随着产业集中度提高，大型医药公司的估值可能会迎来价值投资者的春天。同时，随着一些小型医药公司被绞杀，被迫卖给大公司，未来医药行业甚至还可能出现很多并购案——上市公司直接吃下另一家上市公司，也都有可能发生。

接下来，我们回到目前来看，第一轮带量采购在2019年1月17日正式实施，仅在11个城市试点，采购名单包括了31个药品，包括阿托伐他汀、氯吡格雷、厄贝沙坦、氨氯地平等覆盖了心脑血管、抗癌药、精神系统疾病等，但不包含阿卡波糖。

以上逻辑梳理完，我们回到本案，带量采购对华东医药的影响究竟怎么样？

7

华东医药，面临的局面如何？

关于带量采购对华东医药的影响，我们可以从以下几个角度思考：

第一个问题是：对华东医药的核心产品，有没有降价压力？目前，华东医药主打两款产品：百令胶囊和阿卡波糖。在第一轮带量采购名单中，这两款产品均不涉及。因此，暂时没有药品降价的压力。

乐观的是，站在当前时点来看，阿卡波糖近几年的销售增速仍在25%~30%，增速在七八年间基本没下滑过。而且，阿卡波糖已经通过了首仿一致性评价，比其他竞争者（绿叶制药）有竞争优势。

第二个问题是：它的核心产品，面临的竞争格局如何？

阿卡波糖在国内的竞争格局主要包括3家：拜耳、华东医药、绿叶制药，其中，拜耳是老大（市场占有率66%），华东医药老二（市场占有率29%），绿叶制药老三（市场占有率5%）。这样的竞争格局相对良性，不是恶性竞争，因而即便考虑带量采购因素，也不一定会出现超大幅度的价格降幅。价格的博弈，主要在拜耳和华东医药之间。也就是说，参与价格博弈的囚徒比较少。

从市场份额上看，2017年华东医药作为行业老二，阿卡波糖销售额约为20亿元，市场占有率为29%，比原研药厂家拜耳的市场占有率（66%），低了近1倍，所以国产替代的空间还很大，对华东医药来说是个机会。假如在下一轮带量采购竞标中，拜耳降价中标，那华东医药的处境会比较惨。而如果华东医药中标，则很可能会抢掉很大一块市场。

第三个问题是：拜耳与华东医药，价格会如何博弈？

要回答这个关键问题，必须从眼下的药品价格入手。目前，拜耳的拜唐苹市价为2.2元/粒，而华东医药的卡博平价格则为1.3元/粒，价格是原研药的60%。也就是说，拜耳至少要降价40%才能与华东医药的价格一致，这么看来，从价格博弈的角度，拜耳的压力其实更大。

也就是说，拜耳需要降价40%以上，才能和华东医药竞争。如果它想抢市场，那么就需要“自杀式降价”。而华东医药如果降价一半，那拜耳就会比较难受。

同时，根据中标名单，我们发现，虽然原研药厂家大多参加了带量采购，但是中标的却不多，仅有阿斯利康的吉非替尼、BMS的福辛普利中标，其中阿斯利康降价幅度为60%，BMS降价幅度为70%。

因此，我们预计，带量采购对华东医药不仅不是风险，反而可能是机会。其未来大概率会低价竞标，以价换量，争取进口替代的成长空间。因为这个成长空间还很大，以量换价的策略是非常划算的。

你看，通过这个案例，在带量采购中，行业老大该如何博弈、行业老二该如何博弈、外资巨头将如何博弈，已经比较明确了。而对行业老三、老四、老五，打击可能是致命的。

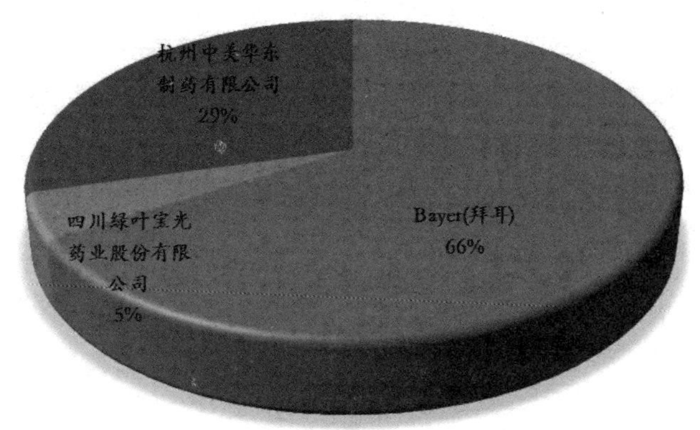

图27：2017年阿卡波糖销售市场份额
来源：东吴证券

厘清以上逻辑，然后，我们再来看看其另一个支柱药品：百令胶囊。

2017年，该中成药的销售规模约为23亿元，由于受医保控费以及限制辅助用药等行业政策的影响，其销售受到较大冲击，收入增速下滑，目前增速为15%。

不过，2017年它由原本的肿瘤辅助用药调整为补气养血药，适应证的调整，让它的适用范围再次扩大，且被列入新版国家医保目录，有机会放量，因此，未来增速有望止跌。

	2004	2009	2017
条目	虫草菌发酵制剂	虫草菌发酵制剂	虫草菌发酵制剂
大类	肿瘤用药	肿瘤用药	气血双补剂
小类	肿瘤辅助用药	肿瘤辅助用药	补气养血剂
品种	无	包括百令胶囊（片）、金水宝胶囊（片）、至灵胶囊、宁心宝胶囊	无
限制	NA	限器官移植抗排异、肾功能衰竭及肺纤维化	限器官移植抗排异、肾功能衰竭及肺纤维化

表1：各版国家医保目录中百令胶囊条目区别
来源：民生证券

综上，带量采购的政策，其实目前暂未对华东医药产生不利影响，且即使未来带量采购试点城市扩大，那么对本案来说反而是个机会，尽管第一次没有进入名单，导致股价暴跌，但其实，其应对政策的弹性空间相对较大。市场往往就是这样，遇到重大政策恐慌性抛售，而忽略背后真正的逻辑。

另外，由于华东医药的势力范围主要集中在浙江省，并未涉及北上广等11个试点城市，所以，近期来看，带量采购对医药流通的业务影响，也比较有限。

更值得一提的是，由于净利润增速一直都高于营业收入增速，一方面是毛利率在不断提升，主要受益于制药业务的毛利率快速提升。同时，虽然近年来一系列医保控费政策对医药流通板块产生冲击，但其医药商业板块毛利率仍逆向小幅度上升，说明政策影响还是有限。另一方面，本案期间费用率始终保持在15%~17%，说明费用控制也不错。

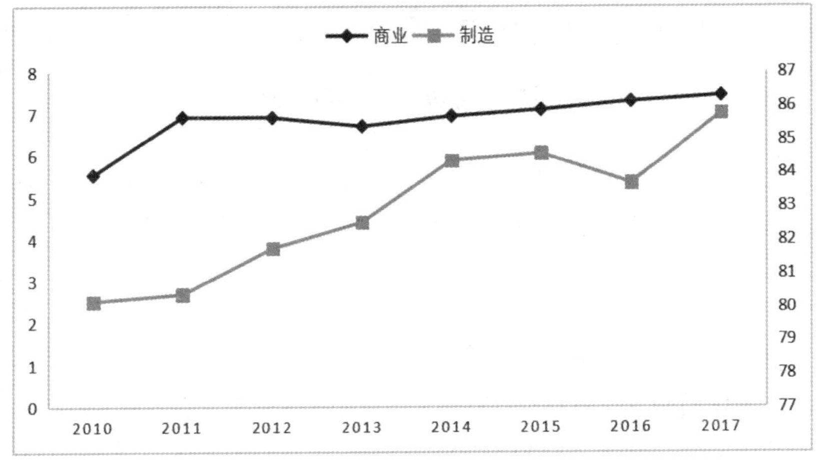

图28：毛利率（单位：%）
来源：并购优塾

因此，回顾这一阶段，它的股价从2014年初14.15元上涨至2018年中期的51.14元，涨幅261.41%。

然而，由于2018年7月份的医药行业黑天鹅事件连累，以及投资者对带量采购的担忧，2018年下半年，股价开始暴跌，跌至目前26.53元，降幅为45%（区间最大跌幅达56%）。同时，PE也受拖累，从37倍下降至历史低位18倍。

研究到这里，最重要的问题来了：

（1）由于其业务包括医药流通和医药制造，且利润来源是医药制造，那么，其未来的营业收入驱动力主要看什么？

（2）估值下杀幅度比腰斩还更多，究竟现在的估值是便宜了还是贵了？

8

营业收入驱动力，到底在哪？

本案商业模式比较特殊，是典型的医药流通平台+制药模式，并且二者之间可互相促进，让其制药业务销售起来比一般公司更轻松。

这个逻辑，有点像“平台+应用”型模式，在流通平台的优势上，不断加载产品应用（也就是一个个重磅药物），这样的模式，要优于一般的纯医药研发企业，也有利于其以较低价格收购专利，或者收购小型药企。

这种商业模式，导致估值方面有所不同——由于华东医药的制药业务，相较于其他纯医药流通企业突出，所以，其估值区间整体高于医药流通的同行。

所以，在未来业绩驱动力方面，我们不讨论医药流通，主要分析制药业务：

从现有产品线来看：阿卡波糖的销售增速从2011年至今，始终维持在30%左右，并且行业竞争格局稳定，加之，它的市场占有率较原研药小，因此未来的进口替代的可能性较大。

而另一款核心药品百令胶囊，虽然之前受适应证为辅助用药限制，增速出现了下滑，但是随着2017年气血双补的适应证列入国家医保目录，未来继续放量的可能性较大。

从其他已上市的药品目录上来看，吲哚布芬（抗血小板聚集）、达托霉素（抗生素）、地西他滨（骨髓增生异常综合征）2017年刚刚列入国家医保目录，未来增速较快，其中，吲哚布芬未来的市场空间，预计可以达到10亿元。

也就是说，两款重磅药还没有“熄火”，已经有新的“弹药”开始补上。这里，从媒体对华东医药董事长李邦良的访谈中，也能看到未来的蛛丝马迹——“一个企业董事长稀里糊涂过日子，企业肯定稀里糊涂过日子。我思路清晰了，企业发展就清晰了。我现在已经把中美华东工业企业这块后10年的产品目标都定好了。”

接下来，从在研管线上看：

除此之外，它还在糖尿病、抗肿瘤、抗感染、消化道、心血管、免疫抑制等领域进行研发。同时，2018年11月收购英国医美公司Sinclair，准备进军医美行业。

然后，再从研发投入强度上看：

东阳光药——2015年至2017年研发费用分别为0.52亿元、0.64亿元、0.97亿元；占收入的比重分别为7.5%、6.8%、6.1%；资本化比率为0。

石药集团——2015年至2017年研发费用分别为3.25亿港元、4.03亿港元、8.15亿港元（折合人民币2.83亿元、3.51亿元、7.09亿元）；研发费用占收入的比重分别为2.85%、3.26%、5.27%；资本化比率为0。

通化东宝（胰岛素）——2015年至2017年研发费用分别为0.80亿元、0.87亿元，1.19亿元；占营业收入的比重分别为4.81%、4.28%、

4.68%；资本化比率分别为33.54%、24.53%、18.74%。

华东医药——2015年至2017年研发费用分别为2.18亿元、2.64亿元、4.62亿元；占营业收入的比重分别为4.6%、4.68%、6.95%；资本化比率为0。

综上，其在研发投入上，并不逊色于几大医药公司，营业收入驱动力的前景也较为确定。好，解决了这个问题，最后，我们来看看，一周之内125家机构扎堆对华东医药调研，到底都问了些什么。

9

机构扎堆调研，到底问了什么？

（1）阿卡波糖和百令胶囊在各个销售渠道占比？

答：近两年，华东医药阿卡波糖、百令胶囊主要的战场都转向基层，这两个品种作为慢病治疗药物，在大城市融合分级诊疗逐步下沉到基层，包括终端药店。基层占比阿卡波糖已达到45%，百令胶囊接近40%。借助于公司在基层的渠道和队伍，目前增量主要来源于基层，基层的占比将逐步增加。

（2）公司以往第四季度经营业绩会比前3个季度略有下降，但2018年第四季度与前3个季度相差不大的原因分析？

答：因2018年为公司第五个三年规划的收官之年，公司各部门都在积极为完成奋斗目标而努力；此外，中美华东作为国家高新技术企业，享受国家和地方的税收优惠，涉及固定资产投资和研发支出的加计扣除，累计有约4000万元的税收优惠政策在年底确认，这也从一个方面提升了公司业绩。

（3）2019年公司研发费用预期增速？

答：随着公司研发领域的产品增多，重点在研产品逐步进入临床和开展BE实验，海外认证在全面推进，研发费用会持续增加。预测2019年约投入9~10亿元，同比增幅30%~40%。

（4）中美华东现有产品增长如何？

答：中美华东现有四大产品线均保持稳定及较快增长。阿卡波糖增速约30%；百令系列约10%；免疫线平均增速接近30%；消化系列泮托产品平均20%以上增长；糖尿病二线品种吡格列酮二甲双胍作为公司后续大品种，2018年增速翻倍，达到1.5亿元的规模，今年有望接近2.5~3亿元的水平；心血管领域的吲哚布芬2018年新纳入国家医保目录，2018年增长达70%。从今年的开局来看，增长势头很快，预计今年收入将超过1亿元。

（5）公司2018年研发费用7亿元，多少投到创新药，多少仿制药？

答：公司研发投入的大头是仿制药，包括ANDA国际认证等。2018年创新药研发投入超1亿元。

（6）公司今后的海外销售模式如何？

答：公司海外市场可能找合作方做市场开拓和授权，如License out或者代理的思路。现在正在积极探索除了美国市场之外包括欧盟、韩国等市场上市的可能性。

（7）现在列汀类仿制药上市了，我们为什么还要做一类新药？

答：带量采购降价的都是仿制药。对公司来说，糖尿病线作为核心的产品线，如果在主要临床用药方向要有市场地位和话语权，必须要有创新药，这是一个基本原则。公司对糖尿病主要的临床治疗的领域都希望有所布局，这样才能提升和带动整体竞争力。而且创新药有专利保护和价格优势，对发挥公司营销和渠道整体优势有帮助。

（8）阿卡波糖在4+7带量采购城市的收入大概有多少？

答：阿卡波糖作为慢病治疗药物，国家基药品种，大医院门诊首诊后的用药逐步通过分级诊疗分流到社区药房、基层医疗单位以及药店。公司阿卡波糖目前增长的主战场是基层。单纯看样本医院的指标，由于慢病处方外流和分级诊疗的逐步实施，所以阿卡波糖在样本大医院的数据增长并不是特别突出，但是基层市场增长一直较快。

（9）去年公司收购了英国医美公司，未来增长怎么判断？引进海外的高端医美产品，对国内的空间怎么看？

答：从今年一季度来看英国Sinclair公司开局良好，公司对其完成今年业绩目标充满信心。预期整个医美业务，尤其是Sinclair公司海外的营业收入规模，未来几年还有很大增长空间。中国市场目前在开展注册，公司后续会丰富和扩充医美板块产品线，积极在全球范围内引进医美领域高科技新产品、新技术，打造具有华东医美特色、高端、差异化的医美品牌和产业集群。

（10）未来两年公司能上市的仿制药品种以及大致的时间点？

答：目前公司已完成BE的品种争取今年能全部申报生产。今年有望拿到生产批文的主要有：卡泊芬净、奥美拉唑碳酸氢钠胶囊、阿纳曲唑、西格列汀二甲双胍，随着今年完成BE产品的增加，明年预期有更多产品获得上市许可。

（11）公司泮托拉唑获得了美国ANDA批准，后续打算怎么销售，以及后续打算报的品种有哪些？

答：国际化是公司转型的重要途径之一。公司现有产品均在积极申报国际注册。泮托拉唑无菌的冻干粉针作为制剂生产和质量控制标准难度最高的标准这次获得美国ANDA认证，对公司后续产品申请美国FDA提升了信心，对国内产品的销售，包括一致性评价也会有积极提振的作用。泮托拉唑除了美国市场之外后续也在考虑其他市场开拓的可能性。他克莫司、达托霉素的申报也在积极推进过程中。他克莫司已顺利通过了现场的检查，正在等待最后的审核，预期2019年能拿到上市许可，达托霉素很快也计划申报。

（12）比较关心公司董事会换届的情况，能否介绍一下公司的计划安排？

答：公司计划2019年6月份完成新一届董事会的换届选举，现在正在做相关准备工作。（注意，目前华东医药的董事长李邦良是其核心人物，但是年纪较大，此次换届选举是否能够连任，对其未来的发展具有很关键的作用。）

（13）百令胶囊在OTC的发展情况？

答：百令胶囊是处方药和OTC双跨品种，公司在大力拓展零售和终端，一是大医院的处方外流到药店配药，还有一种是药店的自费购药行为，目前百令胶囊个人自费购药占比约为15%，增长很快。公司已成立OTC推广部门，后续将大力拓展基层和OTC市场。

（14）依鲁替尼目前在什么阶段？

答：依鲁替尼现在处在制剂处方工艺优化的阶段，今年争取完成BE的工作，明年申报生产。

（15）公司转型规划介绍？

答：华东医药经营和业绩最大的特色是稳健，多年来坚持按照公司发展规划稳步前进。公司规划由硬价值向软价值企业转型。工业：把中美华东建设成为一家以科研开发与技术创新为主导的、以面向基层与面向中心城市并重的强大的全国市场网络为先导的新型医药工业企业。商业：把华东商业建设成为一家以两化一应用与新的盈利模式为主导的受人尊敬的品牌医药商业企业。医美业务：积极在全球范围内引进医美领域高科技新产品、新技术，统筹规划运作国内与国际医美业务平台，努力成为在国内有较高影响力、在国际有较高竞争力的行业领先者。

（16）公司在研产品申报规划？

答：公司在研品种计划2020年全部完成BE申报生产，目前年报上列出的在研品种基本上2020年都要完成BE工作，准备申报生产。

（17）公司对国际化工作有3年的预期吗？预期未来在海外销售额可以做到怎样的程度？

答：公司主要的品种陆续在做海外认证，短时间内还不会有很大的利润贡献，现在还是在打基础的阶段。随着后续更多的品种拿到ANDA和上市许可，2020年开始就会有这方面的确切目标和规划。现在主要还是争取拿到更多的国际认证。

（18）利拉鲁肽临床进展怎么样？

答：利拉鲁肽2019年第一季度全面进入三期临床，估计2019年第四季度能做完临床工作，争取明年初申报生产。

（19）公司有没有考虑代理肿瘤类产品？

答：这几年公司对外调研和跟踪的新药包括不少肿瘤类品种，目前尚未获得适合公司发展的品种。公司也非常希望通过外部合作获取比较好的新药品种，快速进入市场，这项工作一直在开展。

（20）带量采购政策环境下公司计划如何应对？未来政策对公司影响的判断？

答：带量采购是市场比较关注的问题，去年该政策的实施对医药企业影响较大，包括对整个仿制药行业未来发展的预期。公司李邦良董事长在2019年工作报告中提出公司要提升软价值，做好自己的事，要求公司上下要正确面对、积极应对带量采购。市场可能最关注阿卡波糖是否会受到的影响和冲击。阿卡波糖的BE实验相对较难，当然这不会成为竞争者不会出现的理由。公司阿卡波糖2018年过了一致性评价，在现有的市场格局下处于相对有利的地位。公司阿卡波糖的技术壁垒、原料生产能力和成本也是公司的竞争优势。公司糖尿病线储备了大量的后续品种。现在对公司而言最重要的不是去预测或者消极等待政策何时或者如何实施，而是低头做好自己的事情，提升自己的综合竞争能力，提升竞争壁垒，把基层市场做好，这是应对带量采购的正确态度。

（21）公司江东阿卡波糖原料产能什么时候可以投放市场？

答：江东二期阿卡波糖原料产能扩产项目计划2020年底全部完成和通过验证，2021年一季度能投产。

（22）公司创新药的研发进度？申报生产有没有预期时间？

答：公司目前有3个在研创新药：1.迈华替尼：已启动Ⅱ期临床，预计2019年底Ⅱ期临床结束并根据Ⅱ期临床结果争取申报生产；2.TTP-273：已申报临床，预期能在2019年6月之前获批临床，开始Ⅰ期的桥接实验，2020年争取完成3期临床；3.HD-118：目前Ⅰ期临床，2019年有望进入Ⅱ期临床。

（23）公司通过FDA认证的产品是否和国内产品共线生产？

答：是共线的，考虑到国际市场对中国市场的促进作用，公司国内国际共一条线生产，也希望争取获得国内优先通过一致性评价的机会。公司后续品种都是这种模式。

了解了这些问题，最后，我们进入本案最重要的部分——估值。

10

估值，到底该怎么测算？

对于华东医药来说，由于其盈利主要来源是医药工业，现金流稳定，所以，我们可以采用DCF以及PE估值法估值。

先来看市盈率法。首先，来看看它的历史PE变动情况。其中，PE的四次高点，发生在2000年、2002年、2004年和2007年，对应的ROE分别为9.62%、8.58%、5.28%、32.85%。

而PE的两次低点，则发生在2008年，对应ROE为25%，尚未公布2018年数据。

	时间	ROE	营业收入增速	净利润增速	PE
估值高点	2000年	9.62%	14.66%	-11.49%	118倍
	2002年	8.58%	9.54%	-16.42%	115倍
	2004年	5.28%	15.38%	112.79%	102倍
	2007年	32.85%	19%	185.96%	85倍
估值低点	2008年	25.28%	23.96%	0.44%	18倍
	2018年	-	-	-	18倍

表2：估值高低点
来源：并购优塾

PE高值，全都发生在第一、第二阶段（即：阿卡波糖上市后，以及上市初期快速放量、业绩高增长的阶段，即使ROE偏低），高至80倍至102倍。

而PE低值，则发生在第三、第四阶段（即：增速由高速转为换挡增长，但ROE却处于高位），且至今，PE估值一直徘徊在25倍至40倍之间，几乎十年来都没有突破过40倍。

结合目前其增速换挡阶段，我们认为，近10年来的PE更具有参考性，所以，取其自身的PE约为27倍至34倍之间。

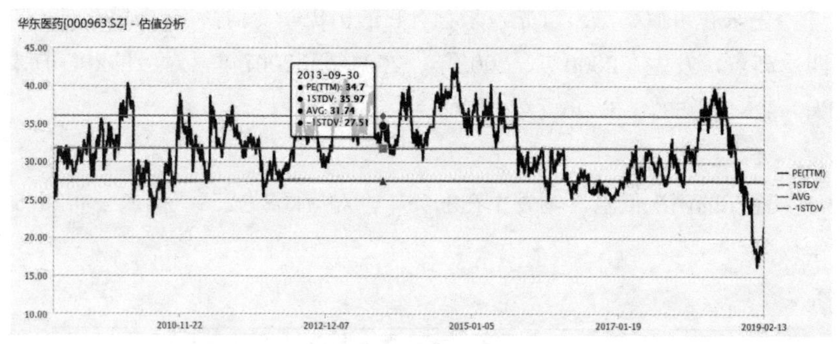

图29：PE（单位：倍）
来源：wind

光看它的历史PE还不够，我们还要与同行业对比，采用的是全阶段的PE-TTM数据，考虑到华东医药既有医药流通的属性，也有制药的属性，综合来看：

（1） 国药股份——历史PE为20倍至27倍；
（2） 上海医药——历史PE为15倍至19倍；
（3） 中国医药——历史PE为16倍至24倍；

（4） 麦克森——历史PE为12倍至28倍；

（5） 康德乐——历史PE为12倍至26倍；

（6） 恒瑞医药——历史PE为38倍至44倍；

（7） 信立泰——历史PE为20倍至27倍；

（8） 通化东宝——历史PE为37倍至62倍；

（9） 诺和诺德——历史PE为14倍至23倍。

可见，医药流通型企业的估值普遍偏低，除国药股份（麻药特殊赛道除外），而制药企业的估值偏高，可比公司的估值区间大致可取为20倍至34倍。

因此，数据可以取PE合理估值在20倍至34倍。不过，以上数据都是较为粗略的预估，并且只是单一的估值逻辑，数据准确程度有限。接着，还必须再通过DCF贴现法，进行交叉验证。

11

现金流贴现，数据在什么范围?

现金流贴现，预测的主要环节的假设如下：

（1）营业收入增速——根据历史增速（13%）、外部研究员增速（13%）、行业增速（8%）、内生增速（22%）。

按照乐观、保守算法，取增长率为13%、10%（由于它不仅是分销业务，因此预计增速较分销行业较高），进行现金流贴现估值。另外，考虑到行业和公司个体的确定性较高，永续增长方面，乐观增速为6%，保守增速为3%。

（2）营业利润率——取历史平均值8%。

（3）折旧/摊销——本案的历史平均折旧和摊销较稳定，因此假设未来稳定经营情况下，折旧增加额与企业增速一致。

（4）资本支出——其平均值4.43亿港元作为基期数据。另外，由于本案固定资产占比仅为12%左右，占比不高，因此预计未来永续期的资本支出占折旧的比率，需要保持在100%左右（资本支出/折旧=1）。

（5）营运资本的变动——取历史平均值为4%。

（6）WACC——取8%。

按照以上参数，根据优塾投研团队的估值模型，计算出企业价值在256亿元至691亿元，净债务为-11亿元，所以股权价值在267亿元至703亿元，对应的PE(TTM)为12倍至31倍。

预测各期自由现金流的取值，具体如下（见表3）：

综合以上两种方法，得出的大致数据区间：

PE估值法——估值为420亿元至714亿元，市盈率为20倍至34倍；

DCF估值法——估值为267亿元至703亿元，市盈率为13倍至33倍。

预测现金流											
	基期	*1*	*2*	*3*	*4*	*5*	*6*	*7*	*8*	*9*	*10*
收入增速		13.00%	13.00%	13.00%	12.00%	11.00%	10.00%	9.00%	8.00%	7.00%	6.00%
折旧增速		13.00%	13.00%	13.00%	12.00%	11.00%	10.00%	9.00%	8.00%	7.00%	6.00%
收入金额	278.32	314.50	355.39	401.59	453.79	503.71	554.08	603.95	652.27	697.92	739.80
1-息税前利润率	91.48%	91.38%	91.29%	91.19%	91.10%	91.00%	91.00%	91.00%	91.00%	91.00%	91.00%
营业成本费用	254.61	287.41	324.43	366.22	413.39	458.38	504.21	549.59	593.56	635.11	673.22
EBIT	23.71	27.09	30.96	35.37	40.40	45.33	49.87	54.36	58.70	62.81	66.58
税率	19.00%	19.00%	19.00%	19.00%	19.00%	19.00%	19.00%	19.00%	19.00%	19.00%	19.00%
EBIT (1-t)	19.21	21.95	25.08	28.65	32.73	36.72	40.39	44.03	47.55	50.88	53.93
折旧摊销	2.72	3.07	3.47	3.92	4.40	4.88	5.37	5.85	6.32	6.76	7.17
资本支出	4.43	5.01	5.66	6.39	7.22	8.16	7.96	7.76	7.56	7.37	7.17
营运资本变动	8.12	12.58	14.22	16.06	18.15	20.15	22.16	24.16	26.09	27.92	29.59
自由现金流	9.38	7.43	8.68	10.12	11.75	13.29	15.63	17.96	20.21	22.36	24.34

表3：乐观自由现金流预测（单位：亿元）

来源：并购优塾

考虑到华东医药的历史PE仅在2008年出现最低值，仅为16倍，因此，整体来看，数值在20倍左右及以下，安全边际更高，在30倍以上，则安全边际较低。目前，其PE为21倍，而在2019年1月曾触及PE低点18倍。

12

估值方法论：TTM的数字哲学

以上关于基本面、估值，逻辑都已经分析完毕。进入“优塾团队估值方法探讨”环节。本次我们讨论的主题，是业绩预测和估值中极为重要的“TTM”概念。

在计算市盈率时，我们常常会看到静态市盈率、动态市盈率、滚动市盈率（PE-TTM）等不同市盈率数据，甚至有时不同数据差别还很大。那么，有几个问题：

（1）几种市盈率，究竟应该以哪个为准？PE-TTM又是什么，如何计算？

（2）除了PE-TTM外，市盈率的其他计算方法又有什么差别，要如何计算？

（3）我们在估值时，究竟要看哪种市盈率？

（4）TTM的概念，还能应用在哪里？

下面，我们逐个来解决。

先来看第1个问题：PE-TTM究竟是什么？

TTM，即Trailing Twelve Months（最近12个月滚动数据）。而PE-TTM即滚动市盈率，是指用该公司当前市值，除以最近4个季度的归属于母公司的净利润（注意不是净利润，因为分母是股权市值，因而净利润口径要用归母净利润），从而计算出的市盈率。

为什么要有这个概念？因为，如果我们站在2018年三季度来做估值，如果你用的还是2017年年报数据，那是不是太滞后了？是不是要尽量获得更新的数据？于是，就有了这个计算方法：

滚动市盈率（PE-TTM）=总市值/最近4季度的归母净利润总额。也就是说，如果站在2018年3季度做估值，那么我们要用的不是2017年年报数据，而是采取过去12个月滚动利润（2018年3个季度，加上2017年4个季度的一整年数据）来做，会更加科学。

以本案华东医药为例，其市值为453亿元，2018年前3个季度的归母净利润为18.09亿元，再加上2017年第四季度的归母净利润为2.9亿元，那么，近4个季度的归母净利润为20.99亿元，因而其滚动市盈率就是21.6倍。这个数据，比采用2017年年报计算出的静态市盈率，自然要高级不少。

再来看第2个问题：市盈率还有哪几种算法？

除了滚动市盈率外，市盈率还有两种计算方法：静态市盈率、动态市盈率。我们分别来看：

静态市盈率：静态市盈率=总市值/上一年度归母净利润；

以华东医药为例，其2017年归母净利润为17.8亿元，则静态市盈率为25倍。

动态市盈率：动态市盈率=总市值/预估当年全年归母净利润，加入了一个动态预估的概念。

以华东医药为例，其2018年前3个季度的归母净利润为18.09亿元，那么2018年全年的归母净利润预估为18.09/3×4=24.12亿元，对应的动态市盈率为19倍。

你看，即使同为市盈率指标，但是静态、动态、滚动的数据相差很大（别看只有几倍市盈率的差别，如果是一只规模百亿的基金，就这个地方一点点差别，可能影响的就是数亿市值）。

如果按照静态市盈率看，估值可能偏高；而如果按照动态市盈率看，估值可能偏低，并且动态市盈率的计算过程中有根据过去几个季度数据预估未来季度的成分，更加不可靠。

第3个问题：估值时，究竟要看哪种市盈率？

从上面的介绍中，我们发现，形成3种不同市盈率的原因，主要在于选取的归母净利润方式不同。

由于上市公司按季度公布财务报告，目前所能取得的财务数据仅截至2018年三季度。

如果按照静态市盈率的口径，我们要选取2017年的归母净利润进行计算。但是这里有一个问题，如果是一家高成长型公司，2017年的归母净利润可能会和2018年的数据产生较大差异，导致计算出的市盈率明显偏高。

以锐科激光为例，它是一家高成长性的企业，2018年前3个季度净利润同比增速70%。如果在这种情况下，我们还采用2017年归母净利润计算市盈率，那么，显然是忽略了2018年的成长，计算的数据太过滞后。

如果按照动态市盈率的口径，假如标的是一家季节性的公司，就可能会在计算时出现偏差，所以，动态市盈率更适用于季度营业收入、净利润基本维持稳定的公司。

以东阿阿胶为例，由于产品有礼品属性，年底会集中售卖，因而它在第四季度的营业收入、净利润明显高于前3季度。如果我们按照2018年前3季度的归母净利润预测全年的数据，就会导致预测归母净利润较少，对应的动态市盈率偏高。

相较于静态市盈率和动态市盈率，很显然，滚动市盈率（PE-TTM）才是更应该聚焦的数据。它在选取归母净利润时，既考虑了当年的营业收入、净利润的增长，又包含了4个季度的数据，规避了季节性的问题。

第4个问题：TTM的概念还能应用在哪里？

TTM，不仅仅是数字而已，而是一种方法，是“估值哲学”的一部分，体现了在估值过程中如科学家做科研般的逻辑思考。

除了在计算市盈率时我们要采用TTM的概念，在营业收入、净利润、现金流、ROE、ROA等指标中均可以加入TTM的思路。通过TTM的概念，我们能更加准确地了解企业目前的经营状况。

很多时候，公开的数据就那么多，所有人都能查到，但具体数据到底该如何应用，却往往决定了思考的深度，并且还会进一步影响潜在投资收益。

【讨论】

Q1：从估值高点来看，优塾的以前文章曾提到过，PE和ROE的关系，也就是价格的影响因子，ROE是里子，增速预期和风险因素是面子。从华东医药的估值高点看，并不符合这样的逻辑，是否华东医药当初的估值高点，还有其他的因素呢？

A1：估值的高点还可能和当时的公司发生的特定事件有关。比如，华东医药2000年的高点，是由于它刚刚上市，因此估值相对较高；而2002年的估值高点，则是由于它完成了对其主要产品百令胶囊的扩产，因此估值较高。而另外两个高点则符合高增速、高ROE的逻辑。

Q2：限辅是否会影响百令胶囊的增长？

A2：百令胶囊目前的适应证已经从原本单纯的辅助用药，增加了一个气血双补的作用，所以影响有限。

Q3：最后华东医药按DCF法的PE估值，这里用的是静态、动态还是TTM？

A3：华东医药按DCF法的PE估值用的是TTM。

本文发布于2019年5月5日

第二部分

中成药

云南白药

中药龙头估值逻辑

每一个投资者，都想要找到“10年10倍股”。彼得·林奇说过：“寻找‘10倍股’（10年上涨10倍的暴涨股），最佳的地方就是在自己住处附近，不是在你院子里，就是在大型购物中心。”巴菲特也是“10倍股”的理论实践者，比如，他爱喝可乐，于是他投资了可口可乐；他爱看报纸，就买入了《华盛顿邮报》。

今天，我们要研究的这家公司，是A股历史上第一支“10倍股”，并且，23年内最高涨幅达800倍，力压万科A（26年上涨800倍）、贵州茅台（15年上涨100倍）、华东医药（10年上涨85倍）。

而且，它的产品几乎每个人都用过。上市至今，它的股价从开盘的0.49元/股（万得数据，前复权），一路上涨到最高点118元/股。来看走势图：

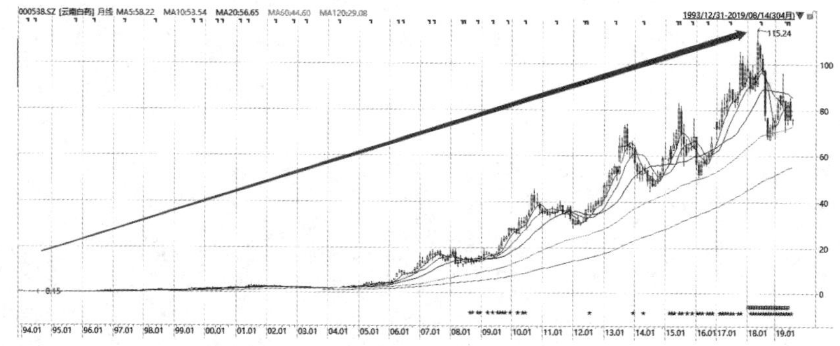

图1：股价图（单位：元）
来源：wind

这家公司，就是云南白药。

白药，其主要成分为三七、散瘀草，具有消炎止血、活血化瘀的功效，曾在抗日战争时期，被视为“战略物资”，拯救过无数战士的性命。可是，令人好奇的是，为什么同为中药老字号，云南白药在估值上的表现，却与片仔癀大相径庭？

不仅如此，2018年下半年，其股价也突然大幅回调，从118元/股下降到69元/股，跌幅达41%，同时，PE也回调至历史低位，约为23倍。

所以，问题来了：

（1）为什么它的毛利率、净利率只有茅台的1/3，却能成为A股历史上第一支“10倍股”，23年暴涨800倍，力压茅台，它凭什么？

（2）2014年至今，云南白药的历史PE-TTM，几乎稳定在25至30倍，没什么波动，而同属中药企业、保密配方，而片仔癀的PE-TTM则在40至50倍，近20倍的估值差异，这背后的估值逻辑，究竟是什么？

（3）2019年，它的股价下跌，背后的原因是什么？如今的估值区间，到底属于什么样的位置？

1

伤科药物

云南白药，原名“百宝丹”，1902年伤科医生曲焕章创制。《本草纲目拾遗》中记载：“人参补气第一，三七补血第一，味同而功亦等，故称人参三七。”“云南白药”和“片仔癀”，均以文山三七为主要原料制成。

抗战时期，云南白药因其特殊的药效，被推向了历史舞台。

著名的台儿庄战役中，滇军60军、68军将士先后开赴抗日前线，曲焕章为全体将士捐赠了3万瓶“百宝丹”。此后，这药名声大振，被视为特殊的“战略资源”。1938年，民国政府为了“百宝丹”的秘方，将曲焕章软禁，逼其交出秘方，曲焕章忧愤成疾不幸逝世。

1955年，在曲焕章去世多年后，其妻缪兰瑛将“百宝丹”的配方捐献给云南省政府，并正式定名为“云南白药”，1956年起由监管层批准正式生产。此后，在“抗美援朝”等战役中，数百万瓶云南白药作为重要战备物资，发挥了重大作用。

1971年，联合制药厂扩建，并改名为云南白药厂。1993年，云南白药成为云南省首家A股上市公司。

1995年，云南白药被授予“中华老字号”。“云南白药散剂”“云南白药胶囊”被列为国家中药一级保护品种。中国一万多种中药中，仅有两种列为国家绝密配方，这就是：云南白药和片仔癀。

2

商业模式

云南白药，控股股东为白药控股，2016年混合所有制改革后，白药控股的股东变更为云南省国资委（45%）、新华都集团（45%），无实际控制人。

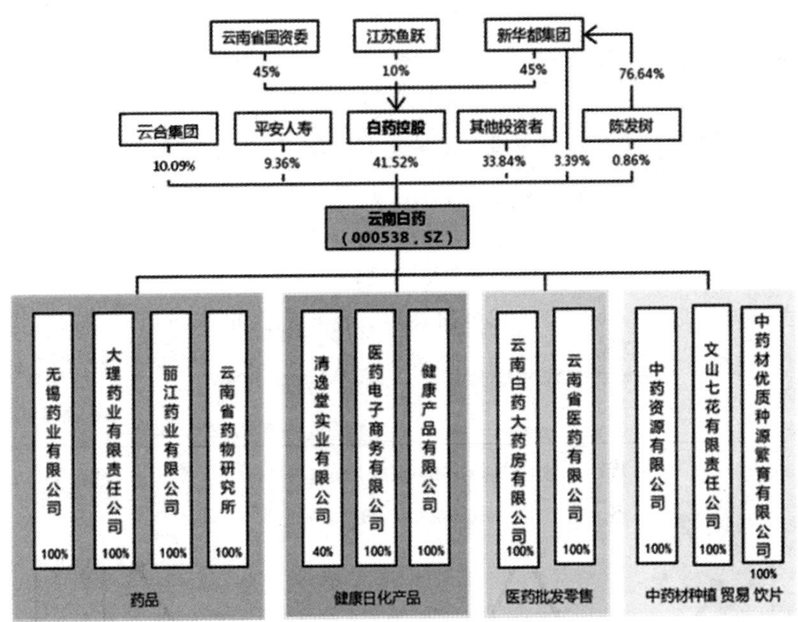

图2：股权结构（单位：%）
来源：光大证券

其主营业务分为四大事业部：商业流通（占比56%）、中央药品（占比20%）、日化产品（占比17%）、中药资源（占比4.6%）。

商业流通——包括药品批发与零售，主要经营云南白药产品、特殊药品、医疗器械的药品流通与线上线下的药品零售，目前是云南省排名第一的商业流通公司；

中央药品——主要为云南白药核心产品：云南白药气雾剂、云南白药胶囊，以及透皮产品：云南白药膏、云南白药创可贴，和女性补血药品：宫血宁、气血康等。白药的功能，在于日常基础止血，核心产品主要在OTC市场，主要的竞争者是西药止血药和其他中药止血药。

日化产品——主要包括白药牙膏系列、养元青洗发水、千草堂沐浴露以及清逸堂卫生巾系列等。

中药资源——2015年成立，主要生产为三七粉系列产品，一方面满足云南白药自身对中药资源的需求，另一方面将中药材种植与保健品业务结合，形成完整中药资源产业链。

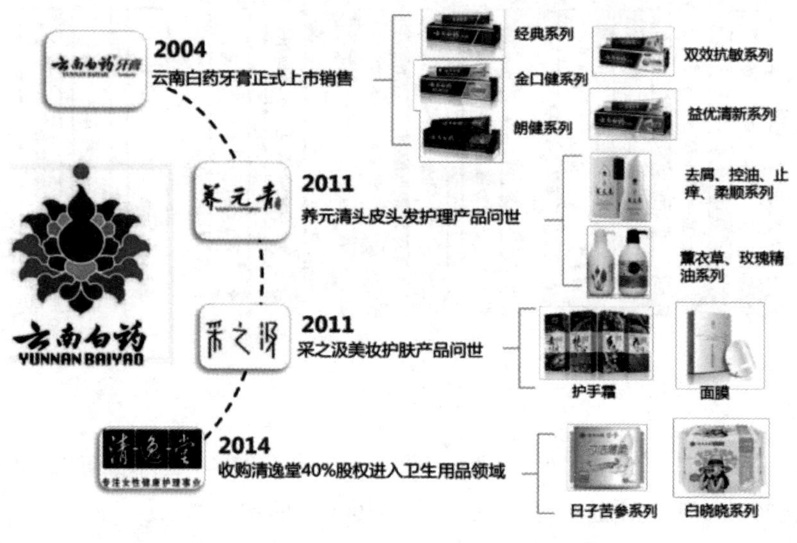

图3：产品介绍
来源：光大证券

四大版图中，尽管商业流通业务占比最高，但日化产品才是其利润的主要来源。2017年日化产品贡献了49%的毛利，其次是中央药品（毛利占比28%）、商业流通（13%）、中药资源（9%）。

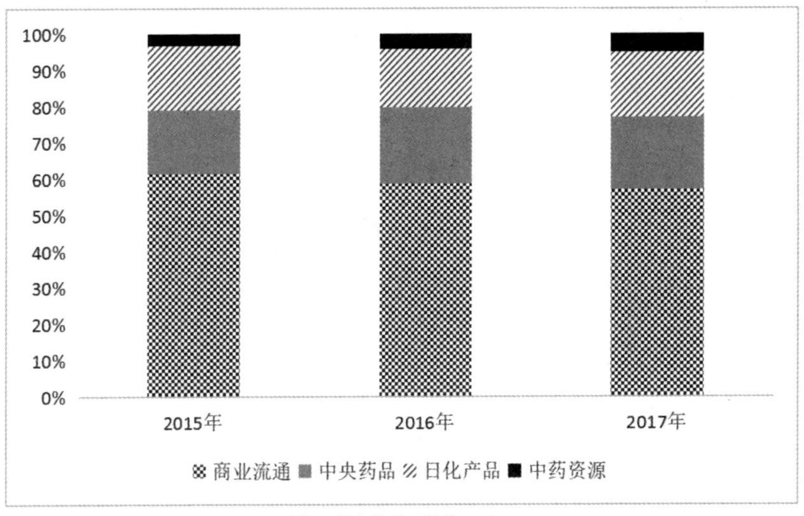

图4：收入构成（单位：%）
来源：并购优塾

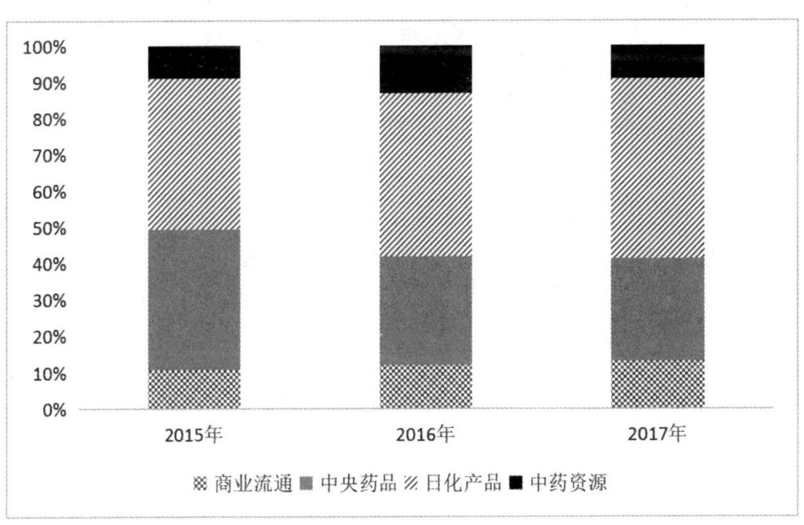

图5：毛利构成（单位：%）
来源：并购优塾

其上游，为中药原料供应商，主要为三七、散瘀草等中药，中药种植受天气等自然因素影响较大，如果遇到旱情，收获量少，涨价严重。为了对冲原材料涨价风险，2015年，云南白药成立中药资源部，负责三七植物药材的种植、提取加工等。

其下游，按产品的不同分为两类：一类是药品渠道（如喷雾剂、药膏、创可贴等）。云南白药的药品绝大部分为OTC非处方药，其销售渠道主要为零售药店，对医院渠道的依赖性不大；另一类是日化品（如牙膏、洗发水、卫生巾等），主要通过大的分销商和经销商销售。由于网上购物的不断发展，目前云南白药在天猫、京东等电商平台，均设有旗舰店。

这门生意，到底有多赚钱？

2015年至2017年，其主营业务收入分别为207.38亿元、224.11亿元、243.15亿元，净利润分别为27.56亿元、29.31亿元、31.33亿元，经营活动净现金流分别为21.80亿元、29.85亿元、11.56亿元，毛利率分别为30.53%、29.86%、31.19%，净利率分别为13.29%、13.08%、12.88%。营业收入复合增速为11%，净利润复合增速为8%。

云南白药历史悠久，其基本面可划分为五个阶段，第一阶段：1993年至1999年（管理不善）；第二阶段：2000年至2005年（重新换帅）；第三阶段：2006年至2009年（新产品上市）；第四阶段：2009年至2013年（品牌效应）；第五阶段：2014年至2017年（稳定发展、混改）；

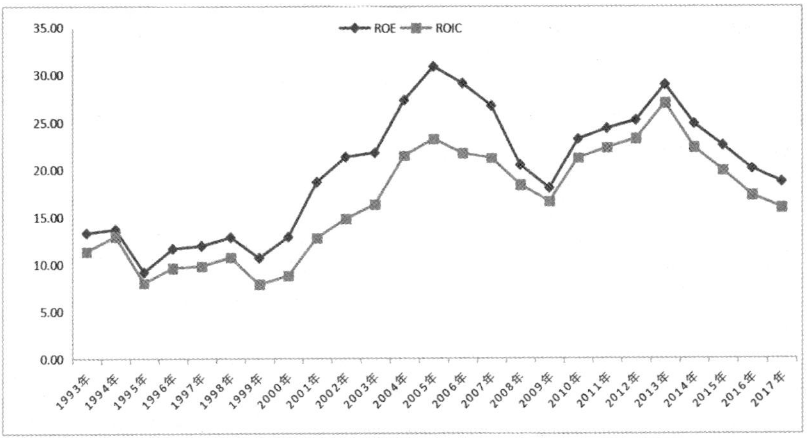

图6：ROE、ROIC（单位：%）
来源：并购优塾

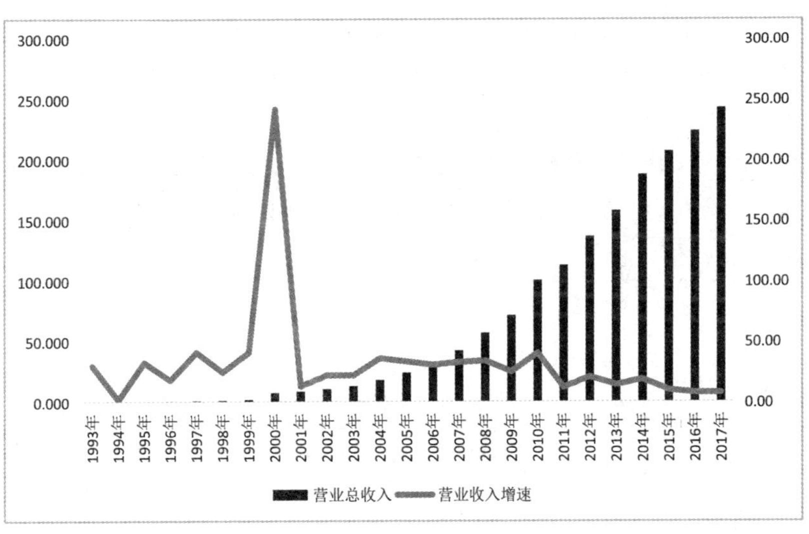

图7：盈利情况（单位：左：亿元、右：%）
来源：并购优塾

好，看过基础数据后，有几个重要问题要思考：

（1）从ROE上看，投入资本回报率整体呈现上升趋势，但在2009年出现了低谷，为什么？

（2）从业绩增速上看，2011年是一个重要的拐点，营业收入增速下了一个台阶，从30%下降到10%，净利润增速也下了一个台阶，从50%下降到30%。这是为什么？

（3）从资产结构上看，2010年至2011年，存货、应收账款大幅增加，这背后意味着什么？

（4）从现金流角度看，它的经营活动现金流与净利润差异较大，这和其他品牌中药龙头（如片仔癀、东阿阿胶）相比，正常吗？

（5）从估值角度看，它的PE最高时有89倍，然后跌到22倍左右，这是为什么？同时，又是在2011年，股价和PE出现了交叉分离点，这背后有什么原因？

3

第一阶段
其实它也有管理不善的时候

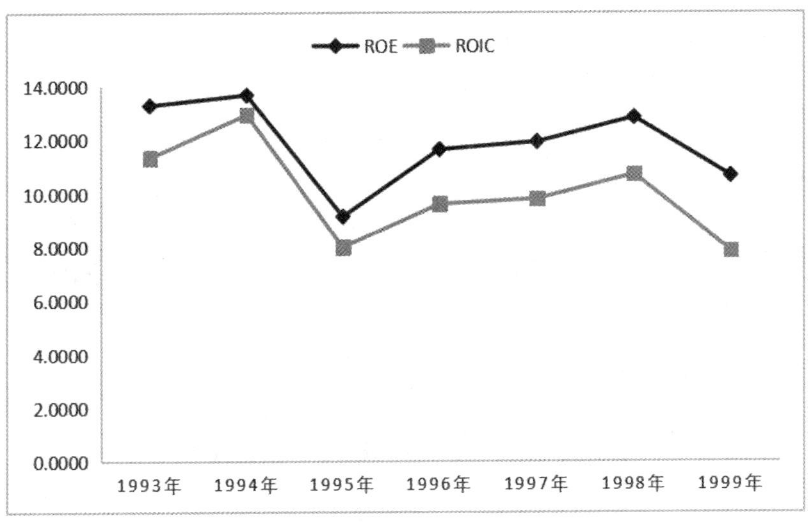

图8：ROE、ROIC（单位：%）
来源：并购优塾

第一阶段，云南白药的投资回报率ROE与ROIC，整体变化不大，但有两个关键下跌节点：1995年（ROE从13%下跌至9%）、1999年（ROE从13%下降至10.64%）。

先看1995年——其权益乘数、总资产周转率变化不大，导致ROE、ROIC下跌的主要原因是销售净利率的下降。而影响净利率的原因有两点：毛利率下降、期间费用上升。

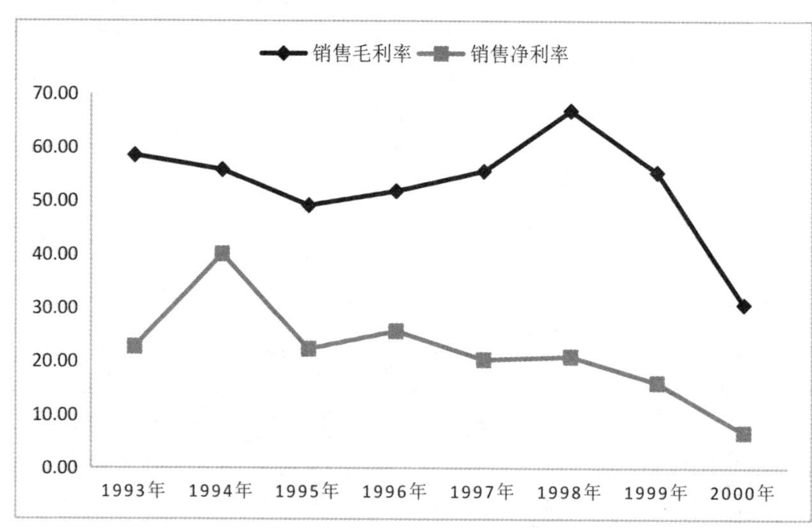

图9：销售毛利率、销售净利率（单位：%）
来源：并购优塾

毛利率下降，是由于白药的原材料涨价，使得成本上升。

刚上市时，云南白药主要经营白药系列（云南白药散剂、云南白药胶囊剂、云南白药酊剂、云南白药气雾剂共4个剂型），主要原材料就是文山三七。三七，产地分布范围较小，不耐严寒与酷热，云南文山州境内和周边少数地区，最适宜三七生长。历史上，三七的价格走势经历了两个周期：[1]

第一个周期：1988年至2000年。在1993年之前，许多大宗中药材的产量较大，供过于求，价格便宜，三七开始被大量抢购。到1993年之后，三七价格开始上涨，价格涨到了110元/千克。但很快，药农开始盲目扩种，产量增大，价格又回落到100元/千克以下。

第一个周期整体来看，价格上下波动的幅度还不算太大。到了2010

年，三七迎来了价格暴涨的第二个周期。

第二个周期：2010年至2015年。2010年前，三七价格一直保持低位，但到了2010年，云南遭受了百年一遇的旱灾，导致三七收成骤减，三七价格暴涨，从最低点的75元/千克猛增至680元/千克，也创造了历史最高价格纪录。可是，随着药农再次大量扩种，三七的价格自2013年开始回落，目前，价格保持在120元/千克左右。

说了这么多，回到这一阶段，注意，1995年，恰逢三七价格位于第一个周期的顶部，所以：原材料价格上涨→毛利率下降→净利率下降。

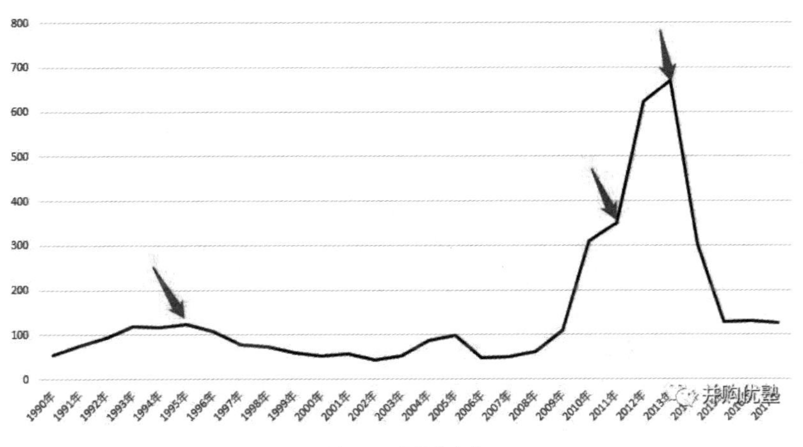

图10：三七价格走势
来源：wind

与此同时，净利率下降，还与该阶段的管理费用大增有关。管理费用增加，原因在组织架构。

云南白药，是云南省政府于1971年成立的一家药厂，在传统国企体制中，激励机制缺乏，管理、销售岗位的人员缺乏动力，所以，内部管理效率低下，管理费用高。

1993年至1995年，管理费用占收入比重从8.26%上涨到21%，涨幅近3倍。同期上市的东阿阿胶，管理费用只有12%至14%。

对于民营企业来说，只有企业绩效好，才有可能给员工加薪。但是1995年，其管理费用上涨102%，缘由是计提了“效益工资”。而此时，云南白药的销售却比较疲软。

由于云南白药的产品线较单一，主要为云南白药4种不同的剂型，同时，品牌意识尚未觉醒。所以，白药散剂的销量从鼎盛时期的数千万瓶，下降到百万瓶，市场在萎缩。[2]

与此同时，跨国品牌进入国内伤口护理市场，比如强生的邦迪创可贴，迅速代替云南白药，在小伤口护理市场，占据了市场份额第一名。

两方面综合因素，导致1995年ROE出现下跌。这刚上市不久，ROE就下降，怎么办？答案：对症下药。

首先，面对原材料涨价的压力，云南白药开始提价。自1995年至1998年，白药散剂提价幅度为178%，白药胶囊提价35%。

这招非常有效，1995年至1998年，毛利率立即从50%提高到了66%。并且，营业收入、净利润绝对值和增速都在提升，ROE恢复上涨。

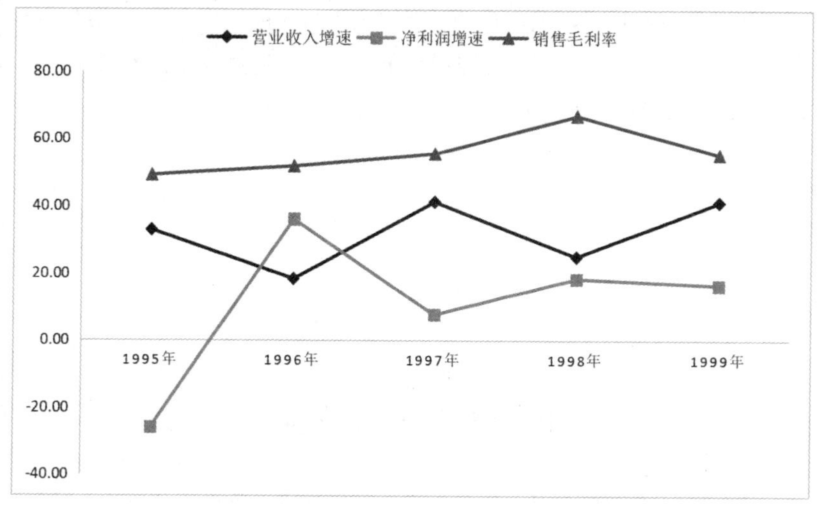

图11：营业收入及净利润增速（单位：%）
来源：并购优塾

趁着业绩提振的大好形势，1999年，云南白药大股东——云南医药集团，将其医药流通业务资产，注入了云南白药上市平台。

但是，该次重组到2000年才完成股权变更，纳入合并报表，所以，对1999年的营业收入、净利润数据没有产生影响。但是，由于云南白药配股1772.75股（每股7元），总资产增加了1.2亿元，对应市值20.91亿元。

基于这个原因，总资产周转率下降，从而拉低了1999年的ROE水平。

最后，对应这一时期的股价来看，其上市后5年，股价整体上变化不大，PE-TTM的走势几乎与股价一致，从1993年至1996年一路下跌，在1996年至1999年后开始逐渐上涨。这种走势，和ROE的走势基本一致。

并且，PE-TTM在1999年达到了历史最高点（91.67倍），显然，市场对于大股东注入资产的预期十分高涨。

注意，看到这里，云南白药正在以肉眼可见的速度，提升了经营绩效。但是，别忘了一件事——原材料上涨，可以通过涨价来降低压力，但是，内部管理效益低下的问题，该怎么解决？

4

第二阶段
用这些手段，进入上涨通道

随着经营效益的提升，云南白药在第二阶段，表现十分出色：ROE、ROIC大幅上升，2000年至2005年，ROIC从8.76%上涨至21.41%，ROE从12.84%上涨到30.82%，上涨了2.4倍。

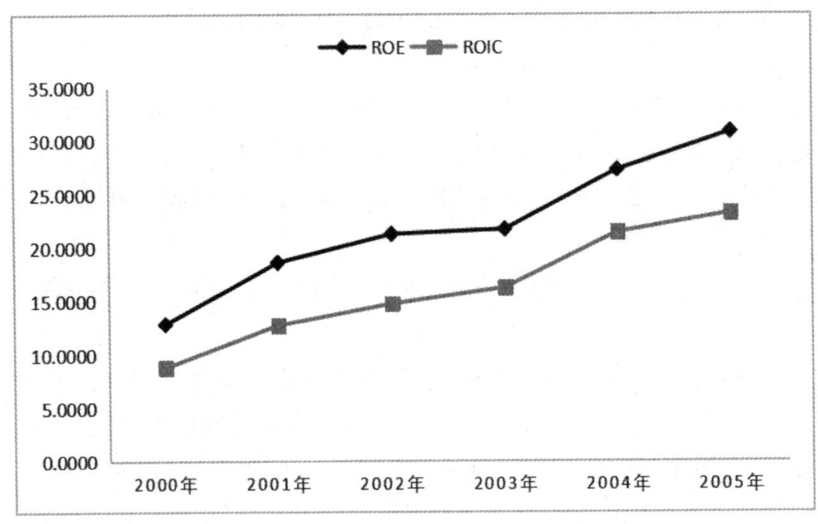

图12：投入资本回报（单位：%）
来源：并购优塾

ROE上涨的奥秘，在于销售净利率和总资产周转率的提升。

销售净利率——1998年前，云南白药的净利率为16%至20%，自1999年大股东注入医药流通业务后，净利率拉低至个位数。

但是，之后，销售净利率仍在不断提升，从2000年的6.73%上升至2005年的9.61%。

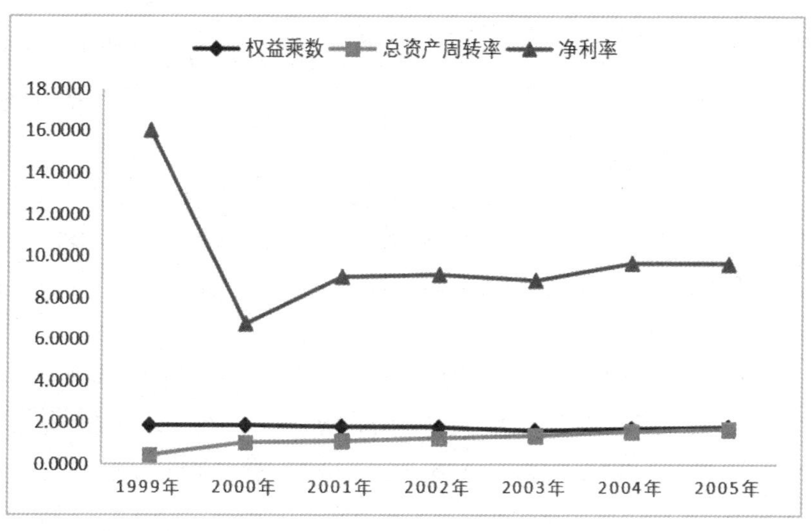

图13：杜邦分析（单位：%）
来源：并购优塾

净利率持续上升，原因来自于“控费”，内部管理效益不断提升。来看三费情况：1999年至2005年，销售费用从18.42%下降至11.31%，管理费用从16.74%下降至5.31%，财务费用基本不变，总期间费用则从35.6%下降至16.3%。

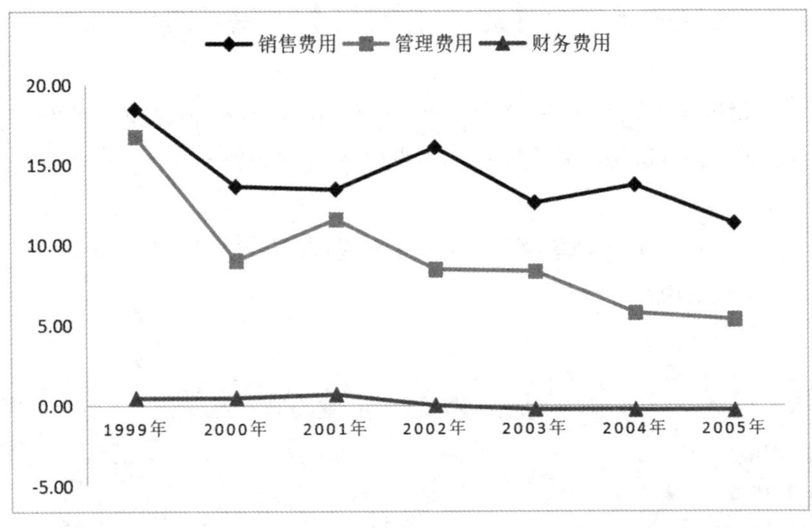

图14：期间费用（单位：%）
来源：并购优塾

那么，内部管理效益是怎么改善的？

这主要得益于一个核心人物——王明辉。1999年，王明辉新上任总经理职位，这位37岁的少帅一来，就开始改革。第一个改革的就是营销、管理部门，践行“内部创业机制”，引入市场化竞争。

比如，投资3000万元创建销售部门，并在全国招聘营销人员，划分15个营销区域，除内部择优外，还在全国公开竞聘，向社会招募优秀人才，并引进末位淘汰机制和奖励机制。

另外，还引入了清华大学设计的薪点工资考核体系。该体系按照职工实际贡献定系数，以单位经济效益获取的工资定点值，综合确定劳动报酬。

一个国企敢于实行末位淘汰机制、市场竞争、绩效考核等创新机制，实属不易。

改革后，这套系统的最大特点是激励工作效率，优秀员工可以拿到高工资，不合格的员工只能拿到一般标准的67%。很快，改革出了成效，人员效率提高，管理成本降低，管理费用下降。

不仅如此，随着改革的推进，总资产周转率也显著上升。

总资产周转率，从1999年的0.43上升至2005年的1.71。其中，占比最大的存货资产周转率从0.82上升至4.11，存货周转加快。这归功于生产部门的“内部订单制”管理，即以销定产，主要是通过ERP信息系统，形成合理的采购计划和生产计划，流程运转效率提升。

存货周转有多快？对比同行业品牌中药公司来看：

云南白药——4.08、4.15、4.11；
东阿阿胶——3.57、4.16、4.04；
康美药业——3.38、3.38、3.20；
片仔癀——0.66、0.84、1.92；
同仁堂——1.15、1.15、1.09；

很明显，云南白药的存货周转效率最高。不过，光出货快还不够，还要看下游回款的效率，这一点，我们结合净营业周期来衡量。

净营业周期，是衡量企业“采购——销售存货——回收现金”的效率，净营业周期越短，说明资金周转效率越高。以2003年至2005年数据为例：

云南白药——56天、52天、53天；

东阿阿胶——101天、78天、68天；

康美药业——119天、118天、122天；

片仔癀——554天、471天、183天；

同仁堂——265天、255天、277天。

可见，云南白药的运营周期最短，资金周转效率最高。

最后，我们来看看这一阶段的市场表现如何——从股价上看，股价上涨了3.6倍，从4.09元/股上升至20.7元/股。

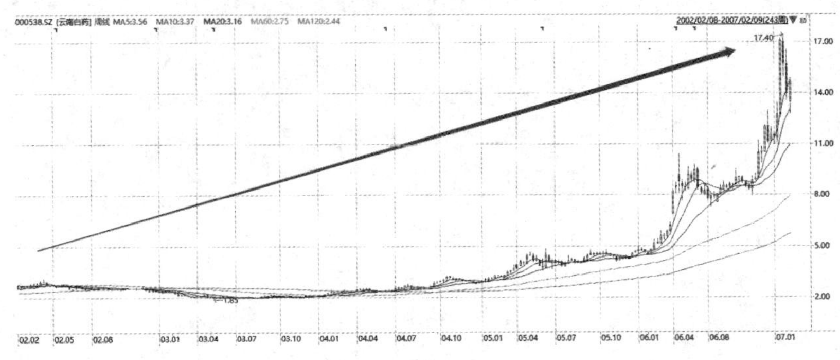

图15：股价图（单位：元）
来源：wind

而从PE上看，前期PE在1999年提高到91.67倍，而后PE开始回调，2001年至2005年，PE从91倍跌到了25倍左右。而此时，股价仍然持续上涨，说明净利润驱动力很强。

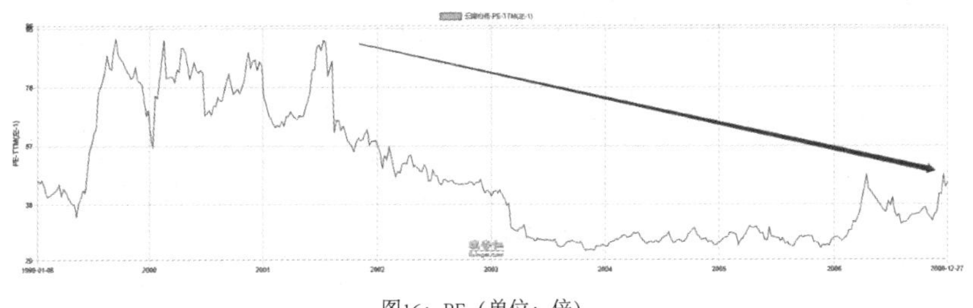

图16：PE（单位：倍）
来源：理杏仁

可是，图中需要注意一个点：为什么在2001年前，市场对云南白药的预期十分高涨，但是，2001年至2005年，PE持续下跌，市场预期持续低落？

5

谁也没想到业务逻辑大转变

唯一的可能是，市场对于云南白药的业务逻辑产生了怀疑，因为，自2000年开始，云南白药准备切入日化领域：2000年生产创可贴，2003年白药牙膏上市。

投资者的怀疑角度，可能有以下几点：

（1）创可贴技术壁垒低，不赚钱，毛利率估计不会高。

创可贴，属于低值耗材，大多数创可贴产品，价格低廉，包装简单，主要用于伤口杀菌消毒，防止伤口感染。在生活中，几乎人人都用过创可贴，可这么一个跟一块胶布没什么区别的东西，很难让人相信靠它可以赚大钱。很显然，大多数人的传统观念，都会对这门生意嗤之以鼻。

（2）日化品市场高度垄断，竞争对手强大。

就算有人抱着将信将疑的态度，姑且相信这门生意可能会赚钱。但是，创可贴市场竞争情况究竟怎么样，会不会被市场上的已有竞争者PK掉，或者别人吃肉，你就只能喝汤？

当时，国内创可贴几乎是强生邦迪创可贴的天下，邦迪在中国伤口护理市场份额排名第一，占据全国几乎50%的市场份额。在一个几乎垄断的市场，新进入者面临的压力和盈利阻力，对于投资者来说，是显而易见的。

除了创可贴，当时的牙膏市场也是被外资品牌占据，而且，外资品牌牙膏，价格便宜，定价在10至15元1支，它们的市场占有率高达60%以上，其中典型的如高露洁（26%）、佳洁士（21%），中华（10%）。

面对竞争如此激烈的牙膏市场，云南白药牙膏刚上市就定价20元/支，要知道云南白药牙膏上市的2003年，我国年人均消费才3632元，这么高的定价，行得通吗？

（3）从国家绝密配方的“药字号”转战日化消费品，投资者心理预期下降。

云南白药，其白药配方代表着一种传承，是国家永久绝密保护的配方，品牌护城河极宽，全中国，只有片仔癀的品牌稀缺性可以和它媲美。

而一个光环笼罩的“中药老字号”，突然放低身价，2000年说要搞创可贴，2003年又开始倒腾牙膏，怎么看，这些事八成都会被人误解为：不务正业。

不信？这里我们截取一段2005年某券商分析师的研报，来看看当时市场对云南白药的质疑：

“牙膏未来仍然充满变数，虽然白药牙膏的销量在6月份有大的增长，但该产品的定位还不十分确定，究竟是止血还是护理？究竟是走大卖场渠道还是走药房渠道？究竟是做牙膏里面的薇姿还是去和高露洁争市场？这些都还不是十分确定，在多变的日化市场公司能否有效实现目标仍有很大的不确定性。”[3]

基于以上几点猜测，别说普通投资者，就连券商研究员也表示看不懂啊，所以，市场预期回落是情理之中的。但是，如果能够沉下心来去分析其背后的商业布局，或者拿财务数据说话，在它的布局之中，仍然不能掩饰几个亮点：

（1）实际上，创可贴的净利率，还挺高。来看两组数据：

2000年年报披露，云南白药一共生产了80万张创可贴，收入6万元，净利润5万元；

2001年年报披露，云南白药新设上海透皮技术研究中心，从日本引进了生产设备，当年销售了8000万张创可贴，收入1085万元，净利润543万元，收入贡献占当期营业收入比率为1%，而净利润贡献占总利润比率为7%。

2003年，云南白药成立健康产业事业部，推出云南白药牙膏，一上市就产生经济效益，毛利率高达80%。

简单计算一下：创可贴2000年的利润率为83%，2001年的利润率为50%；而牙膏的毛利率则更高，可高达80%。请问，这些数据背后意味着什么？

（2）模仿耐克，采用了虚拟运作的经营模式。

云南白药披露，其创可贴采用委外生产，牙膏采用虚拟运作模式生产。

看到“虚拟运作”四个字，或许有点不懂，官方解释是“利用外部力量、整合外部资源的一种策略”，这本质上和委外加工、OEM生产类似。

这种运营模式，是由总经理王明辉提出来的。由于云南白药缺乏牙膏制造技术以及生产设备，当时，云南白药委托杭州、昆明两地的牙膏生产商加工。这种经营模式，具有快速上生产线、节约成本的优势，并且降低了投资风险，是一种典型的轻资产运营的模式。

而这种模式，并不是王明辉首创。最早应用成功该模式的，是运动品牌耐克。

耐克的创始人布沃曼和耐特，就是将精力全部集中在产品设计和市场营销上，及时收集市场信息，并在最短的时间内反馈到产品设计上，而将重资产生产部分，委托给劳动力相对便宜的代工厂。比如，之前我们研究过的申洲国际。

（3）日化赛道，或者说大健康赛道，其实，市场规模很大，“医药+日化”两条腿走路，云南白药是在走“中国版强生”的路线。

2000年，OTC市场规模253亿元，而日化产业市场规模远高于OTC，仅洗护用品就达200亿元以上。能把“医药+日化”结合到一起，很早有公司实践过了，它就是强生。

强生，1886年成立，以生产外伤无菌敷料起家。1890年，与产科医生合作，推出产妇工具包，同年，推出了“爆款”产品：婴儿爽身粉。后期，连续推出“爆款”级别产品：女性卫生护理产品、牙线、邦迪创可贴……

无论是创可贴、牙线，还是卫生巾、爽身粉，这些看似不起眼的小玩意，却打开了巨大的市场，每一个产品，都有数十亿、上百亿的销售量。

通过医药+消费品两个赛道并进，再通过后期一步步的并购，强生形成了以“医药+消费品+医疗器械”三大板块为核心的医药企业巨头。

正是因为市场忽略了以上几个亮点，云南白药的估值不断下跌，在当时的市场环境下，顶着这样的质疑声，云南白药该如何化解？或者说，它该怎么选择战略布局，去和别人竞争？

6

第三阶段
品牌战争：侧翼战

先来看下一阶段的股东投入资本回报情况：2006年至2009年，ROE从31%下跌至18%，ROIC从23%下跌至17%。

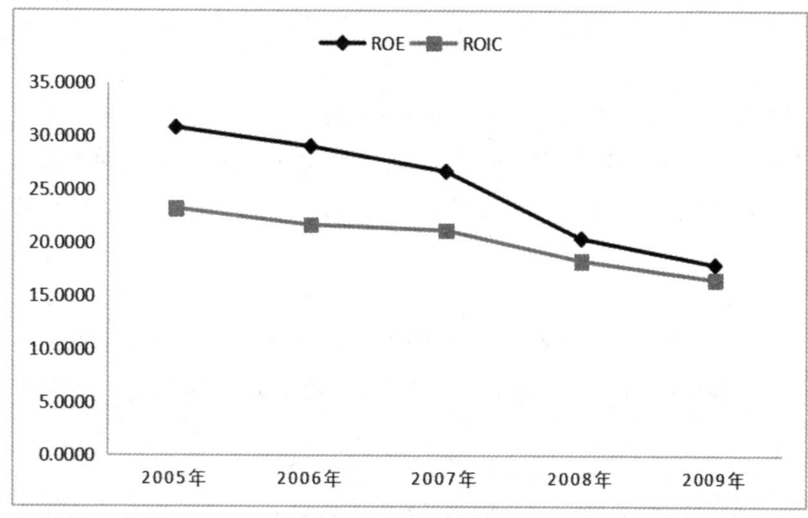

图17：ROE、ROIC（单位：%）
来源：并购优塾

乍一看这组数据，或许你心里会想：完了，投资回报率下降，看来是没戏了？

其实并不是。ROE下降的原因，可以分两段来看：

（1）前半段（2006年至2007年）：权益乘数上升、净利率下降；

（2）后半段（2008年至2009年）：权益乘数下降、总资产周转率下降。

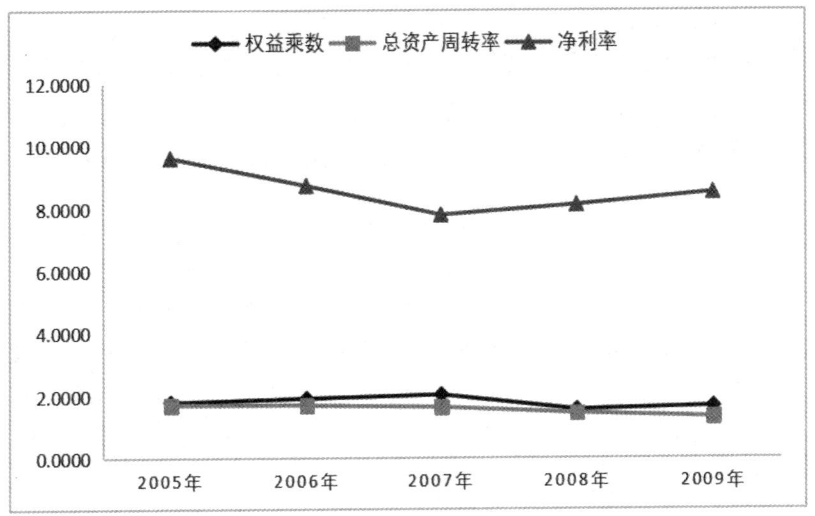

图18：杜邦分析
来源：并购优塾

其中，后半段ROE下降的原因，是因为2008年定增募资13.64亿元用来搬迁新工厂所致，这里不展开讨论。

接下来，重点看前半段，净利率下降、权益乘数上升（表现为ROE和ROIC之间的缺口大）：

权益乘数高，可能是高财务杠杆（有息负债高），也有可能是高经营负债，比如预收账款、应付账款、其他应付款等比较高。

对应云南白药的经营情况来看，其权益乘数上升，是因为经营负债增加——2006年至2007年，云南白药的“其他应付款”，从1.64亿元上升至4.4亿元，缘由是给了下游经销商销售折扣和折让。

单位名称	账龄	期末余额	款项内容
云南卫虹医药电子商务有限公司	1年以内	11644403.96	应付的折扣、折让
建设银行公积金	1-3年	4790292.24	公积金
云天化集团有限责任公司	2-3年	1300000.00	往来款
潘扬山	1年以内	1159223.93	未结算的销售费用
思茅地区亿元	1-2年	19833598.71	应付的折扣、折让

表1：应付账款（单位：元）
来源：2007年公司年报

根据会计准则要求，销售折扣和折让产生的费用，需要计入销售费用中，从而使得销售净利率同步下滑。但是，销售折扣的优惠政策，只执行了两年（2006年、2007年），因此，2008年、2009年，其销售净利率又恢复了增长。

那么，令人好奇的是，为什么突然要给下游经销商让利呢？

结合该阶段云南白药的业务重心来看，它正在布局日化赛道，无论是云南白药创可贴，还是云南白药牙膏，这两大产品面临的市场竞争者，全都是市场领导者——一是强生（邦迪创可贴），二是宝洁、联合利华、高露洁（外资牙膏品牌），所以必须要快速、高投入地进行推广，打好一场“侧翼战”。

之所以将其比喻为“侧翼战”，是借鉴了杰克·特劳特《商战》中提到的侧翼战概念，这被称为是商战中最具创新性的方法，也是被称为挑战行业领导者最有效的策略。

发动侧翼战，有三条原则：首先，好的侧翼应该在无人的地方展开；其次，战术要有奇袭的效果；再次，要乘胜追击，扩大战果。

拿江小白为例，它们除了文案给力之外，更重要的是它们抓住了白酒市场的新需求——传统的白酒太烈，年轻人不喜欢喝，年轻人需要的是口味轻一些、口感淡一些、单瓶量小一些的白酒。而当时，市场上并没有这样的产品，所以，在这样一个“无人地带”，江小白的快速崛起并不意外。

结合本案来看——以创可贴为例，早期，创可贴的材质由弹性纺织物与橡皮膏胶粘剂组成，中间附以苯扎氯铵（一种光谱杀菌剂）吸收垫等，作用是防止伤口感染、消毒、杀菌。当时，国内创可贴市场被强生旗下的邦迪占据，市场占有率50%以上。

为突破垄断，云南白药选择在产品功能性上创新，为消费者提供了一种有止血功效的新型创可贴，在创可贴内层添加了独有的白药配方，从而打开了一片崭新的市场。

再以云南白药牙膏为例，它采取的是高价位侧翼战和特性侧翼战，产品定位高端，在日常护理的基础上推出了针对牙龈出血、口腔溃疡的治疗功效，这一下子和传统牙膏的防蛀、美白、清新口气等功能区别开。

光有这些产品特性还不行，侧翼战中的第三大原则是：要乘胜追击，以快取胜，不给对手反扑的时间。

所以，云南白药在这两款新品上市时，铆足了劲做销售推广。

一方面，布局全国销售渠道，同时打进“药店”与“超市”渠道，从省会城市开始重心突破，然后向二级地市蔓延。2007年，云南白药牙膏的市场从最初的云南省，爆发性增长至全国25个省市自治区。

另一方面，在品牌营销上下功夫。比如，找当红明星黄晓明代言、与作家冯唐合作、赞助体育赛事等，投入大笔广告费，塑造出云南白药“现代中药”的形象，吸引了一大批年轻消费群体。

而以上这些经营逻辑，体现在财务数据上，就是销售费用率不断提升：

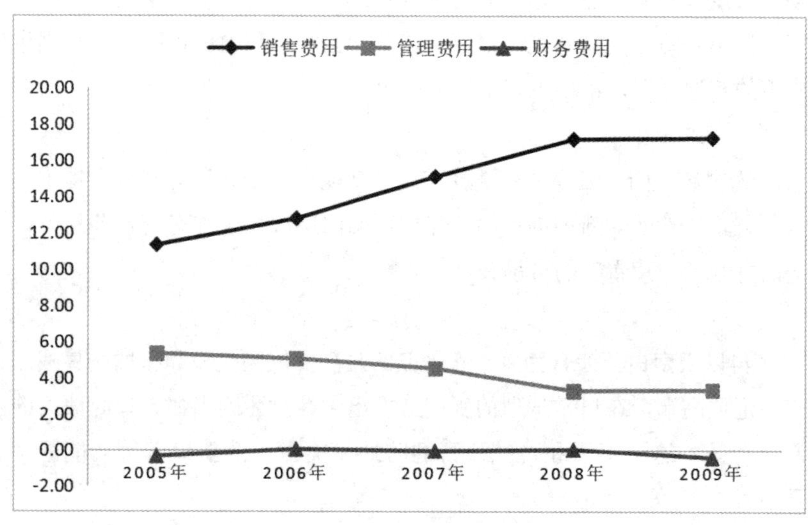

图19：销售费用、管理费用、财务费用（单位：%）
来源：并购优塾

那么，这两场侧翼战结果如何？

云南白药创可贴一经上市，就成功蚕食了邦迪的市场，销量逐渐反超邦迪，成为市场第一。

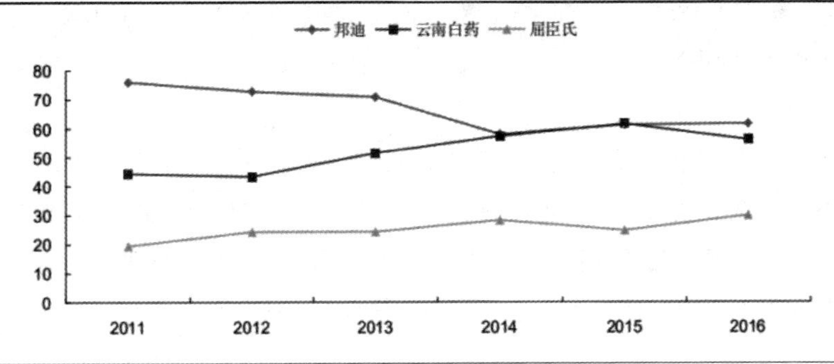

图20：近年中国创可贴品牌排行榜C-BPI指数（单位：%）
来源：中信建投

而云南白药牙膏，则成为云南白药在日化领域的“爆款”产品，2009年销量达7亿元，市场占有率排名第五。2010年，销量突破10亿元，占总营业收入的10%。

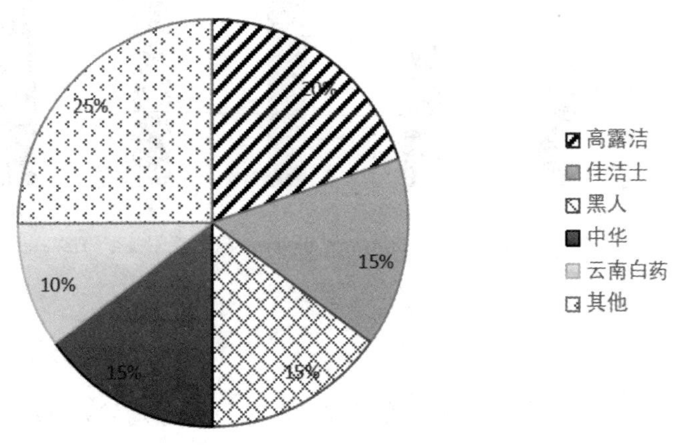

图21：牙膏市场份额（单位：%）
来源：并购优塾

截至2017年，云南白药牙膏的市场占有率排名第二，占比18%，仅次于黑人（21%）。

看到这里，再用经营数据和股价来印证这一阶段，它的战果：业绩方面，营业收入增速基本维持在30%以上，且除2006年、2007年销售费用大增，净利润增速有所下降外，其他时间段，净利润增速基本都高于营业收入增速，盈利质量好，属于典型的成长股特征。

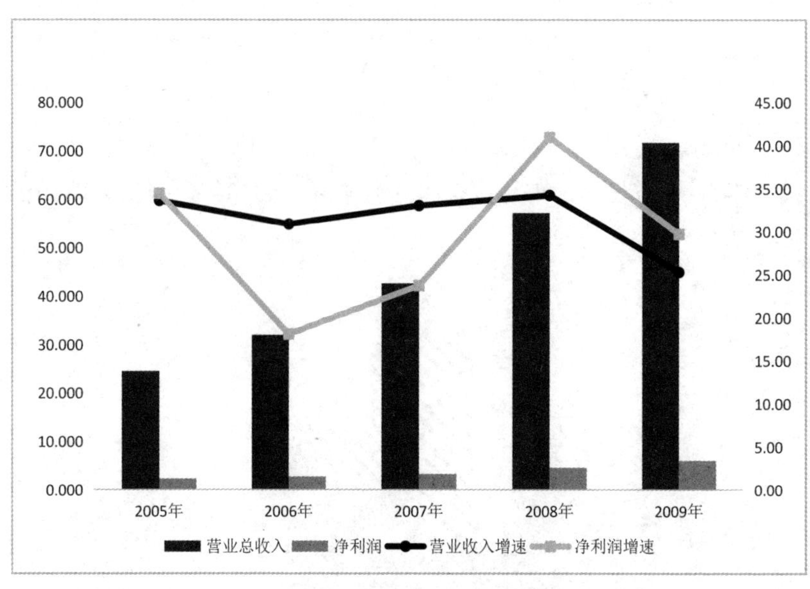

图22：营业收入、净利润情况（单位：左：亿元、右：%）
来源：并购优塾

股价方面，云南白药的股价从2.26元/股暴增到29.34元/股，股价上涨了10倍。不仅如此，在2008年金融危机时，云南白药的股价很抗跌，股价下降幅度不大。

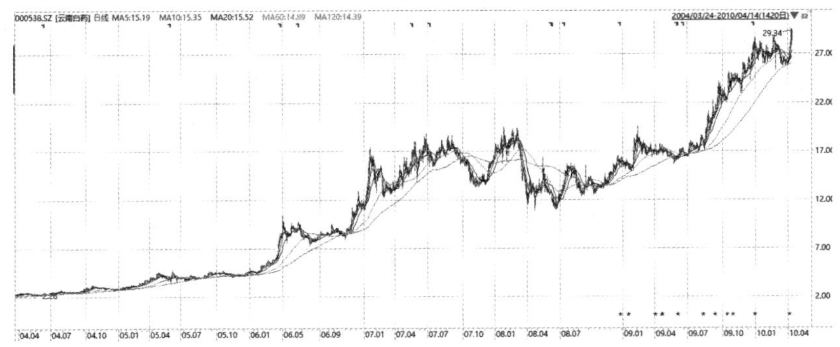

图23：股价图（单位：元）
来源：wind

PE方面，自2005年起，PE开始回升，这说明市场预期开始回暖，对于云南白药的日化布局信心增强，最高触及65倍PE。

好，拨开云雾见月明，攻难克艰的日子终于熬过去了——接下来，云南白药的业绩表现和投资回报表现会怎样？

7

第四阶段
战斗效果凸显，品牌提升

第四阶段，ROE、ROIC稳步提升，ROE从18%上升至29%，ROIC从16.57%上升至19%。

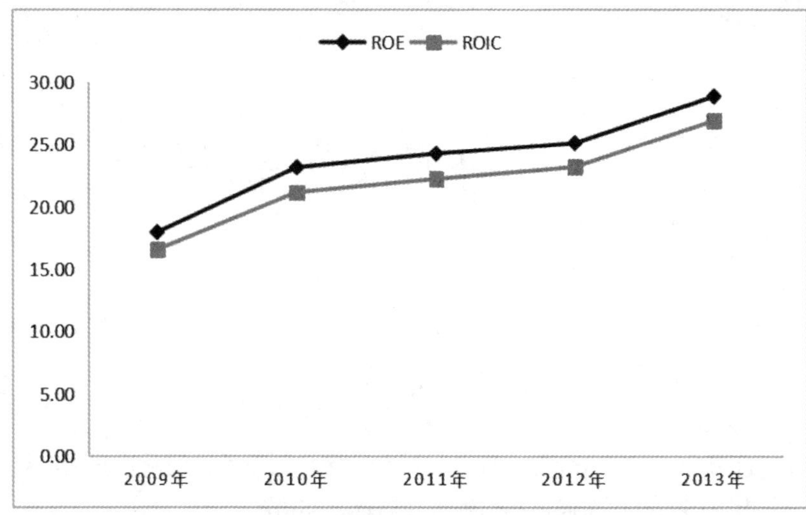

图24：ROE、ROIC（单位：%）
来源：并购优塾

这一阶段，总资产周转率稳定，权益乘数下降，因此，ROE上升的最大动力，是销售净利率的提升。2009年至2013年，净利率从8.5%上升至14.68%。

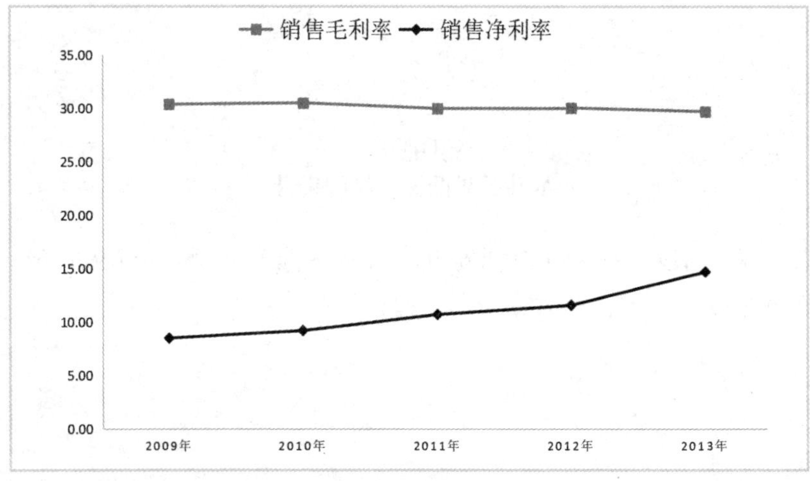

图25：销售毛利率、销售净利率（单位：%）
来源：并购优塾

净利润率上涨，为什么？

首先，从毛利率上看，2009年至2013年，毛利率水平稍微有所下降，主要由于原材料三七价格上涨。这一点，在现金流上也有所体现，由于之前三七涨价太快，2011年，云南白药不得不大量囤货，防止原材料价格持续上涨，导致经营性净现金流为负数。

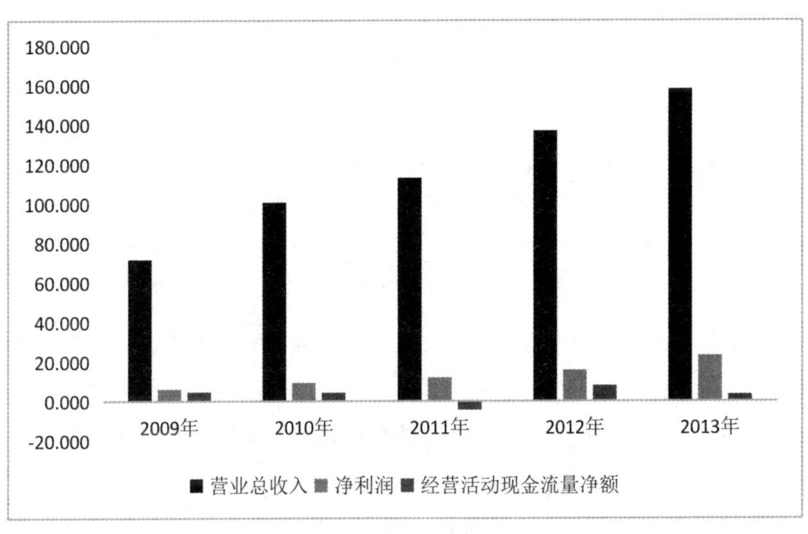

图26：盈利情况（单位：%）
来源：并购优塾

那么，净利率提升，肯定是因为费用减少：2009年至2013年，其销售费用分别为17.25%、16.90%、14.73%、13.62%、12.73%；管理费用分别为3.33%、2.51%、2.81%、2.60%、2.92%；财务费用分别为-0.42%、-0.14%、-0.17%、0.01%、0.05%。

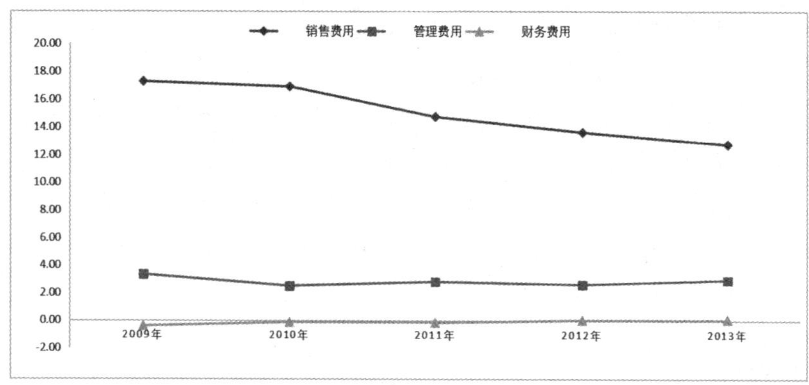

图27：期间费用（单位：亿元）
来源：并购优塾

其中，销售费用下降比较明显，并且，销售费用率也在持续下降，可见，这一阶段和上一阶段（侧翼战时期）产生了较大反差，这说明，前期战役已经取得效果，品牌效应开始凸显。

如果用“销售费用率增速与收入增速”四象限模型来看，云南白药处于第二象限，意味着销售费用的边际效益最高，不仅在品牌中药领域力压片仔癀、东阿阿胶、同仁堂，甚至还超过了宝洁、高露洁这些大牌日化线厂商。

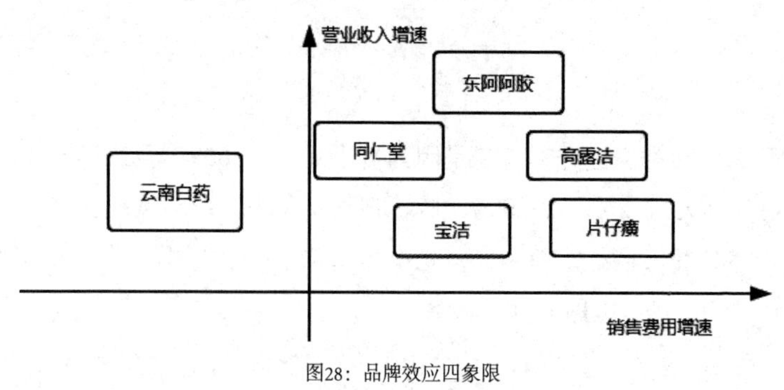

图28：品牌效应四象限
来源：并购优塾

回顾这一阶段的股价走势，云南白药延续了股价大涨的趋势，从27元/股涨到了67元/股，股价上涨了2.5倍。

但是，在估值方面，PE和股价又出现了交叉后分离的现象：2011年之前，PE>股价，PE下降，股价上涨；2011年之后，股价>PE，股价增速大于PE增速。

这是为什么？难道市场对日化赛道又不看好了？其实，这一次的市场预期降温，主要是和营业收入增速放缓有关。从2004年至2013年的营业收入增速、净利润增速数据来看：

2011年以前，营业收入增速保持在30%至40%，而2011年以后，营业收入增速进入换挡增长期，增速下滑至10%-20%。虽然净利润增速仍然高于营业收入增速，ROE不断提升，但是，事实告诉我们，市场对于营业收入增速的反应，常常会过激。

但是，也正是有这样的PE调整，才会给坚持价值投资者入场机会，假如，在2011年末和2012年初，以27倍至30倍PE进场（当时的ROE为24.29%，ROIC是22.25%）且持股至今的话，收益也相当可观。

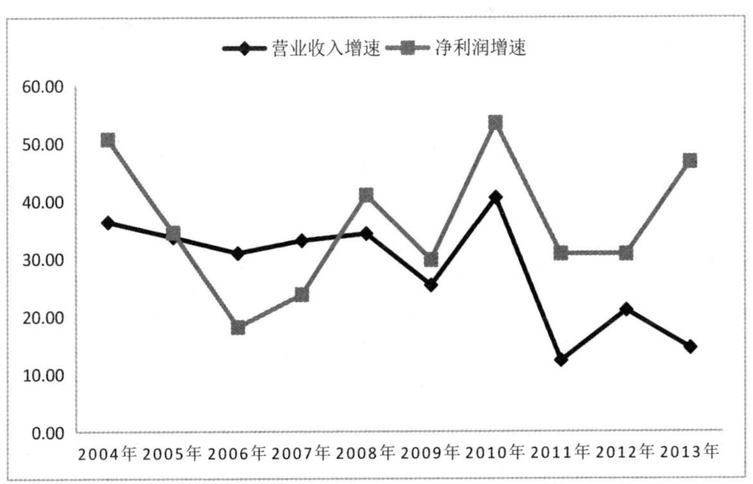

图29：营业收入增速、净利润增速（单位：%）
来源：并购优塾

值得深思的是，任何一家企业，总是会经历成长期到成熟期的转变，那么，面临增速换挡，它又会怎么办?

8

第五阶段
遇到了挺大的瓶颈

果然，2013年至2017年，ROE、ROIC下降，ROE从29%下降至18.6%，ROIC从27%下降至16%。

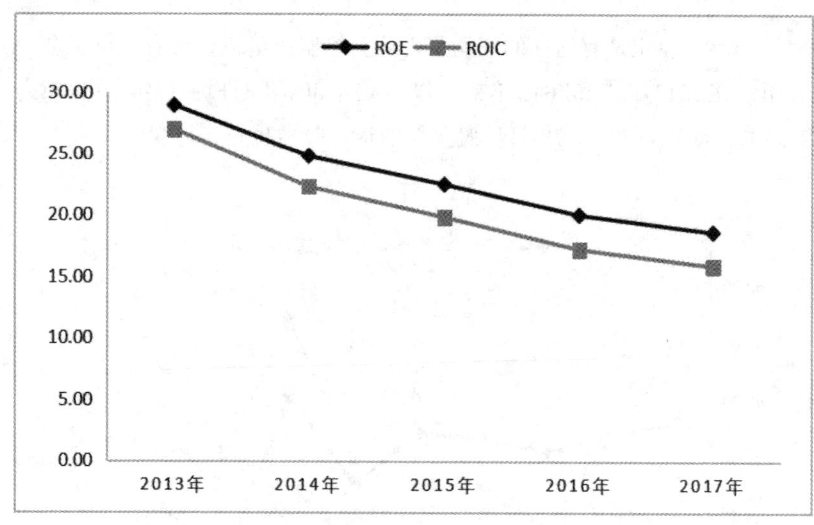

图30：ROE、ROIC（单位：%）
来源：并购优塾

这一阶段，销售净利率稳定，权益乘数上升，从1.4上升至1.53，主要原因是增加借款用来并购。总资产周转率下降，从1.34下降至0.93。

因此，导致ROE下降的主要原因是总资产周转率的下降。具体来看，是应收账款周转率下降的幅度较大。

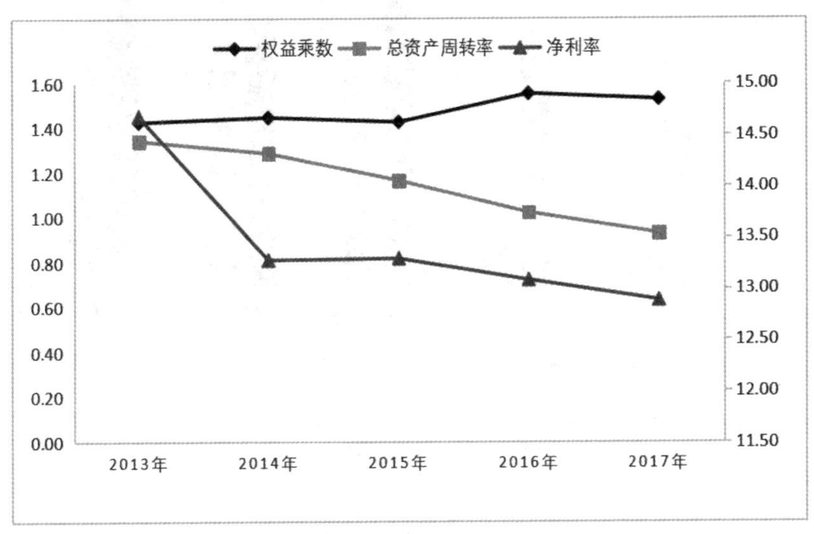

图31：资产周转率（单位：%）
来源：并购优塾

其中，应收账款周转率从34.48下降至21.65，存货周转率从2.44下降至2.15。

通常，应收账款周转率下降叠加存货周转率下降，这是一个危险信号——出货慢，应收账款回款慢，营运资金被大量占用，话语权削弱。2014年至2016年，云南白药的净营业周期变长，分别为91天、90天、95天、111天。

特别是2017年，经营活动现金流净额11.56亿元，远低于净利润31.32亿元，主要原因还是应收账款和存货的增加。

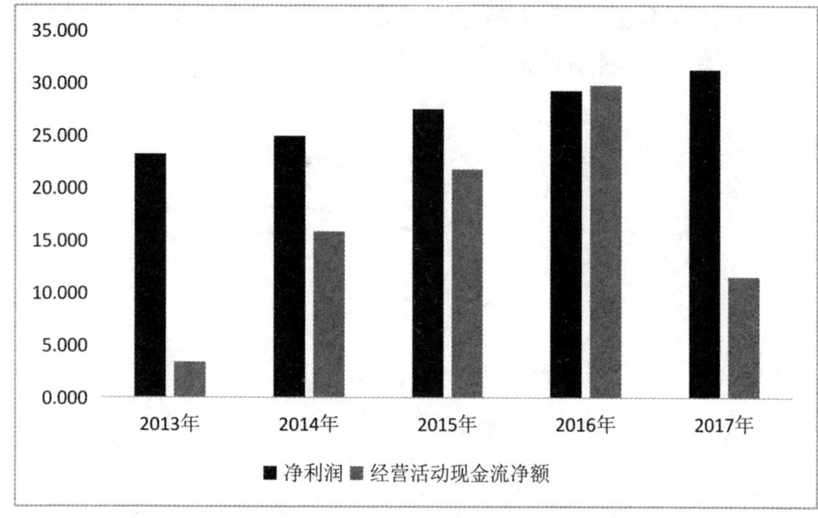

图32：净利润、经营现金流净额（单位：亿元）
来源：并购优塾

所以，想要厘清云南白药这一阶段的经营状况到底发生了什么，并且预判未来的可能性，必须要对应收账款和存货做个细致分析：

先来看存货——存货结构主要以库存商品为主，并逐年增加，2014年至2017年，库存商品占存货比率分别为34%、37%、49%、65%。

2015年至2017年，其并未对存货增加的原因做详细解释，仅在2014年的年报中提到：存货的增加主要是商业存货（流通业务）的增加。因此，对应收入结构来看，这些库存商品大概率是医药流通业务的药品。

	2014年末		2013年末		比重增减	重大变动说明
	金额	占总资产比率	金额	占总资产比率		
货币资金	20.24	12.39%	20.83	16.17%	-3.78%	总资产增加
应收账款	5.55	3.40%	5.36	4.16%	-0.76%	本期销售收入增加
存货	49.83	30.50%	47.57	36.93%	-6.43%	商业存货增加
投资性房地产	0.07	0.04%	0.08	0.06%	-0.02%	总资产增加

表2：存货结构
来源：公司年报

既然存货增加主要是因为流通业务所致，那存货占总资产比率、周转率如何，我们与同期流通行业药企对比：

云南白药——存货占总资产比率为30.50%、29.16%、28.14%、31.27%，存货周转率为2.70、2.72、2.51、2.15；

华润医药——存货占总资产比率为12.90%、12.00%、14.08%、13.32%，存货周转率为8.19、7.97、7.77、7.17；

九州通——存货占总资产比率为26.16%、24.90%、26.21%、23.41%，存货周转率为6.79、6.35、6.21、6.06；

国药股份——存货占总资产比率为18.83%、17.66%、15.81%、13.59%，存货周转率为10.59、10.10、10.65、17.11；

华东医药——存货占总资产比率为20.15%、21.22%、21.34%、21.31%，存货周转率为8.38、7.80、6.98、6.34。

通过与商业流通行业对比，云南白药的存货占总资产比率较高，存货周转率低。不过，如果比较它们的应收账款周转率，就又有大不同。

再来看应收账款——2014年至2017年，云南白药的应收账款及应收票据占总收入的比率为22.34%、22.49%、22.11%、22.73%，其中大部分为应收票据，应收账款占收入比率为2.95%、5.10%、4.52%、5.07%，应收账款占收入比周转率为34.48、25.72、21.66、21.65，其中账龄以一年内到期的为主，占总应收账款的95%以上。

应收账款质量看起来没有大问题，而这一应收账款周转率水平，是高于同行业医药流通公司的：

华润医药——应收账款及应收票据占收入的比率为33%、32%、35%、39%，应收账款周转率为3.98、3.74、3.50、3.23；

国药股份——应收账款及应收票据占收入的比率为23%、22%、24%、28%，应收账款周转率为5.01、4.73、4.59、5.61；

九州通——应收账款及应收票据占收入的比率为15%、17%、18%、21%，应收账款周转率为8.21、6.81、6.24、5.46；

华东医药——应收账款及应收票据占收入的比率为20%、21%、21%、21%，应收账款周转率为5.36、5.11、5.02、4.91。

其中，除了国药股份由于资产重组外，云南白药与其他企业的应收账款周转率都有所下降，这主要与2017年“两票制”实施、中间环节压缩，回款时间变慢有关。

也就是说，虽然存货运营效率下降，但是它的话语权依旧很强。

该阶段，增速换挡以后，云南白药的营业收入增长维持在10%左右，净利润增速略低于营业收入增速，所以，ROE就出现了开头看到的下滑趋势。

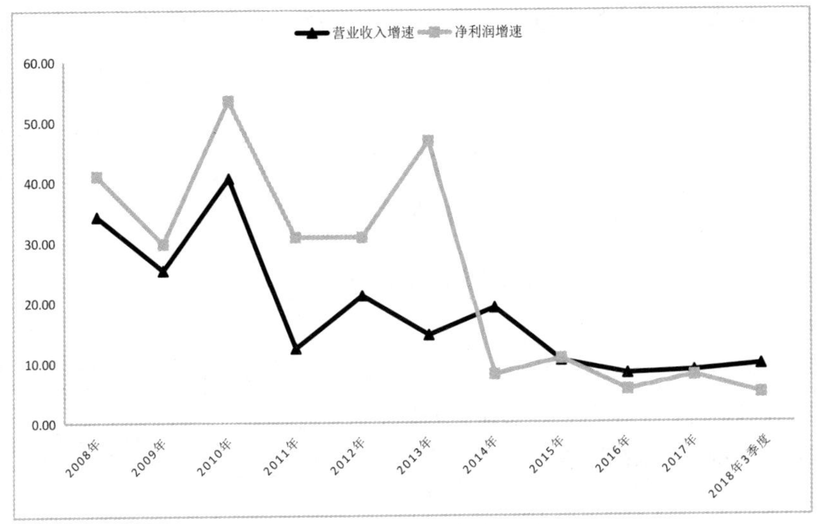

图33：营业收入增速、净利润增速（单位：%）
来源：并购优塾

对比股价和PE，有一个细节值得注意：PE近5年来，就一直保持在20至36倍区间，2015年，即使股价大涨，也是基于牛市的推动，PE还是没什么大变化。

2014年，云南省政府即提出云南白药控股混改意向，之后先后与平安、华润、上海复星、阿里巴巴及新华都等接触谈判。

2016年7月，混改方案落地，国资和民营对云南白药控股股东——云南白药控股持股各50%，新华都持股45%，鱼跃医疗持股10%，云南省国资委持股45%，云南白药控股为云南白药控股股东，持股41.52%，但无实控人。

混改后的复牌，云南白药迎来一轮上涨，股价从67元上涨至102元，几乎上涨了一倍。但实际上，PE从26倍上涨到33倍，上涨空间不大。那么，问题来了：为什么近5年来，市场对云南白药的预期，并不是很强？

9

未来的出路到底在哪里

这或许又得从品牌中药的经营逻辑中，去寻找答案。虽然同属于医药领域，但对于中药企业来说，研发并不是护城河，品牌才是。这一点和创新药、仿制药的逻辑完全不同。

首先，药品分为处方药（Rx）与非处方药(OTC)，处方药重研发、有专利保护，非处方药重品牌、无专利保护。

云南白药产品，主要属于OTC类，并且拥有极其稀缺的牌照——国家绝密级中药配方，全国只有片仔癀和云南白药，享有永久保护的“特权”（也就是说，这一点的护城河，很难撼动）。而其他大众熟知的中药品牌，如东阿阿胶、六神丸（雷允上）、龟龄集（广誉远）都只属于国家保密级中药品种，只是长期保护而已。品牌稀缺性，为它带来了强大的市场定价权。

2009年以前，云南白药核心产品及普药产品每隔两三年就会提价10%~15%，即便近期受到一些市场质疑，但护城河并未被撼动，未来也仍然还有提价空间。而片仔癀近10年提价了11次，价格上涨了3倍，甚至就算过期药都能拍出高价。

目前，从品牌的生命周期看，云南白药仍处于上升期，其销售费用率复合增速在提升，预收账款占收入比重增速也在提升。

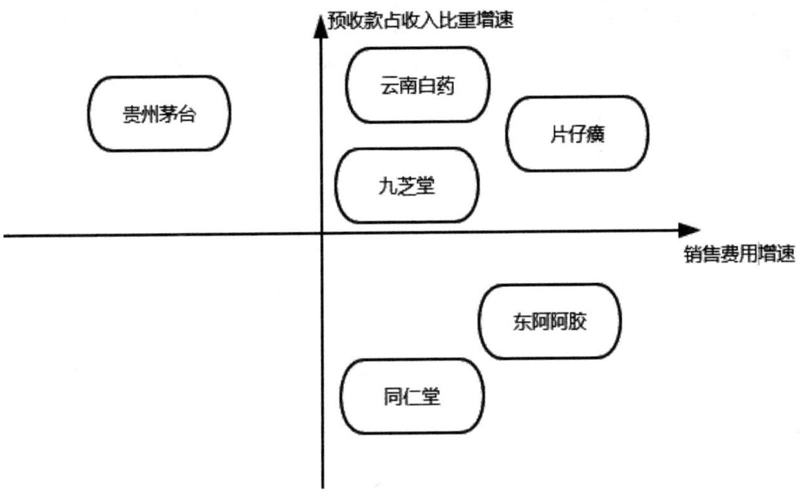

图34：品牌实力四象限
来源：并购优塾

所以，稀缺的品牌护城河，实际也为它在日化领域的侧翼战，奠定了基石。成功切入日化消费品赛道，对于云南白药来说，是其有史以来基本面最关键的转折点——而这一点的变化，让其走上了“中国版强生”的道路。目前，其日化产品线布局如下：

（1）口腔护理：代表产品为云南白药牙膏，市场占有率第二，反超佳洁士、高露洁；

（2）伤口护理：云南白药急救包，推出合作联名款；

（3）皮肤护理：采之汲护肤系列、养元青洗发水等；

（4）女性产品：好日子卫生巾系列。

目前，日化产品已经成为其利润主要驱动力，占利润比重49%，而核心白药系列的利润占比在下降，仅占28%。

可是经历了近十几年的增长，业绩增速开始进入换挡期，整体营业收入增速不及10%，那么，自然要问，未来增长，究竟该看什么？

当然，我们都不是云南白药的管理层，未来怎么样谁也说不准。但是，我们可以对比联想一下，其未来业绩增长的想象空间是什么。

我们认为是：并购。其基本面的混改动作，正是在为开启后续的并购扩张，铺平道路。对标国外巨头来看，强生在战略布局上，也是横跨医药+日化消费品两大赛道，其目前市值3912亿美元，PE约22倍。先来感受下强生的股价走势：

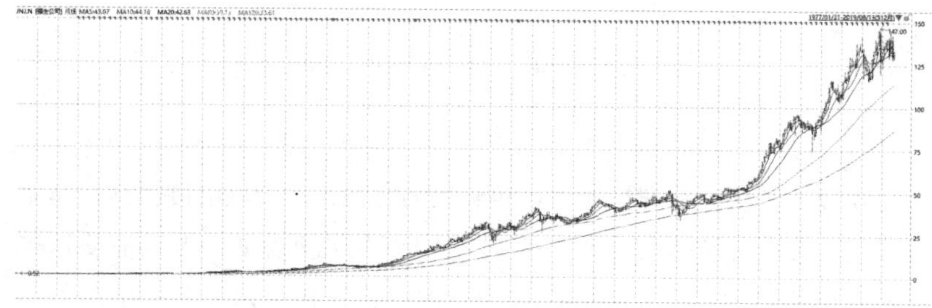

图35：股价图（单位：美元）
来源：wind

强生是全球最大的OTC药品生产商，它靠外伤敷料发家（注意，也是从外伤治疗起家），之后逐步将产业链延伸至儿童护理、创伤护理、女性健康护理、医疗器械、诊断产品等方面。目前，其药品、消费品、医疗器械业务分别占营业收入的47%、18%、34%。

而强生能打造如此庞大的商业帝国，外延式并购是最得力的工具。据统计，强生历史上的并购案，高达100多起，号称“企业收割机”，其中不乏细分赛道龙头企业：

1996年，以7.29亿美元收购皮肤护理企业露得清；

1998年，以35亿美元收购关节置换装置龙头企业DePuy；

2011年，以213亿美元收购全球骨科龙头企业辛迪思，并将辛迪思和DePuy合并。

大举并购，使得其商誉一直较高，2015年至2017年，强生的账面商誉分别为216.29亿美元、228亿美元、319亿美元，占净资产的30.3%、32.38%、53%。

而云南白药，2015年至2017年账面商誉仅有1300万元、1400万元、1400万元，占净资产比率不到0.1%。在并购领域的空间，仍然相当巨大。

除了典型的医药领域，实际上，在日化消费领域，并购也是一种常态。再来举两个例子：

（1）快速消费品公司宝洁（P&G），全球的日用消费品巨头之一，它也成功将并购化为其核心竞争力，其中几个著名的并购案有：

1987年，以1700万美元收购德国Blendax系列产品，包括Blend-a-med和Blendax牙膏；

2001年，以50亿美元收购洗发品牌“伊卡璐”，使其在洗发行业稳坐第一把交椅；

2005年，以570亿美元收购剃须刀巨头企业吉列（Gillette），进军男性护理产品领域……

2015年至2017年，宝洁的账面商誉分别为444亿美元、447亿美元、452亿美元，占净资产的77%、81%、86%。

（2）美妆巨头欧莱雅（L'Oreal SA），历史上也是并购不断：

1995年，以6.6亿美元收购快消美妆品牌美宝莲；
2008年，以11.5亿收购高端美妆品牌YSL（圣罗兰）；
2016年，以12亿美元收购美国高端彩妆护肤品牌IT Cosmetics。

2015年至2017年，欧莱雅的账面商誉分别为121亿美元、126亿美元、136.71亿美元，占净资产的46%、48.8%、45.9%。

综上，云南白药的基本面，已经从第二个关键关口的逻辑（药品——消费品），进入第三个关键关口（消费品——并购扩张）。唯有并购，能够更加合理的运用其现有品牌护城河、渠道护城河，打开未来业绩增速窗口。

你可能会发现，整个报告研究到这里，我们根本没有提及前段时间市场对其牙膏“药物成分”的质疑——为什么，因为这一点我们从产业分析角度，认为不值一提，媒体噱头而已，无法撼动其长远护城河。

而正由于市场对坏消息的过度放大，才会导致股价在估值中枢上下不合理的波动。而类似的市场博弈，才造就了巴菲特价值投资理论发挥的空间。

回到本案，站在现在的时间点上，经历了2018年下半年熊市洗礼的云南白药，它现在的估值，到底在什么水平？

10

未来业绩将会怎样

2017年，云南白药的商业流通、白药系列、日化品、中药材分别占营业收入的57%、20%、18%，5%，由于4个赛道的行业增速区别较大，因此，我们分开来预测。

第一步，测算收入规模。

流通板块——云南白药流通板块，3年历史复合增速为11%，2017年同比增速为7.9%，行业增速为8%，综合“两票制”对流通行业带来的影响，取8%作为未来的增速。基于此，测算出商业流通3年营业收入为：154.27亿元、166.61亿元、179.94亿元。

白药系列药品——近年来销售额略有下降，整体处于负增长，近3年平均增速为-1%，2017年同比增速为2.5%，综合考虑，药品部分增速取0%，保持稳定。基于此，测算出药品3年营业收入为：50.43亿元、50.43亿元、50.43亿元。

日化板块——大健康类产品具有品牌效应，并且营销力度强，保持高速发展，3年复合增速为20.86%。基于此，测算出日化品3年营业收入为：40.45亿元、55亿元、66.56亿元。

中药板块——中药板块上市时间较晚，其历史增速不具有参考价值，因此采取中药饮片行业的增速，2017年中药材行业增速为11%。基于此，测算出中药3年营业收入为：12.9亿元、14.32亿元、15.89亿元。

综上，云南白药2018年至2020年的营业收入预测为258.05亿元、

286.36亿元、312.82亿元，此处如果将净利润率取均值13%，那么净利润为33.55亿元、37.23亿元、40.67亿元。

	2018年	2019年	2020年
商业流通	154.27	166.61	179.94
白药品	50.43	50.43	50.43
日化品	40.45	55.00	66.56
中药材	12.90	14.32	15.89
总营业收入	258.05	286.36	312.82
净利润	33.55	37.23	40.67

表3：业绩预测（单位：亿元）
来源：并购优塾

第二步，对比市盈率的可比区间。云南白药业务范围广，因此我们选取医药+日化+医药流通三类可比公司来对比：

先看医药类：片仔癀——历史PE区间33至63倍；同仁堂——历史PE区间33至52倍；东阿阿胶——历史PE区间20至45倍；强生——历史PE区间15至22倍；

然后，再看日化类：高露洁——历史PE区间17至29倍；宝洁——历史PE区间18至23倍；

再看医药流通类：国药一致——历史PE区间19至44倍；国药股份——历史PE区间18至23倍；中国医药——历史PE区间为17至24倍；

通过以上对比，其中，医药类估值区间普遍最高，除了美股成熟市场的强生外，一般在30至55倍。其次是医药流通类，在18至25倍。

再结合云南白药5年内历史ROIC值（17%至24%），自身历史估值区间在20至65倍。对本案，可选PE合理区间在20至35倍之间，对应股权市值为671亿元至1178亿元。

以上属于估值方法中的可比公司法，以及历史分位值法，但毕竟这两种方法逻辑完善度还有限，一个是基于可比公司历史估值区间，一个是基于自身历史估值区间，并未能考虑未来可能出现的基本面变化。

那么，接下来我们换一种绝对估值的逻辑，接着用DCF贴现模型来做交叉比对。

11

现金流贴现估值方法

云南白药上市时间较长，处于稳定经营状态，经营活动现金流整体较稳定，适用于DCF估值法。我们来分步测算。

第一步，选取业绩增速。我们从历史增速、行业增速、机构预测增速、内生增速几个维度分析。

（1）历史增速——从本案的历史数据看，其2015年至2017年营业收入的复合增速为8%，净利润复合增速为7%。考虑到云南白药牙膏近期被曝出“添加氨甲环酸”，从事件的严重性上看，可能会略微影响其营业收入，我们取6%为历史增速。

（2）行业增速——云南白药属于跨界型企业，涉及日化、医药流通、中成药3个领域。因此，这里综合考虑3个行业的增速：日化7%、中成药制品15%、医药流通8%。

本案，按照各版块占其净利润比率计算综合增速，日化（占比50%）、中药制品（占比30%）、医药流通（占比20%），中药材占比较小暂不考虑，得到加权后的云南白药行业历史增速约为10%。

（3）机构预测增速——我们参考全市场机构分析师的预测数据，2018年至2020年，营业收入增长预测增速分别为10%、11%、11%。

（4）内生增速——上述预测都是基于外部数据，我们再通过“内生数据”来预测业绩增速用作辅助判断。预期利润增长率（内生增速）=资本报酬率×（1-分红率），即内生增速=ROIC×收益留存率。经我们计算，2008年至2017年留存收益率为77.45%、71.47%、50.33%，均值为66.42%。资本报酬率用ROIC衡量，2008年至2017年的ROIC平均值为18%。

测算下来，其内生的预期利润增长率约为12%。

综上，历史增速（6%）、行业增速（10%）、机构预测增速（11%）、内生增速（12%）。因此，我们按照乐观、保守算法，取增长率为12%、6%，永续增速按照乐观、保守取值为6%（GDP增速）、3%（CPI增速、无风险利率），进行现金流贴现估值。永续增速选择6%、3%的组合，是考虑到医药领域的抗周期属性，以及长期增长前景。

第二步，确定营业利润率。云南白药的业务稳定，5年内毛利率都稳定在30%左右，营业利润率保持在16%至17%。因此，根据历史数据预测，取2017年的营业利润率15%作为基期数据。

第三步，确定资本支出。资本支出，包括维持基本业务的必要投入，以及扩张性资本支出，是企业为了扩张购置资产的支出，云南白药属于较轻资产运营，因此资本支出较少。

2015年至2017年，资本支出为1.36亿元、1.4亿元、1.93亿元，主要为维持业务的基本投入。这里取2017年资本支出1.93亿元，作为基期数据。

第四步，确定折旧/摊销的增加额。由于云南白药资本支出运营情况稳定，未来的折旧增加额取决于未来的再内生增速的情况，因此这里假设云南白药的折旧增速与预期增长率一致。因此，取内生增速12%作为折旧/摊销的基期数据。

第五步，确定营运资本的变动。营运资本代表着一家企业投入到企业运营中的成本，如果这个比率越小，说明行业话语权越强。比如，占有上游资金，或者延期付款，甚至加大预收款等行为，都会降低营运资金的比率。

当前，云南白药的营运资本占营业收入的比重很高，主要是云南白药主要业务为商业流通，其业务性质决定受上下游资金占款较大。所以，预测未来的营运资本占营业收入比率会长期处于较高水平，因此取3年平均水平值34%。

第六步，预测永续期的资本支出占折旧的比率（资本支出/折旧）。通常，如果一个企业属于重资产运营，那么未来，其资本性支出占折旧的比率，需要维持大于1（资本支出/折旧＞1），才能保证收入永续增长的同时，有相当规模的资产做支撑。假如企业属于轻资产运营，那么其主要支出为人工费用，则资本支出小于折旧比率（资本支出/折旧<1）。

云南白药，据上文分析，部分业务委外加工，固定资产仅占总资产6.3%，近3年资本支出金额较小，因此属于轻资产制造业，那么，我们就假设其永续期的资本支出占折旧的比率为80%，即：未来资产支出小于折旧，保持轻资产运营。

经过上述几步的预测，自由现金流=息前税后利润+折旧与摊销-营运资金增加-资本支出，可以测算各期自由现金流的取值，具体如下：（见表4）

第七步，贴现率。通常，我们采用加权平均资本成本（WACC）作为贴现率。本案，资金来源为股权资本和公司债券，我们分别来看。

首先是股权成本，主要根据无风险收益率、贝塔系数、股权风险溢价来确认：

无风险收益率Rf，取5年期国债收益率3.18%；贝塔系数，使用云南白药证券投资回报率与上证综合指数回报率，取值0.82；平均资本收益率Rm，我们取5年上证综指平均收益率9.96%。

综上，可得股权资本成本Re为：8.74%。

再看债务成本。据《云南白药集团股份有限公司公开发行2016年公司债券（第一期）发行公告》，其5年期债券发行规模为人民币9亿元，发行价格每张100元，票面利率2.95%，所得税率为15%。

这样，计算的债权资本成本De为：2.51%。

股权资本占比97.6%，债务资本占比2.4%，所以WACC我们取值8.59%。

第八步，估值。综合以上假设，经过现金流贴现数据计算得到，企业价值在531亿元至1107亿元区间，扣除净债务18亿元，因此，股权估值区间在513亿元（保守数据）至1089亿元（乐观数据）区间，对应2017年PE估值区间在16倍至35倍。

目前，云南白药的PE值为23倍，市值为732亿元。也就是说，前期被市场质疑、调整了这么多，目前估值处于中枢附近。

纵观云南白药历史，其PE-TTM最低值为16倍左右，再结合ROIC的值考虑，PE取值在20倍以下，其安全边际相对较高，但是在35倍以上，则可能安全边际较低。当然，任何人在任何时候、采用任何估值方法，都不可能对一家企业的合理价值做出百分之百准确的测算，无论什么样的估值逻辑，都要最终建立在基本面分析的基础之上，因而，以上的估值并不具备参考价值。所有的研究，都必须你自己独立判断。

最后，整体研究结束后，再补充两个需要注意的风险点：

（1）股东背景要注意：

股东之一，某医疗器械公司，曾爆过内幕交易问题。2018年5月，该公司董事长涉嫌内幕交易受到证监会处罚3700万元。

股东之二，新华都，资本运作的老玩家，自身业绩惨淡，近5年业绩大幅下滑，2015年、2017年净利润出现亏损，分别为-3.95亿元、-0.685亿元，负债率较高，2015年高达82%，2017年为54.18%。

（2）存货与应收账款周转率倒置

云南白药的主要收入来源为商业公司承担，通过与同行商业流通公司对比，其存货周转率明显较高、应收账款周转率较高，与同行业存货周转率高、应收账款周转率低存在明显的倒置。对于一家走消费类路线的龙头企业，后续需要关注这两方面财务数据的变化。

整体来看，本案基本面底子优良，但未来必须密切关注公司治理结构，如果治理结构合理，那么它通过并购、走上“中国版强生”的路径将进一步明确。而如果治理结构未能合理优化，高位滑落也不是不可能。一旦能够面见管理层，上述风险点，应该是你需要向其提出的最关键问题。

本报告参考资料如下，特此鸣谢

[1] 三七历史价格分析，康美中药网原创，2014-10-23

[2] 王明辉，执掌云南白药集团17年，销售收入增长近200倍，他说“平台就是竞争力”，哈佛商业评论，2017-05-13

[3] 突两翼初步告捷，调高全年业绩预测，招商证券，2005-7-29

本文发布于2019年2月9日

	基期	1	2	3	4	5	6	7	8	9	10
收入增速		8.00%	8.00%	12.00%	12.00%	12.00%	10.80%	9.60%	8.40%	7.20%	6.00%
折旧增速		12.00%	12.00%	12.00%	12.00%	12.00%	10.80%	9.60%	8.40%	7.20%	6.00%
收入金额	243.15	262.60	283.61	317.64	355.76	398.45	441.48	483.87	524.51	562.28	596.01
1-息税前利润率	96.59%	93.28%	89.96%	86.64%	83.32%	80.00%	81.60%	83.20%	84.80%	86.40%	88.00%
营业成本费用	234.87	244.94	255.13	275.20	296.42	318.76	360.25	402.58	444.79	485.81	524.49
EBIT	8.28	17.66	28.48	42.44	59.34	79.69	81.23	81.29	79.73	76.47	71.52
税率	18.00%	18.00%	18.00%	18.00%	18.00%	18.00%	18.00%	18.00%	18.00%	18.00%	18.00%
EBIT (1-t)	6.79	14.48	23.36	34.80	48.66	65.35	66.61	66.66	65.38	62.71	58.65
折旧摊销	2.89	3.24	3.63	4.06	4.55	5.09	5.64	6.18	6.70	7.19	7.62
资本支出	1.93	2.08	2.25	2.43	2.63	2.84	3.49	4.14	4.79	5.44	6.09
营运资本变动	6.68	6.61	7.14	11.57	12.96	14.52	14.63	14.41	13.82	12.84	11.47
自由现金流	1.07	9.02	17.59	24.86	37.62	53.09	54.14	54.29	53.47	51.61	48.70

表4：乐观自由现金流（单位：亿元）

来源：并购优塾

白云山

王老吉背后的资本故事

天，我们要研究的这家公司，上市近20年间，前复权股价从最低点2.78元，上涨至最高点46.56元，其间最大振幅达到1574.82%。来感受一下它的走势。

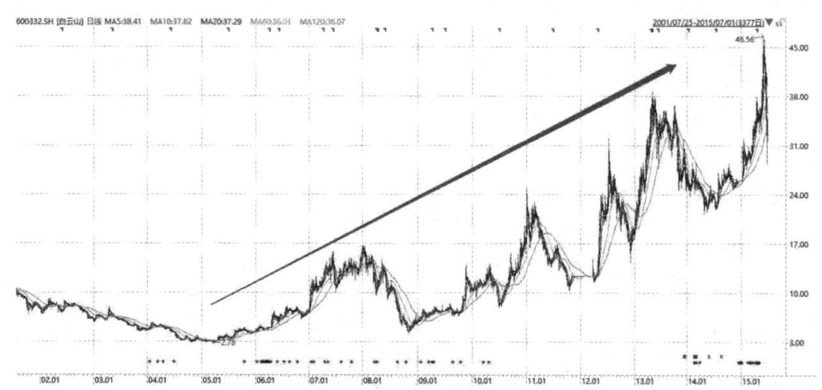

图1：股价图（单位：元）
来源：wind

它，就是白云山。提到白云山，大家的第一印象一定是——制药巨头。但是，其实我们得告诉你，你错了。如果翻看它的历史收入结构，会惊奇地发现，在2018年之前，它的收入主要来源于大健康业务，而其中收入贡献最大的，其实是：王老吉凉茶。

原来，这是一家藏在医药公司中的“食品饮料”公司。并且，它在A股医药公司的总市值中，居然排名第九，甚至超过上海医药（521亿元）、华东医药（488亿元）、信立泰（272亿元）等一众医药巨头。

注意，从业绩增速来看，增长极快：近3年营业收入年复合增速为45.19%，净利润年复合增速为50.56%，增速极高，且净利润增速高于营业收入增速，呈现明显的成长股特征。2018年，其营业收入增速、净利润增速分别为101.55%、66.78%，在A股医药公司中排名第二，甚至远高于恒瑞药业（营业收入增速25.89%，净利润增速23.33%），以及港股石药集团（营业收入增速36%，净利润增速31.92%）。

那么，不得不问一个问题：这样的增速，如何来的？

在整个医药行业都被大幅杀估值的“集采”黑天鹅面前，传统医药行业的巨头，股价都大幅度下降，比如，恒瑞药业下跌超30%、中国生物制药下跌65%、石药集团下跌61%。但是，白云山受到的影响却极小，只下跌了22%。

只是粗略地分析了一下数据，很多值得思考的问题就已经来了：

（1）其畅销产品——王老吉凉茶，究竟在市场上有什么竞争优势？王老吉与加多宝，曾经因商标纠纷，闹得满城风雨，现在，王老吉又表现如何？

（2）本案业务范围覆盖医药商业、制药、食品饮料，未来的竞争优势究竟在哪？

（3）2018年新增的医药商业业务，在两票制等医药政策出台后，受到的影响有多大？

（4）在医药股全线下跌的时候，它却依然坚挺，目前其PE大约为18倍，这样的估值水平，究竟处于什么样的区间？到底是贵了，还是便宜了？

1

巨头，到底什么来路？

白云山，成立于1997年，其控股股东为广药集团，持股比率为45.04%。

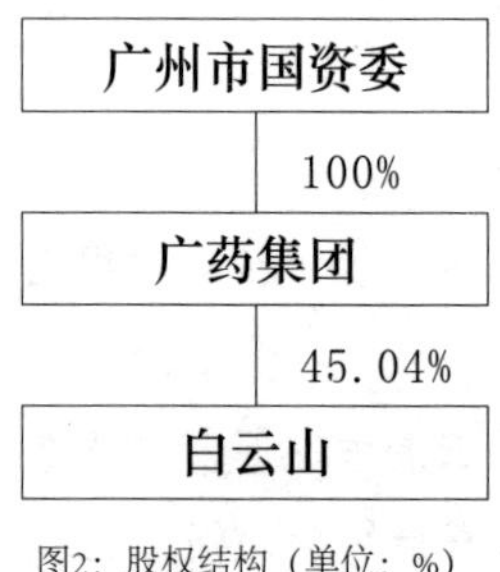

图2：股权结构（单位：%）
来源：公司年报

从业绩体量来看——2016年至2018年，其营业收入分别为200.36亿元、209.54亿元、422.34亿元；净利润分别为15.59亿元、21.19亿元、35.34亿元；经营活动现金流净额分别为24.45亿元、18.34亿元、52.17亿元；从盈利能力来看——毛利率分别为33.06%、37.66%、23.84%；净利率分别为7.78%、10.11%、8.37%。

从业绩增速来看，近3年营业收入年复合增速为45.19%，净利润年复合增速为50.56%，增速极快，而且净利润增速高于营业收入增速。

同时需要注意的是，2018年营业收入和净利润远超2017年，背后的原因是：并购。由于它收购了广州医药30%股权，实现并表，导致营业收入、净利润大幅度上涨。

从资产结构来看——2018年，其资产总额为514.82亿元，其中前5大资产分别为货币资金（31.3%）、应收票据及应收账款（26.52%）、存货（17.93%）、固定资产（6.15%）、其他流动资产（4.15%）；负债总额为283.38亿元，其中占比较高的为应付账款（18.09%）、短期借款（11.47%）。

从利润结构来看——2018年营业收入为422.34亿元，其中76.16%花在营业成本上，11.97%花在销售费用上，4%花在管理费用上，投资收益占比为3.01%，最终净利率为8.37%。

其营业收入主要来源于3大块：大南药（医药制造）、大健康（饮料、食品等）、大商业（医药商业）。其中：大商业是它的主要收入来源，收入占比为54.18%，其次为大南药（占比为22.95%）、大健康（占比为22.6%）。由于医药商业的毛利率较低，因此，它的主要毛利来源为大南药，毛利占比为42.09%，其次为大健康（41.73%）、大商业（15.93%）。

（1）大南药板块：医药制造业务主要生产中西成药、原料药等产品。其中，主要中药产品包括消渴丸、华佗再造丸、复方丹参片系列、板蓝根颗粒系列、清开灵系列等。化学药产品主要包括抗菌消炎药及男科用药。

（2）大健康板块：主要为饮料、食品、保健品、药妆等产品的生产和销售，主要产品包括王老吉凉茶、灵芝孢子油胶囊、润喉糖、龟苓膏等。其中，收入主要来源于王老吉凉茶。

（3）大商业板块：主要经营医药流通业务，其子公司广州医药是华南地区医药流通的龙头企业，全国排名第5。

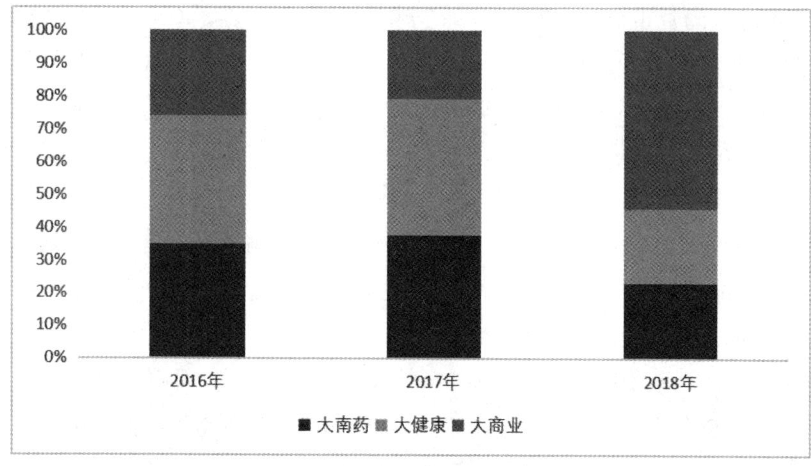

图3：收入结构（单位：%）
来源：并购优塾

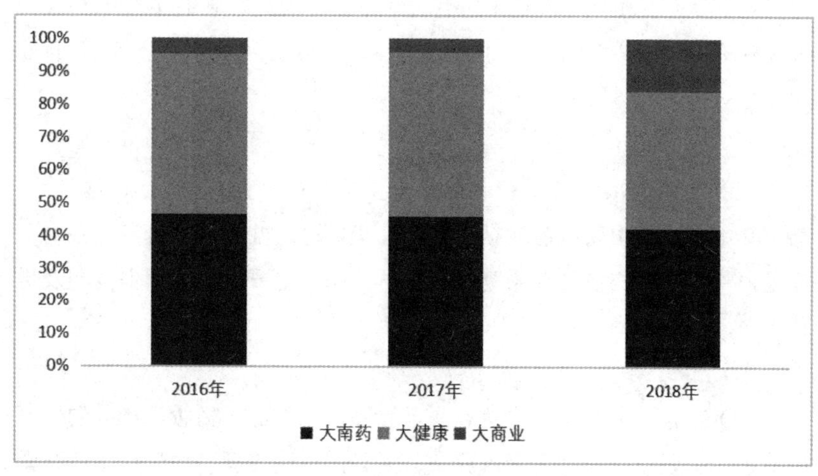

图4：毛利结构（单位：%）
来源：并购优塾

由于白云山在2018年之前主要的收入和毛利来源均是大健康板块（王老吉凉茶、灵芝孢子油胶囊、润喉糖、龟苓膏等），因此，在研究本案之前，先来回顾一下饮料行业的产业链。目前，饮料行业产业链主要分为3个层次——农业生产、农产品初加工、农产品深加工。

（1）农业生产：主要包括果蔬、糖料等原料的生产种植，平均毛利率在10%左右，代表公司包括隆平高科等；

（2）农产品初加工：主要包括果蔬汁、糖等食品加工，平均毛利率为10%~20%，代表公司包括中粮糖业、梅花生物等；

（3）农产品深加工：主要包括饮料、乳制品、酒类等生产，平均毛利率为20%~35%，代表公司包括伊利股份、贵州茅台等。

通过对比，在整个产业链上，农产品深加工的毛利率最高，而本案白云山的主要产品王老吉就属于深加工产品。

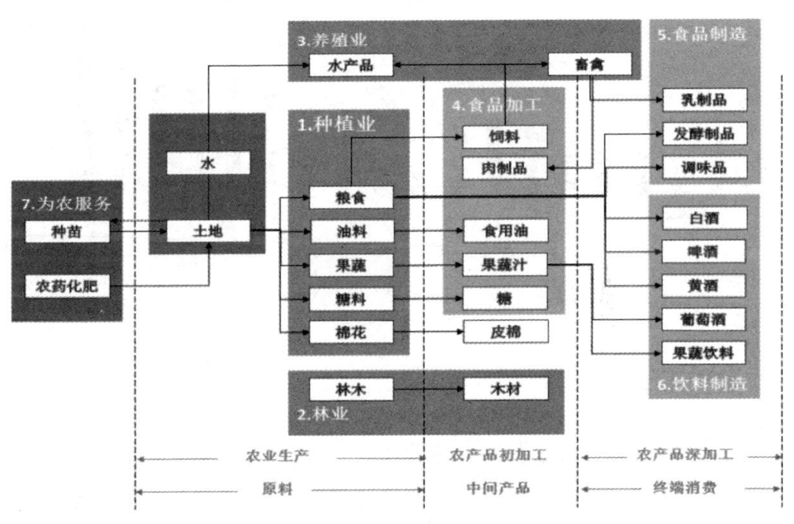

图5：产业链
来源：中信建投

纵观其历史，大致可分为四个阶段：第一阶段：2001年至2007年（业绩波动,ROE上升）；第二阶段：2008年至2012年（合并范围缩小，ROE回升）；第三阶段：2013年至2017年（集团重组上市，ROE下降）；第四阶段：2017年至今。

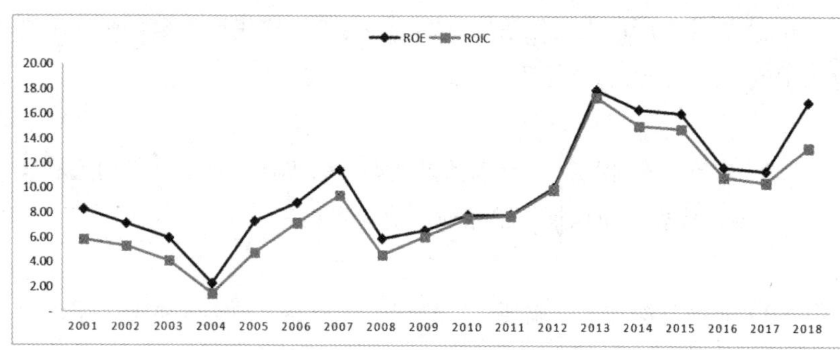

图6：ROE、ROIC（单位：%）
来源：并购优塾

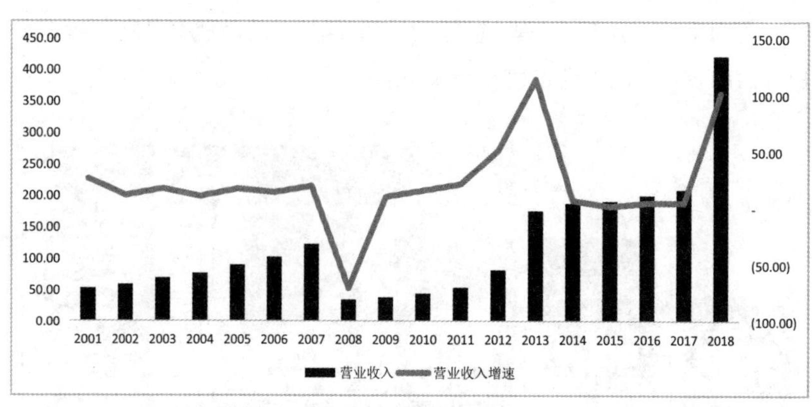

图7：营业收入，营业收入增速（单位：左：亿元、右：%）
来源：并购优塾

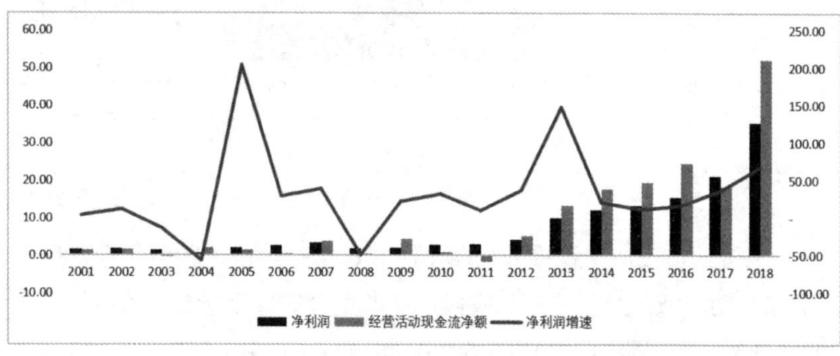

图8：净利润、经营活动现金流净额及净利润增速（单位：左：亿元、右：%）
来源：并购优塾

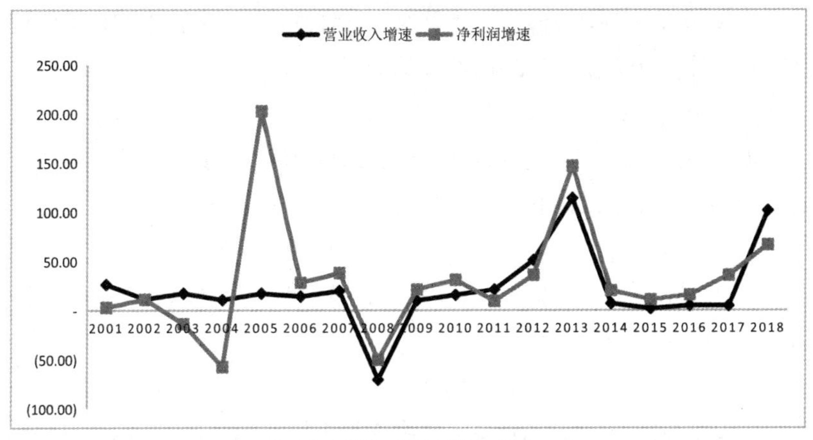

图9：营业收入增速、净利润增速（单位：%）
来源：并购优塾

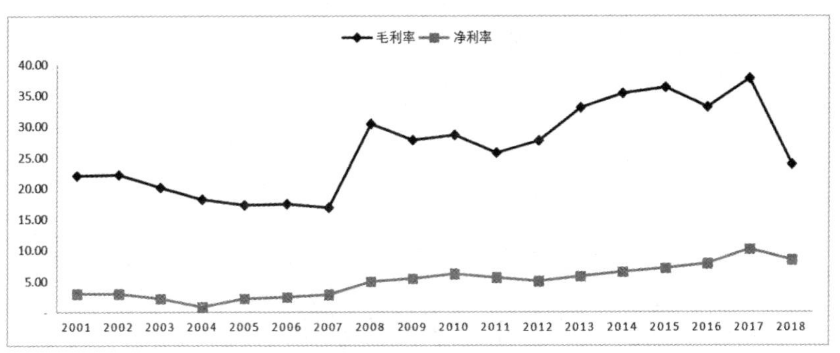

图10：毛利率、净利率（单位：%）
来源：并购优塾

综合来看，如果要厘清本案的基本面，必须深挖以下几点细节：

（1）第一阶段，它的ROE、ROIC整体呈上升趋势，但是在2004年却骤降，这一年究竟发生了什么？

（2）第二阶段，为什么它的ROE、营业收入、净利润、资产规模整体下了一个台阶，而第三阶段又整体大幅度上升？

（3）从毛利率情况来看，为什么第二阶段、第三阶段毛利率整体较上一阶段上一个台阶，但2018年却大幅度下降？

（4）现金流方面，为什么2011年它的经营活动现金流为负，第四阶段现金流又大幅超过净利润？

（5）2018年，它的ROE、营业收入、净利润、资产总额均大幅度上涨，这一年究竟发生了什么？

（6）从估值方面，为什么第四阶段它的业绩不断上涨，但是PE却不断走低？

带着以上问题，我们逐个复盘。

2

刚上市，业务就这么复杂?

第一阶段，其ROE和ROIC整体呈上升趋势，ROE从2001年8.24%上涨至2007年11.46%，ROIC从2001年5.82%上涨为2007年9.38%。

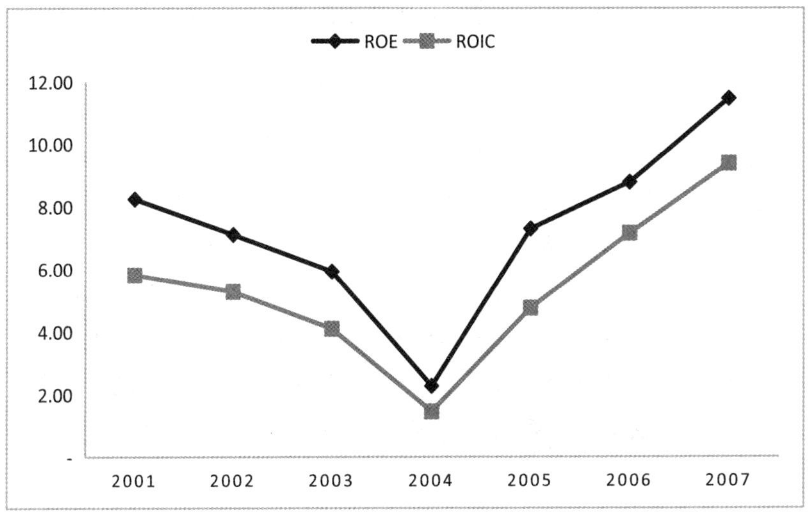

图11：ROE、ROIC（单位：%）
来源：并购优塾

影响这一阶段ROE和ROIC的主要因素是净利率。

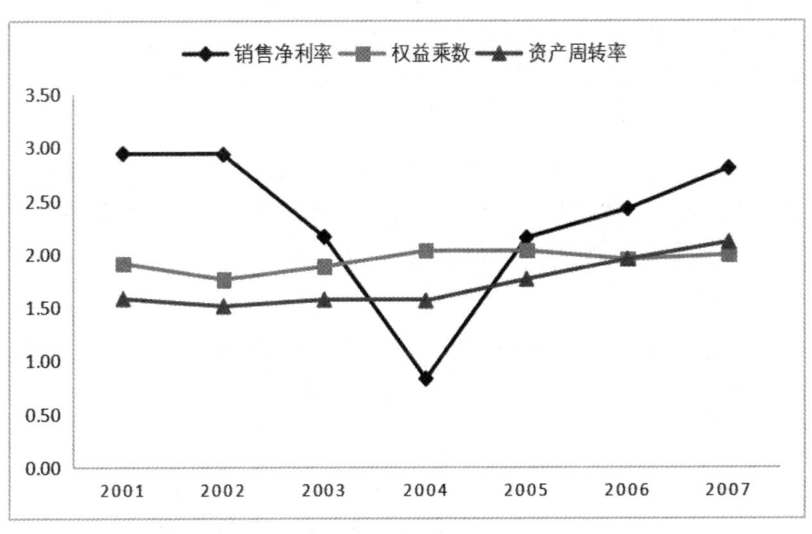

图12：杜邦分析
来源：并购优塾

此处，我们需要思考的是：1.为什么净利率先降后升？2.净利率为什么在2014年跳水？

从业务逻辑里找答案：上市初期，它的上市主体不叫白云山，而叫广州药业。其主营中成药和医药贸易。其中，主要收入来源于医药贸易，占比为76.9%，而利润主要来源于医药制造，占比为76.42%。

中成药业务——根据1999年销售额，广州药业曾是我国最大的中成药制造商。主要产品为消渴丸（用于治疗糖尿病）、华佗再造丸（用于治疗和预防心脑血管疾病）等中成药，另外还包括王老吉系列饮料产品。

医药贸易业务——主要集中在华南地区，是华南地区的龙头企业。

但是上市后不久，它的两大业务就遇到了行业困境。分别来看：

中成药业务方面：由于这一时期我国加强对制药企业生产车间GMP认证，广州药业开始加大对其生产设备的改造，导致它的折旧从2001年0.67亿元上涨至2007年1.13亿元，涨幅达到68.66%，成本也随之提升。

加之，由于2003年“非典”疫情暴发，导致当年中药材需求量上涨，中药原料价格也随之上涨，2003年，300种常用大宗药材销售量同比上涨25%至48%，销售额同比上涨33%至42%。

以上两方面原因，导致它的中成药业务的成本上升、毛利率下降。毛利率从2002年的53.73%，下降至2007年的50.25%。

同时，它的医药贸易业务方面，也遇到了困难。这一时期，广州市全面开放医药零售市场，并实行医院用药招标，医药市场竞争激烈。

2002年左右，平价药房开始在广州兴起，代表药房为金康、特别、老百姓、保利等。

加之，国家开始对药品限价，所以，医药贸易的毛利率也出现了下降，从2001年8.7%下降至2007年5.89%。

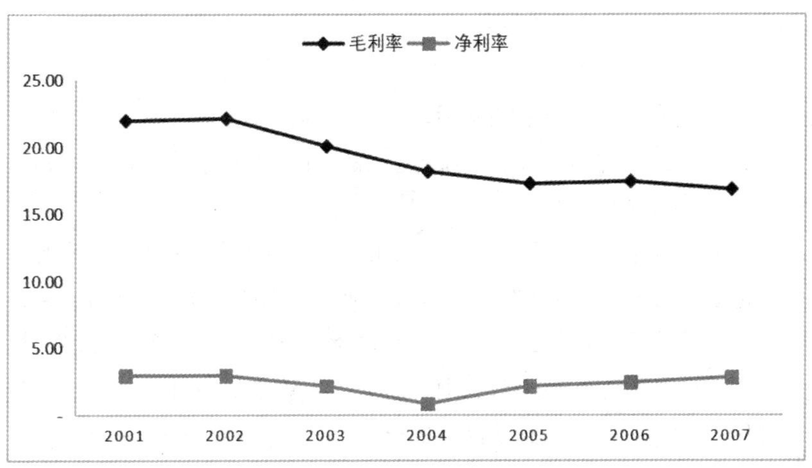

图13：毛利率、净利率（单位：%）
来源：并购优塾

直到2004年，由于它主要销售中药材和中成药的子公司——广州市药材公司，库存出现积压，当年计提了存货跌价准备，导致2004年净利率大幅度下降。

不过，随后，它通过控制管理费用，使净利率出现回升，管理费用占收入的比重从2004年8.52%下降为2007年4.12%，净利率同步反弹，从2004年0.83%上升为2007年2.8%。

看到这里，请注意，在这一阶段，它还并不涉及凉茶产品的销售。

其旗下的王老吉品牌，历史最早可追溯至清朝道光年间。1949年后王老吉品牌被划归广州药业旗下，但是由于宣传力度不足，凉茶生意一直不温不火。

直到1997年，加多宝的创始人陈鸿道在其中看到了商机，与广州药业的母公司广药集团签订王老吉商标使用合同，由其独家销售红罐王老吉凉茶，并每年支付商标使用费。

陈鸿道拿到王老吉的品牌后，其在品牌营销上下足了功夫，一句“怕上火，喝王老吉”，将它从原本小众的饮料，变成了功能性茶饮料。

眼看着红罐王老吉在市场崭露头角，广州药业的子公司——王老吉药业也坐不住了，立刻采取了“跟随政策”，2004年当年便推出了绿罐王老吉。受益于加多宝公司多年的品牌经营做铺垫，绿罐王老吉凉茶上市后，迅速放量，2005年就销售过亿，2005年至2006年的营业收入增速超100%，2007年也是77%的高速增长。

但是，面对王老吉这块“肥肉”，广州药业却做了一个不同寻常的举动：2005年，子公司王老吉药业增资扩股，使得广州药业持股比率从92.48%降至48.05%，于是，王老吉药业从子公司变成了合营公司。

按照当时的会计准则，广州药业对其会计处理，由原来的“全额合并”改为“比率合并”。之后，2007年新会计准则取消了比率合并法，因此王老吉药业不再并表。

为什么放着一大块肥肉不并表，反而是计入投资收益里？

此处真实原因无从得知，或许是出于规模体量对其贡献有限的考虑。这时候广州药业的规模在100多亿元，而王老吉药业，虽然销售过亿，但整体营业收入、净利润规模还不算大，所以，对其财务数据影响有限。

综上，这一阶段，它的营业收入增速稳定在15%左右，但是由于受毛利率下降、子公司亏损等因素影响，净利润增速波动较大。

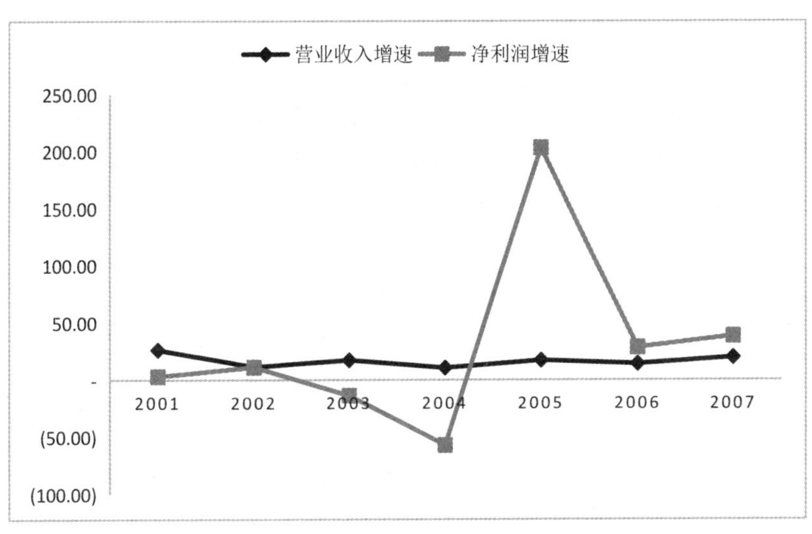

图14：营业收入增速、净利润增速（单位：%）
来源：并购优塾

从估值来看，由于业绩不佳，这一阶段它的股价始终在低位震荡。而受前期ROE下降以及管理层调整等因素影响，它的PE从上市初的78倍下降至2007年50倍。

整体来看，这一阶段主业表现一般，股价表现平平，还没有出现亮眼的畅销产品。

并且，据数据显示，在2007年，王老吉的销售额已经突破50亿元，超越可口可乐、红牛等，成为年度全国罐装饮料的销售第一。那么，日益增长的红罐凉茶业绩与收益分配不平衡之间的矛盾，未来又会如何？

3

怎么抢回王老吉?

2008年，它的ROE从2007年11.46%下降至5.9%，而ROIC从2007年9.38%下降至4.58%，较上一阶段整体下了一个台阶，但随后ROE、ROIC又恢复至10%左右。

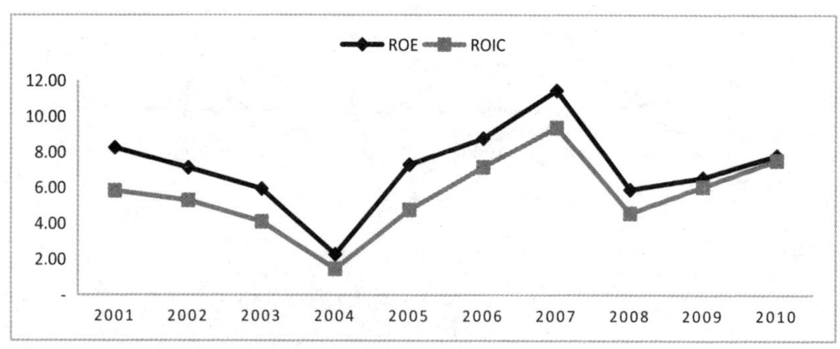

图15：ROE、ROIC（单位：%）
来源：并购优塾

那么，此处有两个问题要解决：（1）2008年，它的ROE、ROIC为什么会大幅度下降？（2）之后拉动ROE、ROIC增长的因素是什么？

先来看第一个问题：2008年，它的ROE、ROIC为什么会大幅度下降。通过杜邦分析法拆分，2008年，ROE和ROIC大幅度下降的主要因素是总资产周转率下降。

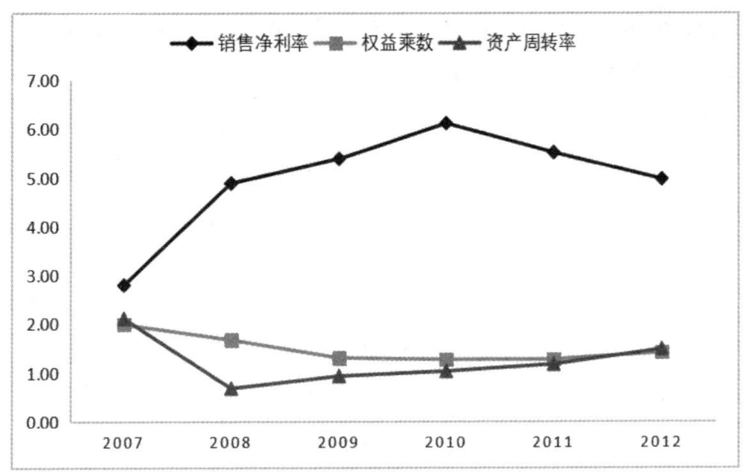

图16：杜邦分析
来源：并购优塾

2008年，其旗下子公司——广州医药（广州医药主营医药贸易，本案主角名为广州药业，注意区分）进行增资，广州医药的持股比率被稀释降至50%，广州医药也从原来的子公司变成了合营公司，也不再并表。

当时，广州医药的业务规模，已经在全国排名第5。由于不再并表，其利润贡献变成投资收益。所以，广州药业的投资收益从2007年的0.38亿元，上涨至2008年1.87亿元，涨幅达到392%。

正是因为不再并表，所以就出现了这样的特殊财务现象：其营业收入、净利润出现大幅度下滑，总资产周转率随之下降，拉低了ROE。

然而随后，ROE、ROIC回升，这又是为什么？

从背后的业务逻辑看：由于中成药讲究品牌和配方，像云南白药、片仔癀这类品牌中药，由于它们的品牌效应强，可以通过不断涨价来提升毛利。但是，广州药业的几款主要产品，虽然收入过亿，但是并不具有稀缺性，品牌效应也比较低。

加之，本案的医药贸易业务受平价药房的冲击，盈利能力也受到一定的影响。

以上两方面综合导致它出现了毛利率下降、存货积压、应收账款周转率变慢的不利现象。受困于应收账款增加、存货积压，这一阶段，它只能在业务逻辑方面下手——开始对应收账款进行催收，并对存货进行清理库存，想轻装上阵。

果然，清理和催收后的效果显著，存货周转率和应收账款周转率均大幅度上升。

其中，存货周转率从2008年2.4次上升为2012年5.58次，应收账款周转率从2008年3.37次上升为2012年16.51次，于是，总资产周转率也从2008年0.68次上升为2012年1.48次。

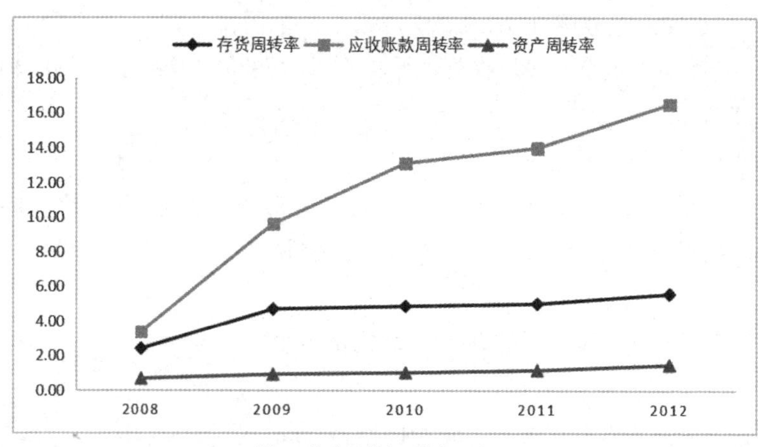

图17：资产周转率（单位：次）
来源：并购优塾

看到这里，还没有结束，除去中成药、医药分销业务外，其凉茶商标授权的潜在利益纠纷风险，终于被引爆——2012年5月，广州药业的母公司广药集团起诉加多宝的母公司鸿道集团，诉其涉嫌商标侵权。

注意，这一阶段，王老吉的营销已经达到巅峰，几乎成为“国民饮料”。2011年，红罐王老吉的销售额全线超过可口可乐，达到160亿元。而当时采取复制跟随策略的绿罐王老吉，销售额却不足20亿元。

商标授权带来的利益不均+绿罐王老吉的销售不给力，催生了商标权大战。因此，2011年，王老吉母公司广药集团以之前签订的《“王老吉”商标许可补充协议》和《关于“王老吉”商标使用许可合同的补充协议》无效为由，向法院申请加多宝停止使用“王老吉”商标。

最终，广药集团胜诉，加多宝停止使用“王老吉”商标，王老吉凉茶的商标，正式归还广州药业。

通常来讲，如果一家上市公司被卷入麻烦事，甚至是像这场商标纠纷，很大程度上会对其二级市场的股价造成不利影响。不过那时，广州药业正在停牌重组，在判决下来前夕复牌，随后股价一路上涨，短短3个月的时间就暴涨了139%。

商标问题解决后，自然财务方面也得跟上——2012年，广州药业成立王老吉大健康公司，将原本无法并表的王老吉凉茶业务，重新注入公司体内。并在当年，实现了销售额20亿元。于是，才有了资本市场的这一幕：

图18：股价图（单位：元）
来源：wind

以上基本面厘清之后，再来看看股价和估值情况：这一阶段，虽然它的ROE和业绩均有所上升，但是由于先后遇到2008年金融危机、2012年欧债危机等因素的影响，它的股价在10至17元之间震荡，PE则在35倍至50倍之间震荡。

到这里，大战告捷，广州药业的主营业务逐渐改善，同时，又掌控了王老吉凉茶这个重要的大单品，那么，接下来，它该怎么继续前进？

4

又买了一个畅销品？

先来看ROE、ROIC情况，注意三个趋势——2013年，ROE和ROIC大幅度上升；2014年至2017年，ROE和ROIC持续下滑；2018年，ROE和ROIC再度上升。

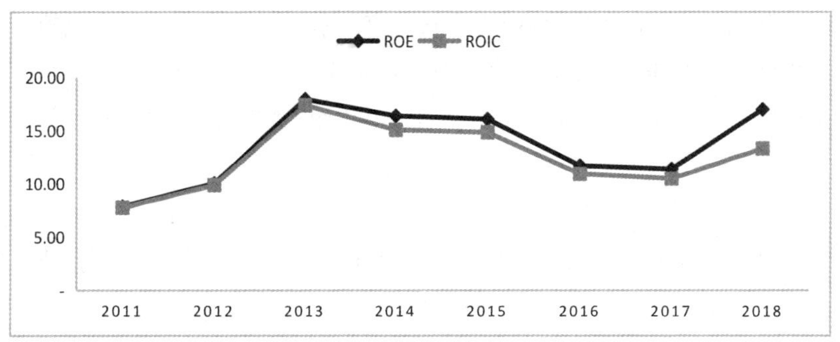

图19：ROE、ROIC（单位：%）
来源：并购优塾

针对上述三段趋势，我们分别来看：

2013年，ROE和ROIC为什么大幅度上升？这是因为，在当年，广州药业吸收合并其兄弟公司“白云山”，导致净利率、权益乘数、总资产周转率全部上升，并且，股票名称也变更为“白云山”。

和广州药业主要经营中成药和医药商业不同，白云山主营化学药，其主要产品和收入来源为抗生素。注意，抗生素这门生意，在我们研究的很多案例中，都曾提到过，技术含量不高、竞争又很激烈，加之2012年出台史上最严限抗令。所以，广州药业选择此时注入白云山，如果理由是注入抗生素业务，显然是不符合常理的。

那么问题来了，为什么要买白云山？

答案：锚定其在研药物、重磅产品——金戈。金戈，全称“枸橼酸西地那非片”，主治男性勃起功能障碍（ED）。其原研药为辉瑞的万艾可，白云山的金戈是首仿药，2014年10月上市。当年，万艾可的全球销售规模为14亿美元。

作为首仿药，其治疗不同病因ED的有效率达到83%。并且，金戈的价格为80元/100毫克，而原研药万艾可的价格则为115元/100毫克，其比原研药价格低了30%。由于价格优势，其上市后将会有很大的进口替代空间。

正是基于对该药物的“基本面”分析，广州药业才下注吸收合并白云山，让金戈成为其利润增长的主要动力。数据会说话：

金戈药品上市后，放量很快，上市第二年（2015年）的销售收入就达到2亿元，当年市场占有率达到13.6%，排名第三。截至2018年，它的销售收入已经达到6.62亿元，上市至今，5年复合增速达到88%。

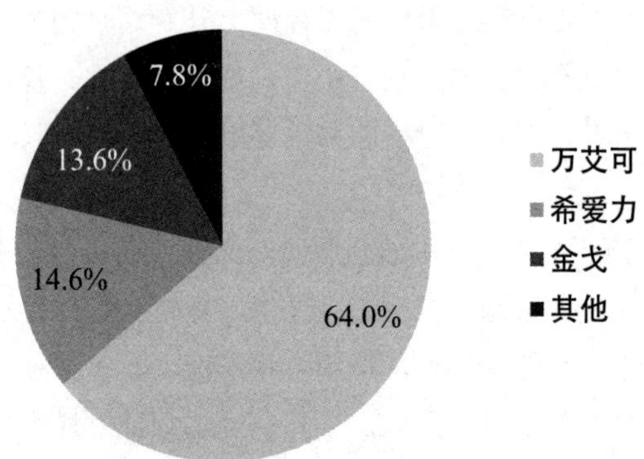

图20：治疗ED药品市场份额（单位：%）
来源：东吴证券

综上，正是由于吸收合并白云山，它的营业收入、净利润上涨，加之化学药的毛利率较高，导致它的净利率、权益乘数、总资产周转率均出现了上升。

不过，奇怪的是，怎么从2014年开始，其ROE和ROIC又开始不断下降？导致ROE和ROIC下降的主要原因是总资产周转率的下降。其中，影响最大的是流动资产周转率。

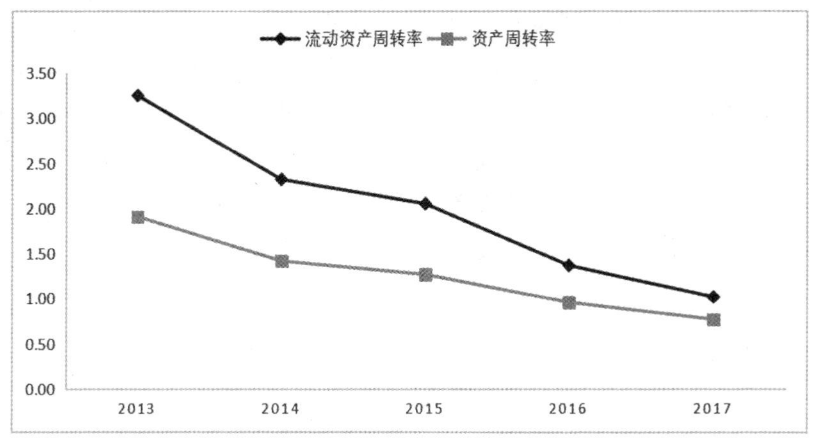

图21：流动资产周转率、资产周转率（单位：次）
来源：并购优塾

而导致流动资产周转率不断下降的主要原因，是货币资金不断上升，换句话说就是，钱太多了。其货币资金从2013年19.36亿元上涨至2017年116.97亿元，年复合增速达到57%，远超过净利润年复合增速20%。

那么，这些钱究竟从哪里来？

试想，货币资金大幅度上升的原因，可能有三方面：一、占用下游的资金，财务特征是“应收账款周转率上升”；二、占用上游的资金，财务特征是“应付账款周转率下降”；三、直接募集资金。

到底是不是以上三种情况？我们分别来看：

（1）先来看应收账款周转率——该阶段，它的应收账款周转率处于下降状态，从2013年23.12次降至2017年18.86次。应收账款周转率的不断下降，说明它对下游的话语权并不强。

（2）再来看应付账款周转率——该阶段，它的应付账款周转率不断下降，从2013年10.7次下降至2017年5.15次。这说明，它对上游供应商的话语权在不断加强，可以占用上游供应商的资金，从而使它的货币资金不断上升。而对上游话语权增强，主要因为2013年完成资产重组后，白云山对下属企业的采购进行了整合，建立了统一的采购平台，从而提高了它的议价能力，同时降低了采购成本。

（3）再来看募集资金情况——2016年，白云山定增募集资金78.86亿元，用于扩建生产基地、建设渠道等，导致它的现金较多。

看到这里，需要注意的是，为什么它对下游的话语权在变弱，是主动还是被动放宽应收账款信用期？

从业务逻辑上去深究，原来，其应收账款周转率变慢，是受主要产品王老吉凉茶的竞争加剧所致。

上一阶段的大战，其实还有后续：在收回王老吉的商标权后，作为凉茶市场的强劲对抗者，加多宝为了巩固自己的地位，开始反攻。

一、加多宝开始更换包装、加大销售投入、拓宽渠道，加大促销力度来清理库存；二、营销造势，想要攻克消费者消费习惯。加多宝打出广告语“全国销量领先的红罐凉茶改名为加多宝”。

对此，王老吉先在营销上予以回应：“180余年正宗秘方，王老吉从未改名”。然后，通过降价策略，来试图保住市场份额。据数据显示，2011年至2012年，王老吉凉茶的出厂价是65元至67元/箱，但到了2015年至2016年，出厂价已经调为45元至50元/箱，略低于加多宝50元至55元/箱的价格。

这边凉茶产品的价格战打得不可开交，另一边，自然要不断放宽对下游的话语权，所以，应收账款周转率也随之下降，拉低了ROE。不过，也因为价格战影响，使得其收入增速受到拖累，它的营业收入增速从2014年6.77%降至2017年4.58%。

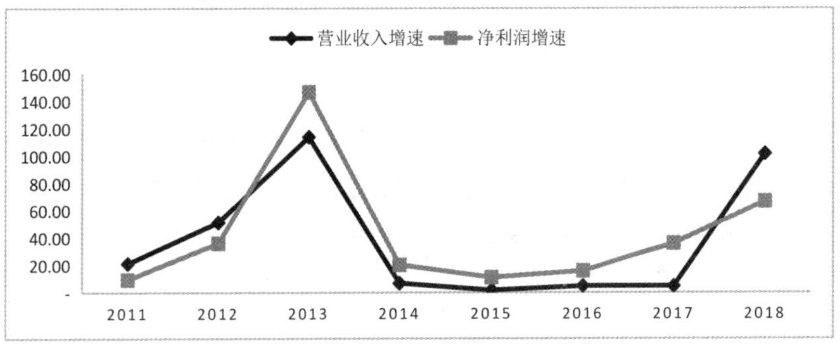

图22：营业收入增速、净利润增速（单位：%）
来源：并购优塾

接下来，几个重要的问题来了：

（1）王老吉VS加多宝，它们的价格战要打多久？对未来业绩增速影响有多大？

（2）注意上图，2018年，其营业收入增速快速回升，是受什么影响？

（3）还有，ROE在2018年止跌反弹，到底怎么做到的？

5

ROE止跌，是什么原因？

其实，王老吉和加多宝的价格战，并没有持续很久，营业收入增速在2018年就恢复反弹。与此同时，其营业收入增速恢复的另一个原因，是受益于新一轮的资产重组。

2018年，白云山继续收购广州医药30%股权，收购后持股比率达到80%。并表后，它的营业收入、净利润大幅度上升，总资产周转率随之提升，从而大幅拉升2018年的ROE，扭转了第三阶段ROE持续下滑的局面。

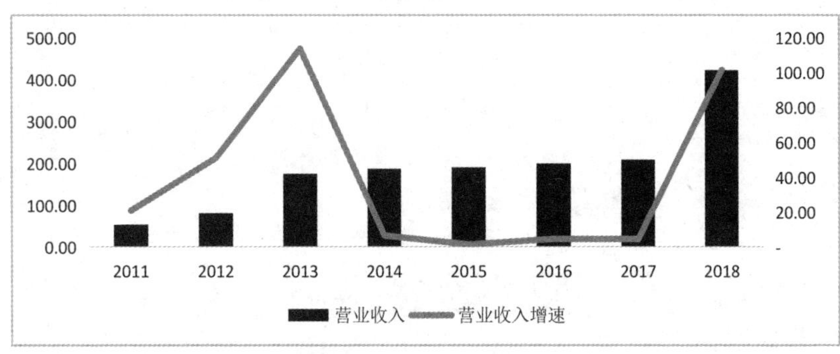

图23：营业收入和增速（单位：左：亿元、右：%）
来源：并购优塾

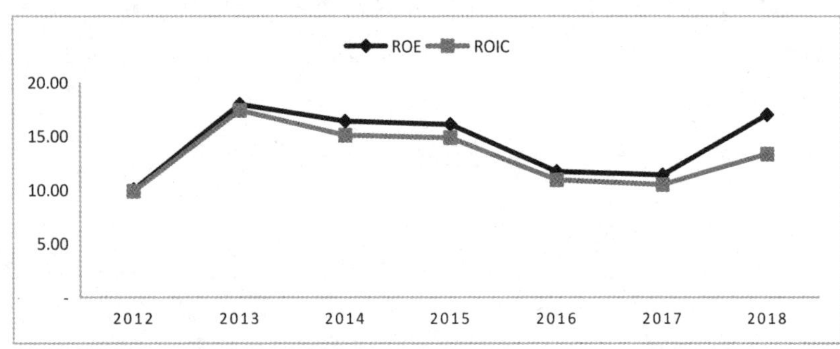

图24：ROE、ROIC（单位：%）
来源：并购优塾

但是，别以为并购重组一定会让所有指标都变得好看——由于注入的资产属于医药流通业务，而医药流通的毛利率低，因此毛利率和净利率均出现下滑。

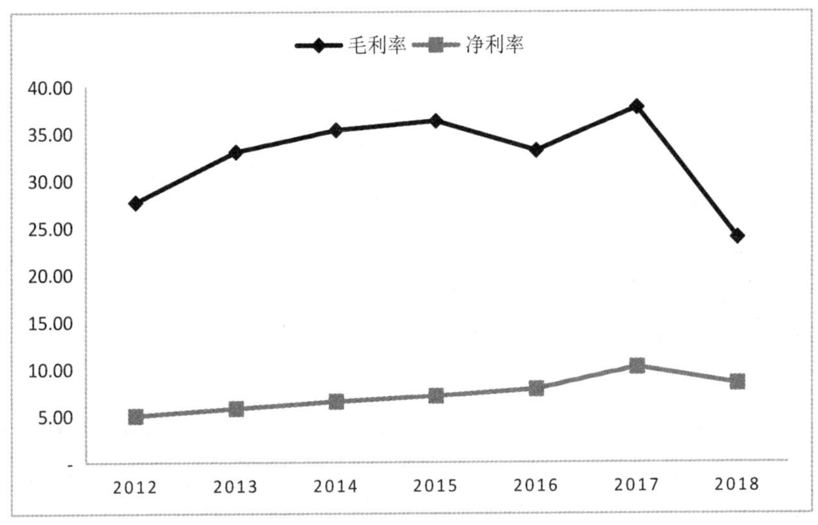

图25：毛利率、净利率（单位：%）
来源：并购优塾

并且，由于此次收购，是将原来联营企业变为子公司，实现并表后，会使得投资收益随之下降，净利润增速也会受到影响。

加之，标的公司广州医药受“药品限价”“公立医院取消药品加成”“两票制”等一系列医保政策影响，因而——医药商业的业绩增速放缓，调拨批发业务出现下滑，导致盈利增速下降，同时，还计提了1.18亿元商誉减值准备。

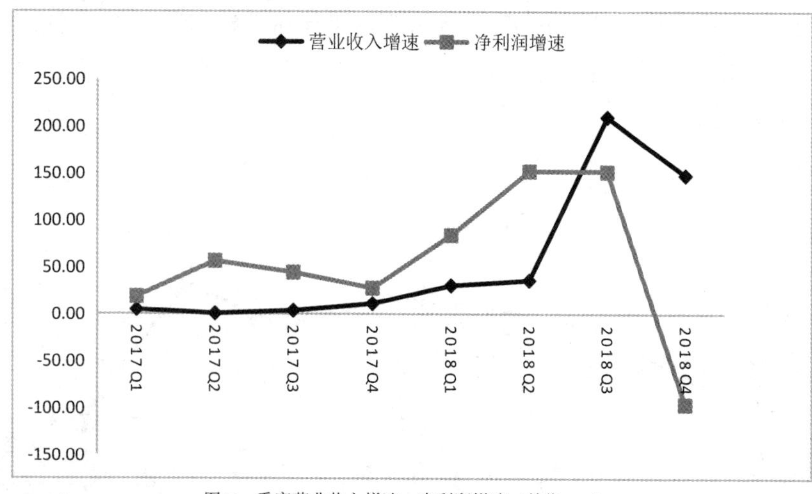

图26：季度营业收入增速、净利润增速（单位：%）
来源：并购优塾

本案受价格战影响，ROE持续下跌之际，通过资产重组注入广州医药，来了一针强心剂，再度提升了营业收入、净利润体量，拉高了总资产周转率，抬升了ROE，让ROE止跌。

而回顾这一阶段的估值情况，它的股价除了因2013年吸收合并出现大幅度提升外，其余时间在24元至31元之间震荡。而其PE，除了在吸收合并时出现历史最高值113倍外，之后由于ROE下滑，PE也随之下降至最低点14倍。

综上，白云山是一个集“医药分销”“医药制造”“饮料”等多业务为一体的产业综合体。那么，分析这么多，最核心的投资思考还没有解决：1.它的护城河，究竟在哪里？2.未来的业绩增长，到底靠什么？

6

核心护城河是什么?

由于白云山的业务主要分为四大部分：制药、王老吉凉茶、医药贸易以及医药零售。因此，我们分别来看：

第一，先来看制药方面。白云山的制药业务主要包括两大类，分别为中成药和西药。目前，其拥有2000余个规格品种的药品，其中，375个品种列入国家医保目录。但是，它有一个和上海医药一样的问题，就是少有单品“爆款”药，体量过亿的单品也仅为十几个。

不过，值得关注的是增速较快且规模较大的品种：金戈。

目前，白云山正在进行金戈零售端的布局，由于它本身就是华南地区较大的医药批发商，加之旗下拥有一些零售药店。于是，通过“平台+应用”的模式（与上海医药、华东医药的逻辑类似），将有利于将来它的进一步放量。

此外，它的在研药品共有169个，已申报产品共11个，覆盖化学原料药、制剂、生物医药、中药大品种的二次开发，但并无较大的品种。

接着，我们来看白云山为了研发新药究竟花了多少钱——2016年至2018年，研发投入分别为3.3亿元、3.73亿元、5.85亿元；占大南药板块营业收入的比重分别为4.78%、4.79%、6.08%；资本化比率为0。

这个研发投入，大致是什么水平？我们来看同行业情况：

（1）济川药业——2015年至2017年研发投入分别为1.27亿元、1.45亿元、1.95亿元；占营业收入的比重分别为3.37%、3.11%、3.46%；资本化比率分别为0、0、15.22%。

（2）华润三九——2015年至2017年研发投入分别为2.43亿元、2.8亿元、3.26亿元；占营业收入的比重分别为3.08%、3.12%、2.93%；资本化比率分别为2.69%、6.91%、12.51%。

（3）中国生物制药——2015年至2017年研发投入分别为10.55亿元、13.68亿元、15.95亿元；占营业收入的比重分别为8.95%、10.1%、10.76%；资本化比率8%、2%、3%。

（4）石药集团——2015至2017年研发投入分别为3.25亿港元、4.03亿港元、8.15亿港元（折合人民币2.83亿元、3.51亿元、7.09亿元）；占营业收入的比重分别为2.85%、3.26%、5.27%；资本化比率为0。

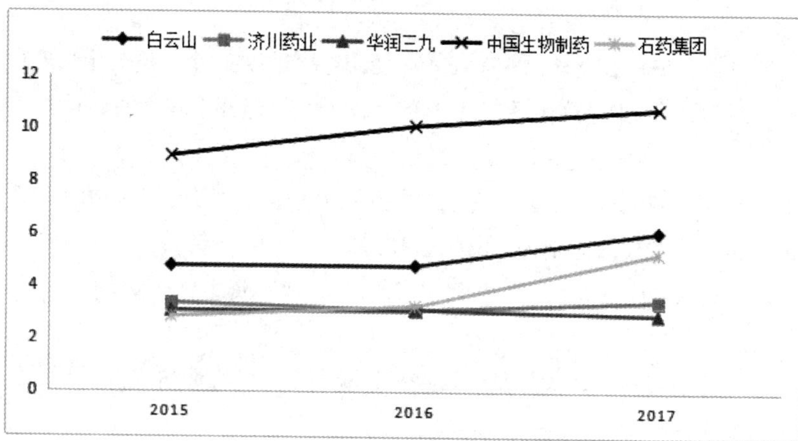

图27：研发投入占收入比重（单位：%）
来源：并购优塾

从研发投入占收入的比重来看，白云山低于中国生物制药，但是比其他中药厂商投入比率高。

第二，来看它的王老吉凉茶业务。2012年，法院虽然已经判定王老吉胜诉，但是期间双方又接连进行了许多次关于广告、包装、赔偿等的诉讼。直到2017年8月，基本尘埃落定。

虽然侵权案已经基本完结，但是两大对手之间产品的同质化问题还很严重。因此，王老吉着手差异化调整，2017年先后推出了王老吉无糖凉茶、黑凉茶、山楂时光。

根据Chnbrand发布《2018年(第八届)中国品牌力指数SM(C-BPI®)》的排名，在凉茶品牌力指数方面，王老吉连续两年获得第一，加多宝、和其正分别位居第二、第三名。

品类	2018C-BPI 第一品牌 (得分)	连续年数	2018C-BPI 第二品牌 (得分)	2018C-BPI 第三品牌 (得分)
瓶装水	农夫山泉(562.8)	1 年	康师傅(532.6)	娃哈哈(375.2)
100%纯果汁	汇源(685.7)	8 年	味全每日 C(433.3)	光明果诱 100%(338.9)
果汁/果味饮料/蔬菜汁	美汁源(631.8)	8 年	康师傅(428.8)	汇源(418.4)
功能饮料	脉动(634.1)	4 年	红牛(524)	农夫山泉尖叫(362.5)
茶饮料	康师傅(684.2)	8 年	统一(457.5)	娃哈哈(376.4)
速溶咖啡	雀巢(707.7)	8 年	麦斯威尔(404.9)	摩卡(375.5)
凉茶	王老吉(608.4)	2 年	加多宝(586)	和其正(421.3)

表1：品牌排名
来源：新时代证券

由于王老吉的品牌价值，加之它推出一些新口味，预计未来在和加多宝抢占凉茶市场的同时，还能取得更多的增长点。同时，由于加多宝败诉需要承担高额赔款，因而短期基本面会受到一些影响。

第三，再来看它的医药贸易业务。目前，白云山的医药流通业务规模为全国第五，营业收入规模为383.93亿元。但是，由于受“两票制”影响，它的调拨业务受到影响，导致2018年实际利润仅为预估净利润的80%。

但是，通过我们对华东医药、上海医药的分析，随着“两票制”的影响逐渐消失，全国性龙头或大型地区龙头的营业收入增速，之后还会恢复上升通道。同时，广州为带量采购的试点城市，而广州医药为华南地区的医药流通龙头，2019年可能会对它的业务造成一定的影响。但是，由于它是地方龙头，影响也比较有限。

第四，医药零售方面。目前，它的网点共有76家。其中，主营中药的“采芝林”药业连锁店32家，主营西药、医疗器械的“健民”药业连锁店30家，专业DTP处方调剂的广州医药大药房连锁店13家，盈邦大药房1家。

其中，DTP药房是最近比较热门的药房模式，即药店获得制药企业产品经销权后，患者在医院获得处方，从药店直接购买药品并获得专业指导与服务的模式。区别于以出售OTC药品为主的传统零售药店，DTP药房主要销售高毛利的专业药物、新特药、自费药等药品，是零售药店的进阶模式。

随着2017年至今国家接连出台药品降价政策、公立医院开始推进医药分家、各地集采招标等政策，倒逼高值药品流向零售终端，DTP药房未来发展空间较大。[1]

目前，如上海医药、国药一致、华润医药等大型医药流通公司，均开始积极布局DTP药房。而白云山作为华南地区医药商业龙头，也积极拓展该领域。

好，综合以上看来，白云山以“平台+应用”模式，同时手握王老吉凉茶、金戈这两款“爆品”，未来业绩前景不会太弱，唯一问题是之前的投入资本回报率波动大了些。因而，未来需要持续在“大单品”上进行努力。

同时，其体系较为庞大，历史上经历了三次资产重组（2012年注入王老吉大健康、2013年吸收合并白云山、2018年收购广东医药），未来即便业绩下滑，也可能继续进行资产注入。

值得注意的是，自2018年下半年以来，受医药黑天鹅事件和大盘回调影响，医药概念股纷纷大幅下挫，恒瑞药业下跌超30%、中国生物制药下跌65%、石药集团下跌61%，而它的跌幅却只有22%。那么，本案最核心的问题来了——它的估值区间，目前处于什么水平？

7

估值，到底如何测算？

对于白云山，由于它的经营能力强、现金流稳定，所以，我们可以采用DCF以及PE估值法进行估值测算。

首先，来看看它的历史PE变动情况。其中，PE的3次高点分别出现在2001年、2004年、2013年，对应的ROE分别为8.24%、2.27%、17.94%。而PE的两次低点分别出现在2008年、2019年，由于2019年还未公布数据，2008年的ROE为5.9%。

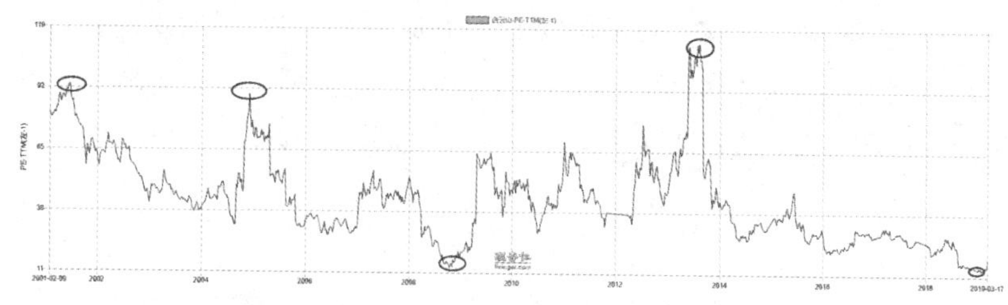

图29：PE（单位：倍）
来源：理杏仁

	时间	ROE	营业收入增速	净利润增速	PE
估值高点	2001年	8.24%	26.31%	3.12%	93倍
	2004年	2.27%	7.28%	54.07%	89倍
	2013年	17.94%	43.81%	0.77%	113倍
估值低点	2008年	5.90%	-73.05%	-77.04%	14倍
	2019年	-	-	-	14倍

表2：估值高低点
来源：并购优塾

PE高点发生在上市初期（2001年）、业绩出现回升拐点（2004年）、兼并重组之后（2013年）。而PE低值，则在营业收入、净利润增速低点。此外，结合本案的经营情况，它的历史PE大约为20倍至30倍。

这个区间到底在什么水平，我们再来看同行业的历史PE情况：

国药控股——历史PE为18倍至22倍；
上海医药——历史PE为15倍至20倍；
华润医药——历史PE为18倍至22倍；
济川药业——历史PE为25倍至30倍；
云南白药——历史PE为20倍至35倍；
中国生物制药——历史PE为20倍至35倍；
石药集团——历史PE为22倍至35倍；
ABC——历史PE为12倍至16倍；
沃尔格林联合博姿（WBA）——历史PE为14倍至23倍。

综合来看，本案的估值整体高于医药分销行业巨头，又略低于制药企业。这主要是由于它的业务覆盖了医药分销、制药、食品保健品等领域，业务布局和云南白药类似，所以估值区间也比较一致。

但是，考虑到它目前的收入结构以医药分销为主，因此，综合来看相对估值法数据区间大致可取在18倍至30倍。不过，这样的对比毕竟只能是粗略比较，不具备参考价值，要想数据逻辑更加深入，还需要结合不同逻辑的估值方法。

8

DCF估值怎么算?

现金流贴现，预测的主要环节假设如下：

（1）营业收入增速——根据历史增速（由于2018年出现并购，当年营业收入增速较高，未来无法保持此增速，加之，目前收入主要来源于医药分销，因此取行业平均增速10.15%）、外部研究员增速（16.85%）、医药流通行业增速（8.7%）、内生增速（取行业平均值8%）。

按照乐观、保守算法，取增长率为16%、8%。永续增长方面，由于医药流通行业和公司个体的确定性较高，且有并购预期，乐观增速为6%，保守增速为3%。

（2）营业利润率——取白云山的历史平均值为10%。

（3）折旧/摊销——取历史增速8%。

（4）资本支出——取其平均值3亿元为基期数据。另外，由于本案固定资产占比仅为7%左右，占比较低，因此，预计未来永续期的资本支出占折旧的比率，需要保持在100%左右（资本支出/折旧=1）。

（5）营运资本变动——由于白云山的营运资本变动受2016年定增、2018年吸收合并的影响存在波动，加之目前它的收入结构以医药商业为主，因此，我们取历史平均值3%。

（6）WACC——综合计算，取10.55%。

按照以上参数大致测算，计算企业价值在395亿元至881亿元，净债务为-98亿元，所以股权价值在493亿元至979亿元，对应的PE（TTM）为14倍至28倍。

预测各期自由现金流的取值，具体见表3。

综合以上两种方法，得出的大致数据区间：

（1）PE法——大约为619亿元至1032亿元，对应PE-TTM为18倍至30倍；
（2）DCF法——大约为493亿元至979亿元，对应PE-TTM为14倍至28倍。

因此综合多方数据，如果数据在18倍左右及以下，相对具有安全边际；而如果数据升至30倍左右及以上，则安全边际相对较低。

截至本文发布日，本案市盈率为19倍。不过，任何人在任何时候，对任何公司都不可能做出百分百准确的预估，因而本报告仅做研究方法

预测现金流											
	基期	1	2	3	4	5	6	7	8	9	10
收入增速		16.00%	16.00%	16.00%	14.57%	13.14%	11.71%	10.29%	8.86%	7.43%	6.00%
折旧增速		8.00%	8.00%	8.00%	8.00%	8.00%	8.00%	8.00%	8.00%	8.00%	6.00%
收入金额	422.34	489.91	568.30	659.23	764.71	865.21	966.56	1,065.98	1,160.40	1,246.60	1,321.39
1-息税前利润率	90.50%	90.40%	90.30%	90.20%	90.10%	90.00%	90.00%	90.00%	90.00%	90.00%	90.00%
营业成本费用	382.22	442.88	513.18	594.63	689.00	778.69	869.91	959.38	1,044.36	1,121.94	1,189.25
EBIT	40.12	47.03	55.12	64.60	75.71	86.52	96.66	106.60	116.04	124.66	132.14
税率	15.00%	15.00%	15.00%	15.00%	15.00%	15.00%	15.00%	15.00%	15.00%	15.00%	15.00%
EBIT (1-t)	34.10	39.98	46.85	54.91	64.35	73.54	82.16	90.61	98.63	105.96	112.32
折旧摊销	2.00	2.16	2.33	2.52	2.72	2.94	3.17	3.43	3.70	4.00	4.24
资本支出	3.00	3.48	4.04	4.68	5.43	6.30	5.89	5.48	5.06	4.65	4.24
营运资本变动	45.00	14.70	17.05	19.78	22.94	25.96	29.00	31.98	34.81	37.40	39.64
自由现金流	(11.90)	23.96	28.10	32.97	38.70	44.22	50.45	56.58	62.46	67.91	72.68

表3：乐观自由现金流预测（单位：亿元）

来源：并购优塾

讨论，具体数据不具有任何参考价值，并且也坚决不做任何建议。我们能做的已经全都做了，剩下的部分需要你自己思考。

最后总结一下基本面，整体来看：

未来收益因素包括：

（1）核心护城河方面：白云山是华南地区的医药商业龙头，具有规模优势的壁垒；在凉茶领域具有一定的品牌影响力；制药方面它拥有较多的品种，同时“金戈”的市场份额有望进一步提升。

（2）未来增长方面：短期看“两票制”等政策影响消散后的回升，以及凉茶、“金戈”等产品放量；长期看股东注入资产的预期。

未来风险因素，则主要在于：

（1）王老吉凉茶的差异化是否能够获得市场的认可，与加多宝的竞争格局如何；

（2）能否在制药领域的“大单品”上实现突破。

9

营运资本变动，怎么算？

以上关于基本面、估值的逻辑都已经分析完毕，进入“估值方法探讨”环节：在业绩预测和估值时，如何计算营运资本变动。

在利用DCF现金流贴现时，我们需要在息前税后净利润EBIT*（1-t）

的基础上，调减营运资本变动，从而为计算自由现金流做准备。

那么，究竟该如何确认营运资本变动？先来思考这几个问题：

（1）什么是营运资本变动？
（2）如何预测未来营运资本变动？
（3）营运资本是否全是正值？

下面，我们逐个来解决。

先来看第1个问题：什么是营运资本变动？

营运资本，也称营运资金，是企业流动资产总额减流动负债总额后的净额，即企业在经营中可供运用、周转的流动资金净额。

需要注意，流动资产和流动负债都要进行一定调整。

流动资产——应剔除现金和有价证券。主要由于现金将会被投资于国库券、短期政府债等方式，其报酬率相当于无风险收益率，可以赢得公允的报酬。

流动负债——应剔除付息债务。主要由于，这部分债务在计算资本成本时已经考虑，因此不需要重复计算。

而营运资本变动，则是指相邻两年的营运资本的变动额。

再来看第2个问题：如何预测未来营运资本变动？

主要有两种方法：

（1）可以使用营运资本所占销售额的比重，结合各期的预期销售额变化情况，估算营运资本变动。本案，白云山由于2016年曾进行定增，2018年又进行收购，因此其营运资本的波动较大，因此这种方法并不适用于本案。

（2）通过行业平均水平，预测营运资本变动。由于本案2018年收购子公司后，营业收入主要来源于医药流通，并且预计未来将保持次收入结构。因此，我们选择同行业医药流通公司（上海医药、华润医药）的平均营运资本变动占营业收入的比重，作为本案营运资本变动的预测基础。

再来看第3个问题：营运资本是否有可能是负数？

营运资本也同样有可能是负值。营运资本为负，其实是一种利用负债作为资本来源进行经营的方式，同时，预收账款较多也可能会导致营运资本为负。但是，这种方法存在较多缺点：（1）推迟支付账款，可能会丧失一定现金折扣；（2）负债较多时可能会影响公司评级。

本报告参考资料如下，特此鸣谢

[1]“DTP药房备受关注，将开启医药新零售时代”，股城网，2018.2.7

本文发布于2019年3月20日

第三部分

医药流通和医疗器械

上海医药

医药流通产业估值逻辑

天，我们要研究的这家公司，上市20年间，前复权股价从最低点0.44元，上涨到最高30.35元，最大振幅达到6797.73%。来感受一下它的走势：

图1：股价图（单位：元）
来源：wind

医药领域的并购并不少见，比如复星医药、乐普医疗、泰格医药等。而在医药流通领域，搞并购不太常见，例如：华东医药2017年的商誉仅为0.43亿元，占净资产比重为0.49%；国药股份的账面商誉为1.55亿元，占净资产比重为1.64%；中国医药账面商誉6.9亿元，占净资产比重为6.86%。只有华润医药例外，其2017年商誉为205亿港元，占净资产的比重为32.54%。

而本案，与华润医药类似，身为医药流通公司，但2011年至今一直“买买买”，收购了30余家公司，控股或参股公司高达42家。

其并购对象涉及医药制造和医药分销，截至2018年三季度，商誉高达122.86亿元，占净资产比重近30%。

2017年11月，其历史上最大的一笔收购案，是收购美国医药分销三巨头之一的康德乐在华业务——康德乐马来西亚，作价5.7亿美元，溢价率为110%。

它就是与华润齐肩、全国医药分销规模排名第二的：上海医药。注意，年营业收入千亿的体量，业绩增速仍然不差：近3年营业收入年复合增速为11.36%，净利润年复合增速为9.83%。

不过，尽管业绩增速表现不错，但它的股价却大幅腰斩，从最高点30.35元下跌至区间最低的15.79元，跌幅高达47%——而它的主要竞争者国药控股，股价下跌幅度只有23%。

更奇怪的是，如果从PE上看，你会发现，其PE估值区间在15倍至20倍，同行业医药流通龙头的PE估值区间为15倍至25倍，估值差异不大，这和我们之前研究的并购驱动公司有很大不同——它的估值区间，并没有因为具有并购概念的加持，而出现“估值溢价”的现象。

那么，关于本案，值得思考的问题来了：

（1）作为医药流通全国巨头，为什么它和其他同行有所不同？十分热衷并购，大规模并购制药、连锁药店，这背后的经营逻辑是什么？

（2）既然持续并购，可为什么它的估值溢价不高，甚至还不如同行业的估值水平？

（3）随着“两票制”和“带量采购”政策的出台，对医药流通业务，影响究竟有多大？

1

巨头，究竟如何炼成？

上海医药，成立于1994年，前身为上海第四制药厂，控股股东为上实集团，持股比率为33.52%。

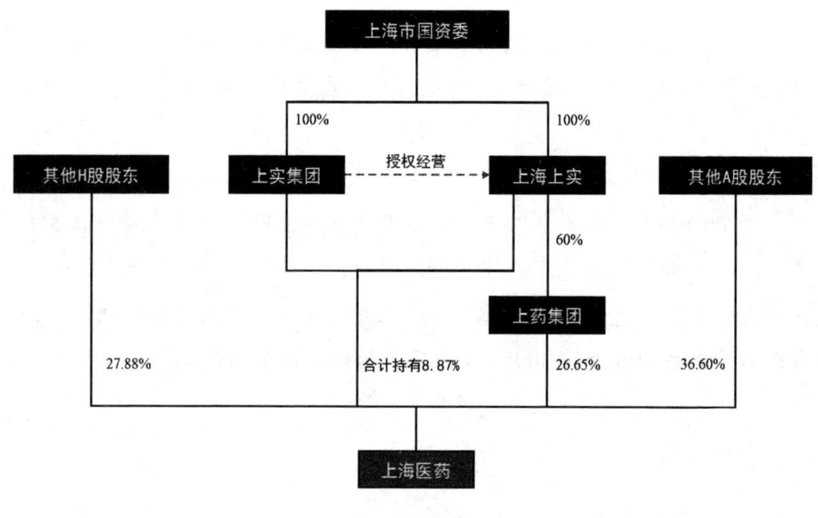

图2：股权结构
来源：公司年报

2015年至2018年（2018年截至第三季度），其年营业收入分别为1055.17亿元、1207.65亿元、1308.47亿元、1176.02亿元；净利润分别为33.64亿元、38.3亿元、40.58亿元、39.57亿元；经营活动现金流净额分别为13.49亿元、19.47亿元、26.49亿元、17.33亿元；毛利率分别为12.13%、11.79%、12.78%、14.13%；净利率分别为3.19%、3.17%、3.1%、3.37%。

从业绩增速来看，近3年营业收入年复合增速为11.36%，净利润年复合增速为9.83%，但净利润增速低于营收增速。

同时注意，2018年三季度实现的营业收入、净利润几乎等同于2017年全年，这是因为并购了康德乐马来西亚。

其营业收入主要来源于：医药工业、医药分销、零售三大业务。其中，医药分销是主要收入来源，收入占比为84%；其次是医药工业，收入占比为11%、零售业务，收入占比为4%。

但是，由于医药分销的毛利率低，所以，毛利的主要来源为医药工业，毛利占比为49%，其次为医药分销（43%）、零售业务（6%）。

（1）医药分销业务——主要提供物流配送、终端分销代理等服务，分销网络覆盖全国31个省市自治区，但主要集中在上海及华东地区。

2017年，其分销业务规模位列全国第二，仅次于国药集团（3214亿元）。除此之外，全国性分销企业还包括华润医药（1264亿元）、九州通（737亿元）。

（2）医药工业业务——产品主要聚焦消化系统和免疫代谢、心血管、全身性抗感染、精神神经以及抗肿瘤五大治疗领域。

（3）零售业务——在全国16个省市自治区的零售药房总数超过1,892家。其中，上海华氏大药房是华东地区拥有药房最多的医药零售公司之一，同时还拥有如雷允上、胡庆余堂国药号等知名医药零售品牌。

在零售业务方面，国药控股旗下的国大药房，是全国规模最大的零售药房，2017年拥有门店3834家。

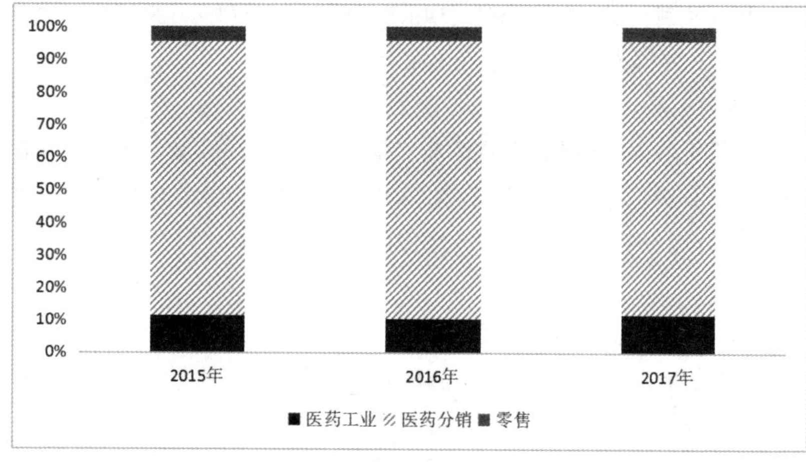

图3：收入结构（单位：%）
来源：并购优塾

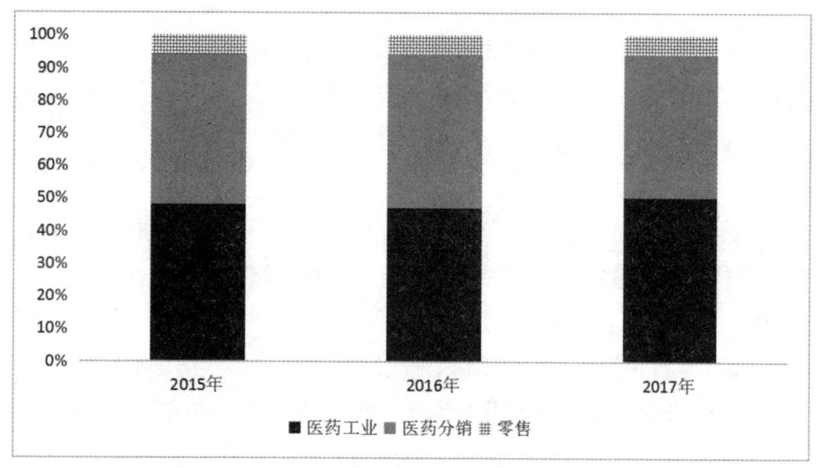

图4：毛利结构（单位：%）
来源：并购优塾

从产业链上看，其上游为原料药、药品等供应商，前五大供应商采购额占总采购额的8.24%，集中度不高；其下游为医疗机构、零售终端、分销商等，前五大供应商占总收入的4.7%，集中度也不高。

纵观其历史，大致可分为四个阶段：

第一阶段：1994年至2000年（原业绩下滑，重新整合资产上市）；
第二阶段：2001年至2006年（“老上药”布局产业链，业绩下滑）；
第三阶段：2007年至2010年（业绩爆发，注入资产）；
第四阶段：2011年至今（业绩稳定）。

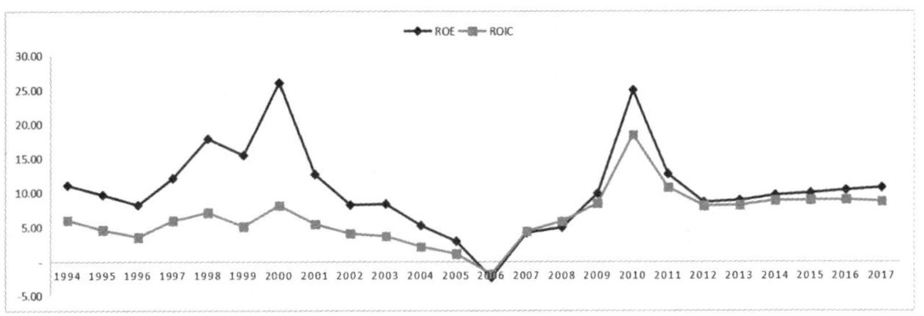

图5：ROE、ROIC（单位：%）
来源：并购优塾

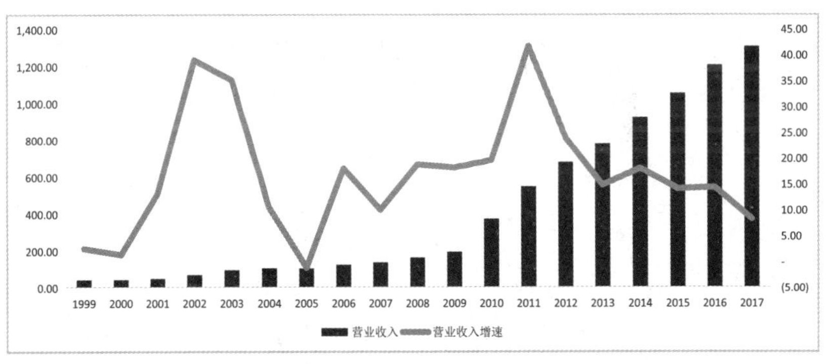

图6：营业收入、营业收入增速（单位：左：亿元、右：%）
来源：并购优塾

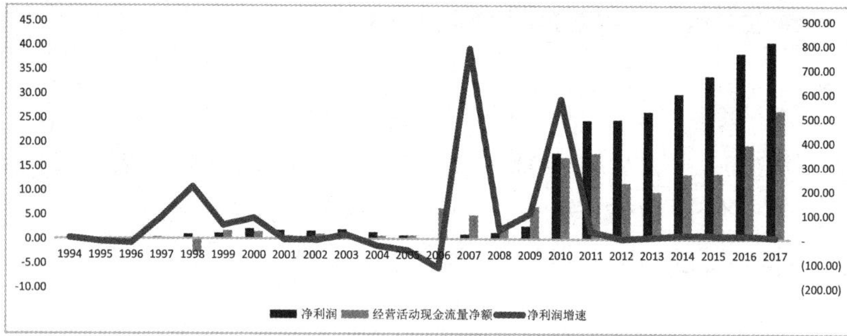

图7：净利润、经营活动现金流净额、净利润增速（单位：左：亿元、右：%）
来源：并购优塾

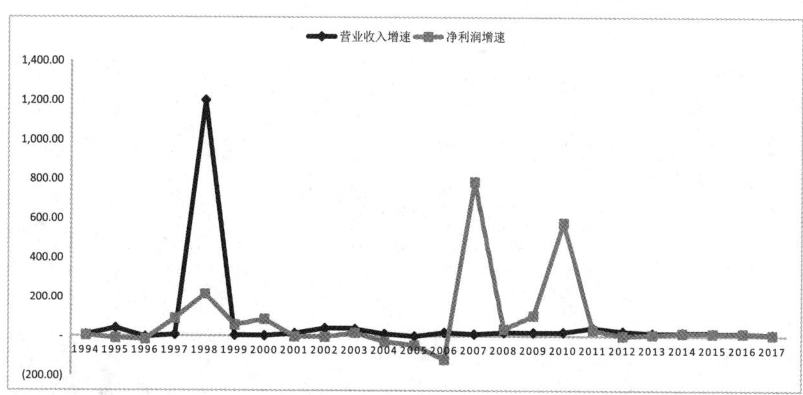

图8：营业收入增速、净利润增速（单位：%）
来源：并购优塾

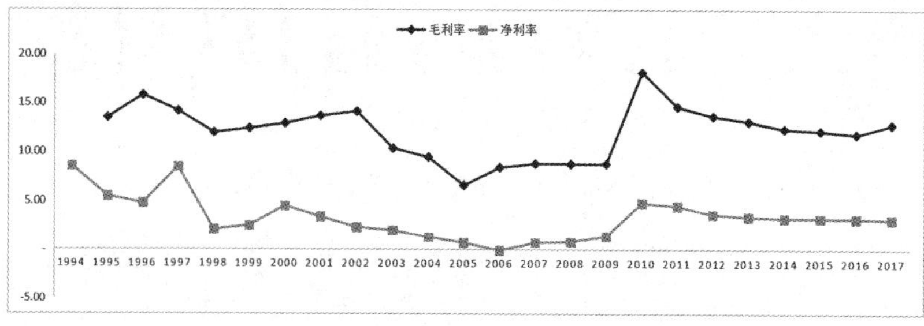

图9：毛利率、净利率（单位：%）
来源：并购优塾

综合来看，如果要厘清本案的基本面，必须深挖以下几点细节：

（1）从盈利能力来看，第一阶段，为什么它的毛利率、净利率不断走低，但是ROE和ROIC却在不断攀升？

（2）第二阶段，它的ROE、毛利率、净利率同步下滑，甚至在2006年出现亏损，到底发生了什么事？

（3）2010年，它的营业收入、净利润、ROE、总资产同步大幅度上升，这一年到底发生了什么事？

（4）第四阶段，虽然净利润不断上升，但为什么经营活动现金流却并不好？

（5）从估值来看，为什么第四阶段，它的股价不断走高，但是PE却始终在15倍至20倍之间震荡？

（6）2017年11月，上海医药并购了康德乐马来西亚，作价5.7亿美元，在这样的并购预期下，其PE仍然低位徘徊（15倍至20倍），且略低于国药股份、华润医药，这是为什么？而2018年之后，其PE最低跌至10倍左右，它的估值是否合理？

带着以上问题，我们来逐个复盘。

2

前身是卖抗生素的

第一阶段，其ROE和ROIC整体呈上升趋势，ROE从1994年11.06%上涨为2000年26%，ROIC从1994年6%上涨为2000年8.13%。

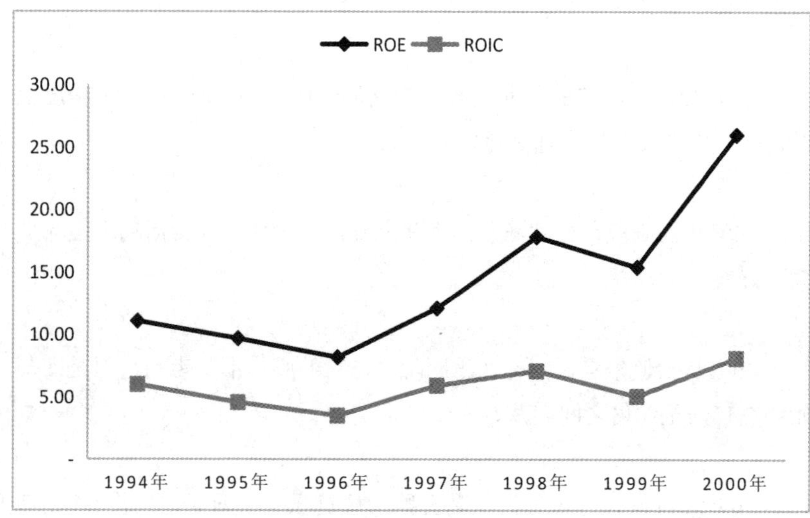

图10：ROE、ROIC（单位：%）
来源：并购优塾

由于它曾在1998年进行重组，因此，我们分两部分来看——第一部分：1994年至1997年；第二部分：1998年至2000年。

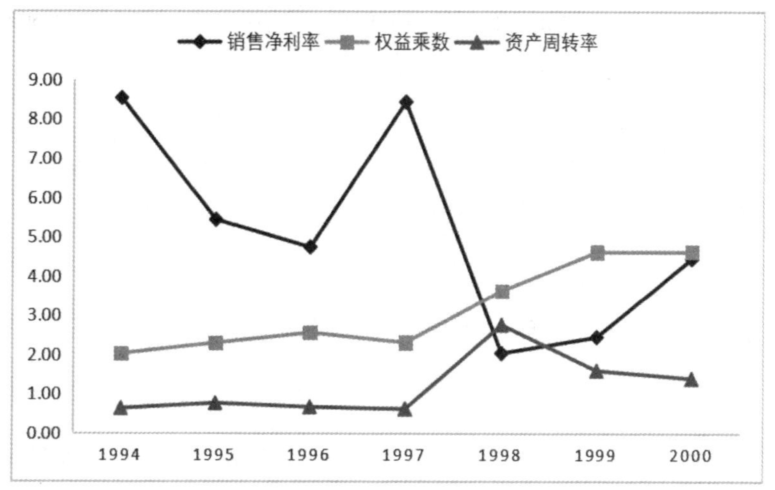

图11：杜邦分析
来源：并购优塾

1998年之前，上海医药的上市主体是上海第四制药厂，主营业务为抗生素、半合成抗生素原料药和制剂。由于其生产的抗生素同质化程度高，市场竞争者超过100家，竞争激烈，毛利率较低。

另外，由于退休职工统筹费用增加，管理费用不断抬升，所以，销售净利率下滑，使得ROE略微下滑。

直到1998年，由于主业抗生素业务不景气，其实控人决定置出上海第四制药厂的全部资产，并将上海医药公司、上海医药工业销售公司、天平制药厂置入上市公司体内，成立上海医药，俗称“老上药”。

重大资产置换，带来了两个变化：

一是主业发生变更，从生产抗生素变为医药分销和制药，且以分销为主；二是扩大分销规模，增加了有息负债，使得权益乘数提升，推动ROE回升。

1998年的有息负债为10亿元，同比增长了358.72%，因此，权益乘数从2.31上涨为3.63。并且，此后还在不断上涨。

从业绩增速上看，资产注入后，其营业收入、净利润大幅度上涨，且净利润增速远高于营业收入增速。

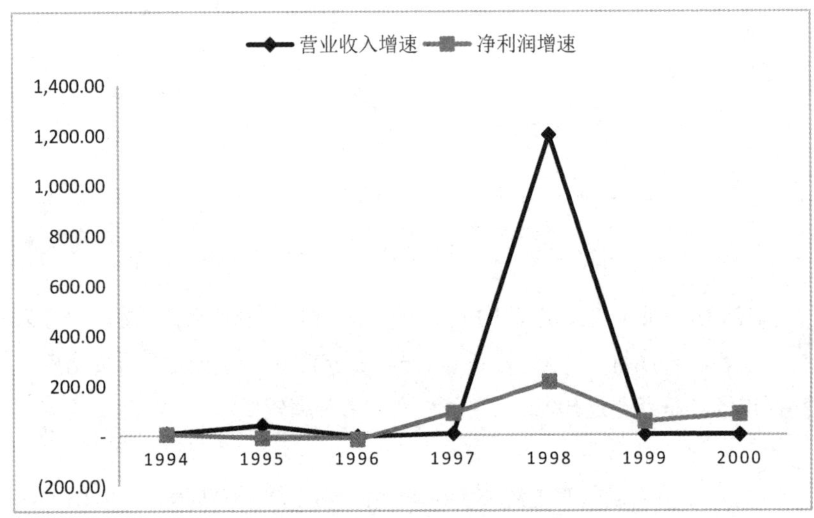

图12：营业收入增速、净利润增速（单位：%）
来源：并购优塾

总之，该阶段受资产重组、ROE提升的影响，股价也大涨，从上市时的2.46元上涨至2000年的7.5元，涨幅达到204.88%。PE则从53倍上涨至最高109倍，之后，由于重组后净利润上升，导致PE下降到31倍，随后在30倍至60倍之间震荡。

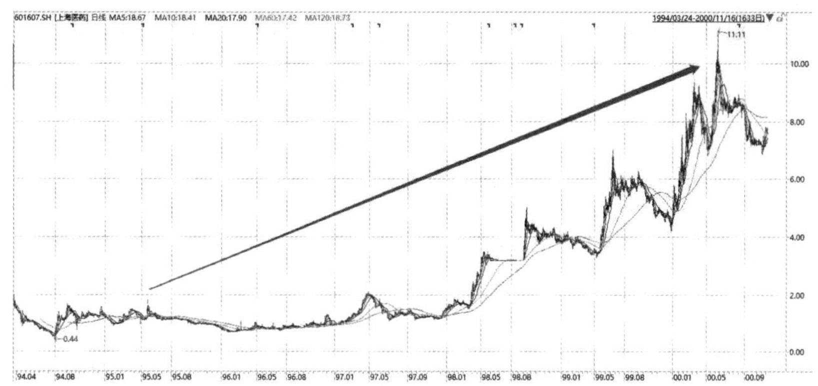

图13：股价图（单位：元）
来源：wind

图14：PE band
来源：wind

接下来的问题是：老业务剥离，新业务注入，能否脱胎换骨？

3

投入资本回报，为什么大幅下跌？

谁知，让人意外的是，新业务注入后，它的ROE和ROIC竟然一路下跌，ROE从2001年12.64%降至2006年-2.36%，ROIC从2001年5.43%降至2006年-1.85%。

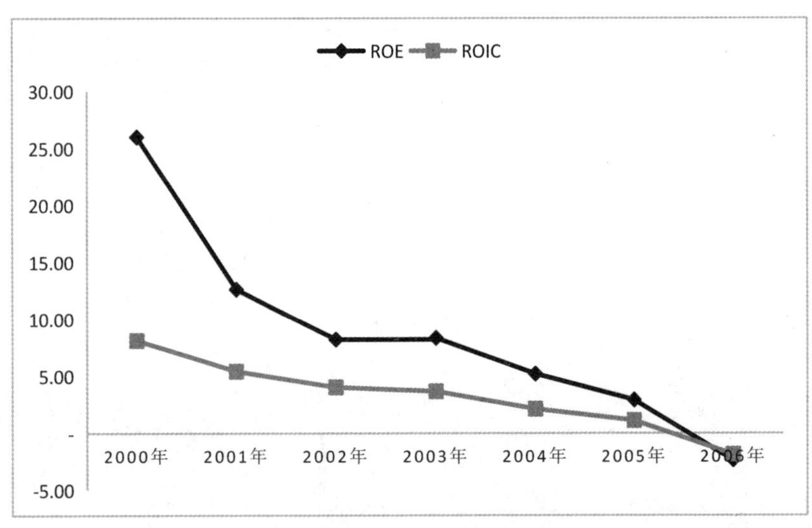

图15：ROE、ROIC（单位：%）
来源：并购优塾

而导致ROE和ROIC不断下滑的主要原因，是净利率不断下降，甚至在2006年，还出现了破天荒的净利润亏损——这到底怎么回事？

从业务逻辑上去分析，这一阶段，它的主要业务是医药分销和医药工业，而这两个业务，受政策的影响都比较大。比如，影响医药分销业务的“两票制”改革，和影响制药业务的“一致性评价”“带量采购”政策等。

在当时，我国先后进行了药品降价（2001年）、反商业贿赂（2006年）等政策，使这两个主要业务的毛利率均出现了下滑。

我们分别来看具体业务影响：医药分销业务，毛利率从2001年9.46%

下降至2006年5.75%；医药工业业务，毛利率从2001年31.88%下降至2006年21.45%。

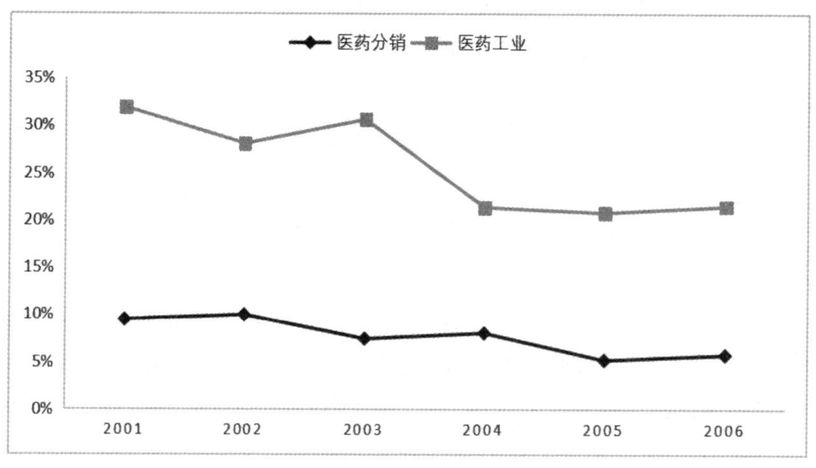

图16：毛利率（单位：%）
来源：并购优塾

两大业务毛利率几乎腰斩，并且医药分销的影响更大。因此，二者同时拖累上海医药整体的毛利率从2001年13.66%下降至2006年8.39%，同时净利率也从2001年3.36%降至2006年-0.11%，出现上市以来唯一的亏损。

在这里，有两个细节需要注意：

（1）面对持续下滑的毛利率、净利率，它该怎么办？

（2）2006年，净利率出现亏损，这是为什么？

先来看第1个问题：

面对行业政策的不利局面，上海医药并没有气馁，反倒重整旗鼓，从2005年起，开始整合旗下资源，专攻分销业务。

2005年，它将原持有的上海医疗器械公司50%股权，处置给其关联方华源集团。同时，开始布局物流体系、精麻类药品经营权等。

注意，它这么做，一来是为了做大规模、做大体量，同时，也从重点分销产品入手，抢占具有稀缺牌照的精麻类药品分销权，具有很重要的战略布局意义，一步步在构建自己的护城河。

只不过，这样的布局，还需要时间来变现，这一阶段的规模效应还没有立即凸显。加之整体受政策、处置子公司的影响，它的营业收入、净利润增速均在下滑。

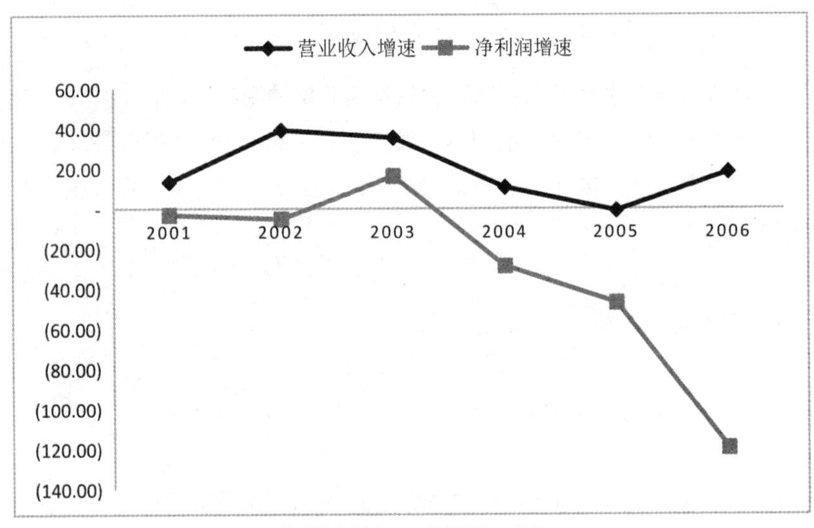

图17：营业收入增速、净利润增速（单位：%）
来源：并购优塾

再来看第2个问题：为什么2006年，其净利润亏损，导致ROE亏损？

答案：其实是会计处理层面导致的。

2007年，国内采用了新的会计准则，对2006年的财务报表中退休人员工资、商誉减值准备、预计费用等项目进行追溯调整，导致其2006年出现亏损，其中，2006年商誉账面价值1.07亿元，计提减值439.96万元。

依据新会计准则中《企业会计准则解释第1号》，它对控股子公司的核算方法由权益法追溯为成本法，同时，按《企业会计准则第20号—企业合并》对该部分投资差额进行追溯调整，并且，对其中形成合并报表上的商誉进行减值测试。这是因为，以前的商誉与无形资产一起进行摊销，并不进行减值测试，新的会计准则中要求对商誉单独列示，并进行减值测试。

总之，该阶段，新业务受政策影响，毛利率、净利率下滑，与此同时，股价也同步回调，从7.92元下跌至5.25元，跌幅为33.71%。PE从2001年31倍下降至2014年17倍，随后由于处置了子公司，导致净利润减少，PE出现上升。

如果从财务逻辑看，重组上市之后，业绩没有暴涨，反而ROE还在下滑，似乎不是好迹象。但是，从业务视角去看，正是因为处于行业低谷期，所以它调整了战略，集中精力做分销，并且逐步在构建医药分销行业的护城河，其实是“危中藏机”——那么，这些布局，究竟结果如何？

4

终于，大幅回升……

答案：规模效应显现，业绩增长，投资回报率回升。

这一阶段，它的ROE和ROIC均大幅度提升，ROE从2007年4.12%上升为2010年24.95%，上涨5倍；ROIC从2007年4.33%上升为2010年18.41%，上涨3倍。

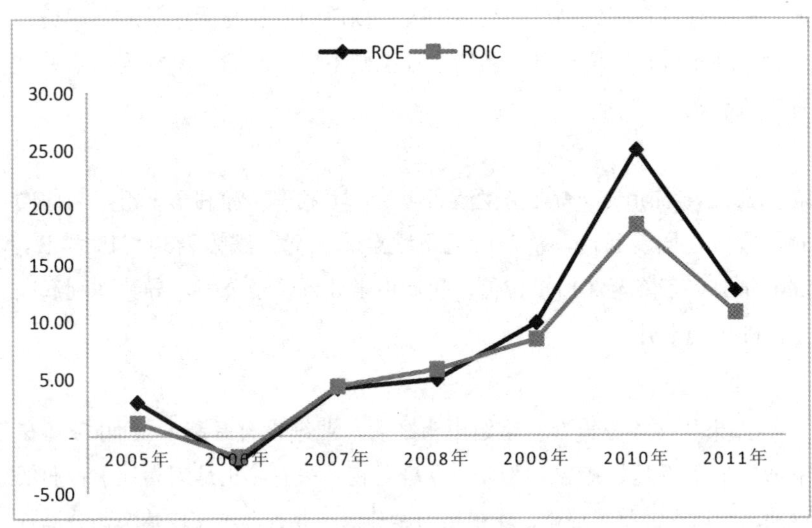

图18：ROE、ROIC（单位：%）
来源：并购优塾

拉升ROE和ROIC的主要原因是净利率的上升，净利润从2007年0.69%上升为2010年4.76%，毛利率也从2007年8.78%上升为2010年18.15%。

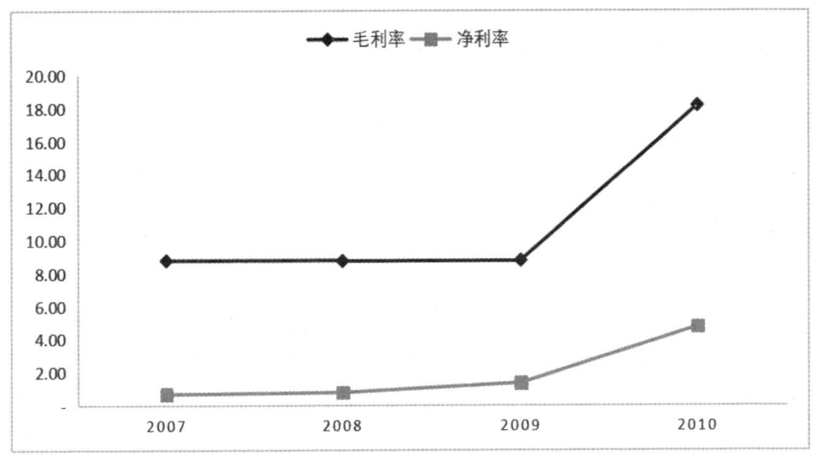

图19：毛利率、净利率（单位：%）
来源：并购优塾

原来，通过上一阶段的产业布局，它的物流配送业务进一步提升，2007年拿到了精麻类药物一级经销权。分销领域牌照稀缺，全国仅有3家公司（国药股份、上海医药、重庆医药），综合毛利率高于同行，约为8%左右，而同行业则为5%左右。

不仅如此，注意2010年这个节点，其资产规模、营业收入、净利润均大幅上升，推动ROE飙至历史高点24.95%，秒杀其他医药分销公司。

之所以2010年暴涨，是因为其控股股东上实集团，将其医药资产（上实医药、中西药业）注入上海医药，形成了“新上药”。

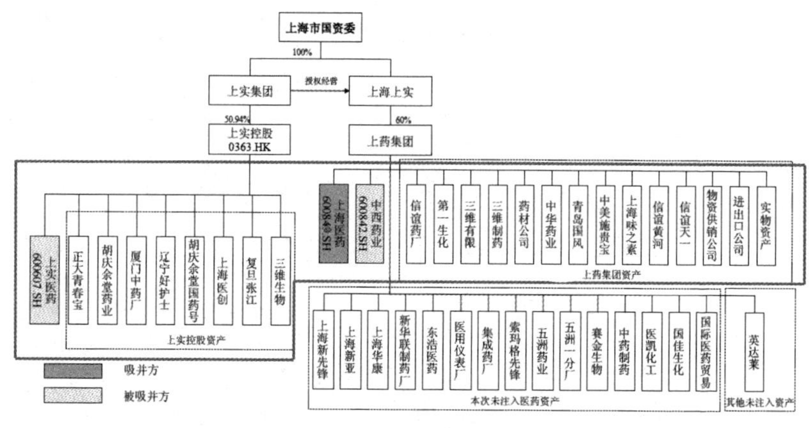

图20：资产版图

来源：国信证券

最终上海医药形成了包括医药分销、研发、制造、零售在内的全产业链布局。

（1）医药分销方面——销售规模在全国排名第二，分销渠道遍布30个省市自治区，物流基地达到10个。其终端客户覆盖上海和华东地区近3800余家医疗机构，其中，华东地区三级医院覆盖率56.5%，二级医院覆盖率57.1%。

（2）医药零售方面——它共有1600多家连锁药店，覆盖8个省市，主要集中在华东地区。拥有华氏、雷允上、胡庆余堂国药号等知名医药零售品牌。其中，华氏大药房的规模最大，在全国医药零售连锁企业中排名第10。

（3）医药工业方面——这一时期，上海医药拥有3000余个药品生产批文，其中独家品种156个、中药保密品种8个、中药保护品种31个，其中销售额超过1亿元的品种19个，但并无销售额超10亿元的品种。重点集中在心脑血管、抗感染、消化系统、神经系统、抗肿瘤等5大领域。

同时，这一阶段的营业收入、净利润均在不断上涨，其中，营业收入增速不断上升，而净利率方面，由于2007年扭亏以及2010年重组等因素，存在一定波动，但整体在不断上升。

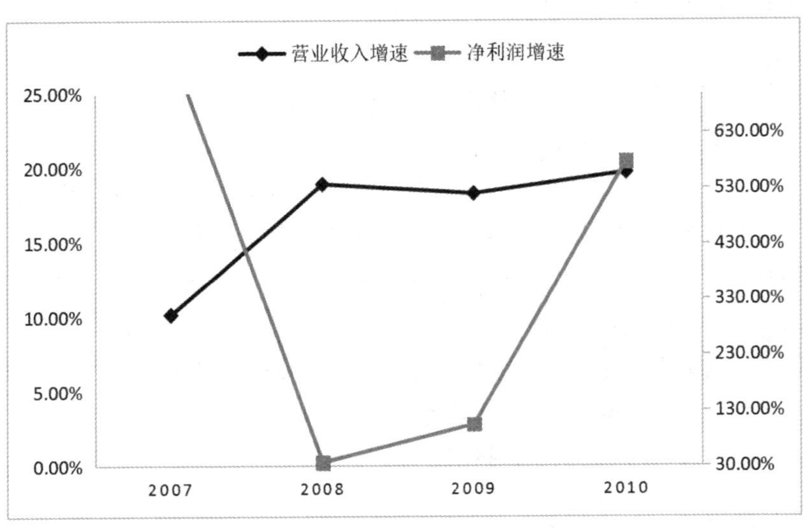

图21：营业收入增速、净利润增速（单位：%）
来源：并购优塾

综上，除2008年金融危机影响、股价下跌外，其余时间，其股价走势基本维持上涨趋势，股价从2007年4.85元上涨至2010年19.32元，涨幅达298.35%。PE随股价波动，由于2010年重组影响，净利润上升，导致它的PE从最高点226倍下跌至38倍。

看到这里，我们来仔细总结一下，本案基本面有着鲜明的个性，无论是“老上药”，还是“新上药”，其每一次ROE飙至高峰，背后都有“资产注入预期”为推手，具有明显的并购驱动特征：

（1）1998年，老的抗生素业务剥离，注入了分销业务资产，当年形成高点；

（2）2000年，新业务投入因扩大规模而拉高杠杆，形成了第二波高峰；

（3）2010年，由于注入的制药业务导致它的毛利率上升，随之拉升净利率，形成第三个高峰。

这与其他从事医药分销的同行企业不同，如国药股份背后虽然也有国药集团，但是上市至今只有2017年注入了国控北京、北京康辰、北京华鸿、天星普信4家公司。不过，由于其注入的资产大多为医药分销公司，毛利率与原本资产相差不大，因此并没有为它带来大幅度的净利率提升。

而上海医药注入的资产中，有一部分的制药业务毛利率提升较高，导致净利率大幅度提升，ROE也随之上升。而从中小股东角度来看，这样的操作，也意味着股东回报的提升。

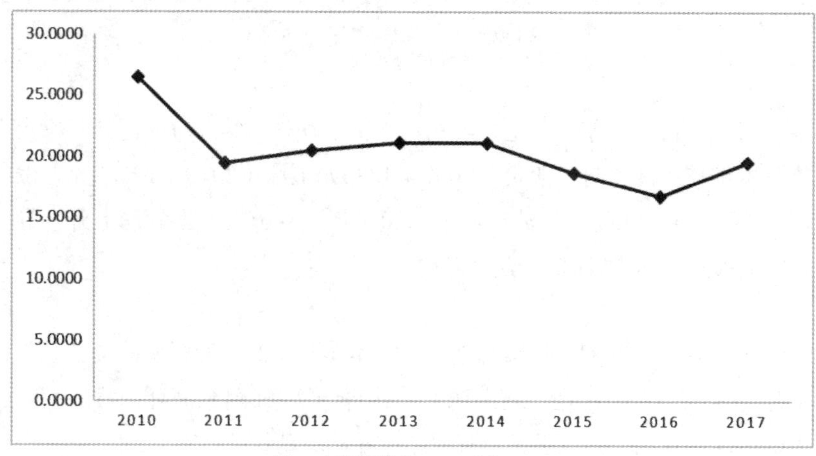

图22：国药股份的ROE（单位：%）
来源：并购优塾

那么，接下来的问题是：医药分销这样的并购驱动型发展策略，是否会延续？

5

买买买，停不下来

到了最近这一个阶段，其ROE和ROIC先大降，后保持平稳。ROE大降，是因为2011年H股上市，发行新股，使得所有者权益上升，权益乘数下降。随后，ROE和ROIC稳中有升，ROE从2012年8.6%上涨为2017年10.72%，ROIC从2012年8.06%上涨为2017年8.73%。

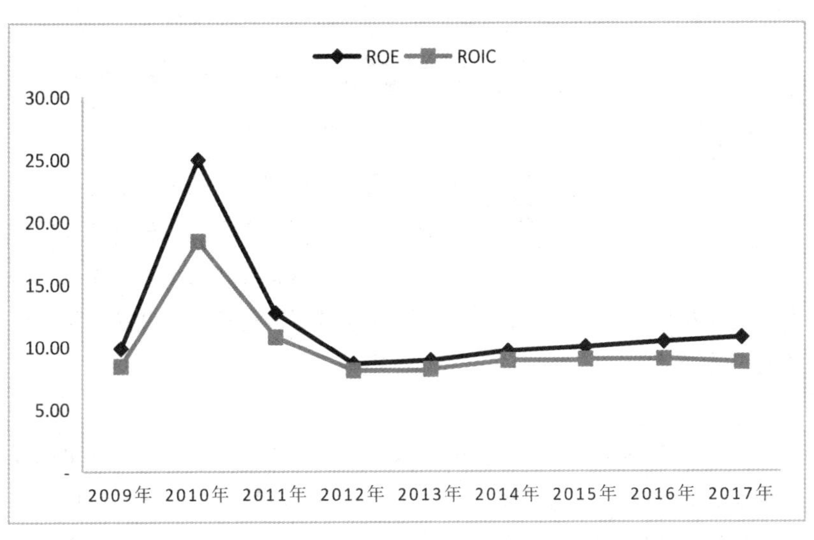

图23：ROE、ROIC（单位：%）
来源：并购优塾

ROE稳中有升，拆开来看，原来是因为权益乘数在上升。

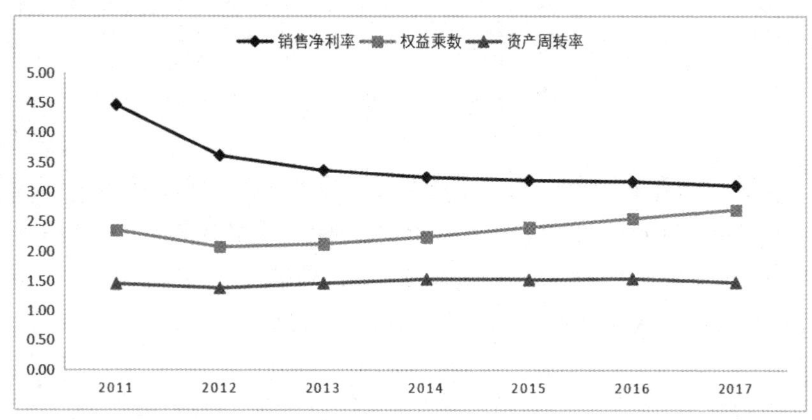

图24：杜邦分析
来源：并购优塾

这一阶段，上海医药在原本业务规模的基础上，还不断通过并购的方式进行扩张，先后收购了常州康丽制药（2012年）、南通中宝药业（2012年）、山东国林药业（2013年）、Vitaco（2016年）、康德乐马来西亚（2017年）等30余家公司，涉及原料药、制药、保健品、医疗设备销售等业务。

其中，康德乐是美国医药流通行业的三巨头之一，康德乐马来西亚在我国的业务分为药品分销、医疗器械分销、医院直销、特制药以及特质药房和商业技术五大板块，2016年在我国的分销规模位居全国第八。

很明显，这样的逻辑背后，是“平台+应用”的发展思路，借助本身在医药流通方面的优势，通过不断的并购，加载其上层的应用（药品），只要能拿到“爆款”药品，那么销售层面就不是问题。

由此，并购放大了杠杆。2011年，上海医药的有息负债为57.28亿元，上涨到2017年的167.63亿元，涨幅达到192.65%，权益乘数从2011年2.35上涨至2017年2.7。

不过，尽管通过并购扩大了业务规模，但看样子，协同效应还没有释放，其营业收入增速、净利润增速却整体呈现下滑的态势。

注意，营业收入增速从40%下降至10%以下，净利润增速从15%下降到10%以下（2011年，净利润增速30%，是因为处置子公司股权，获取的投资收益拉高了净利润增速，不做经营分析）。

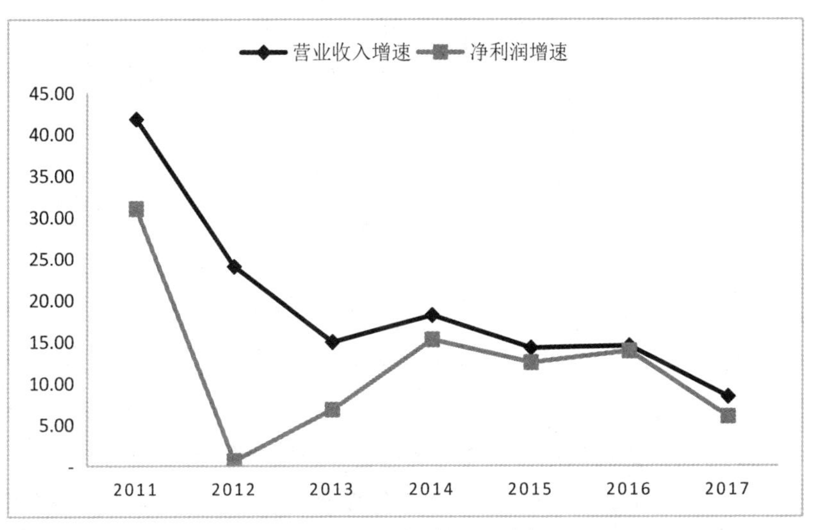

图25：营业收入增速、净利润增速（单位：%）
来源：并购优塾

而且，让人疑惑的是，这一阶段，它一直在搞并购，但却没有拉升业绩增速，反倒在2012年、2013年、2015年、2017年的拐点上，出现了增速下滑？

首先，2012年，行业增速从33.1%降至18.5%，原因是受药品降价、医保控量、基药招标、限抗政策等诸多方面不利因素的影响。其次，2015年，行业增速从2013年16.7%下降为2015年10.2%，原因是医保控费在全国全面开展。再次，2017年，行业增速下降进一步下滑至8.4%，原因是出台了“两票制”改革。

图26：药品流通行业销售额（单位：左：亿元、右：%）
来源：前瞻产业研究院

尽管布局路线有长远前景，但短期面临一连串的政策打击。其中，“两票制”改革，号称医药流通领域的重磅炸弹。

改革前，医药流通公司作为连接制药公司和终端医疗机构的中间商，会从上游制药公司收购药品后，转而调拨给二级经销商，或直接纯销给医疗机构。一来赚取配送费用，二来赚取垫资费用（主要针对纯销业务）。

但是，这种传统方式会滋生中间的流通环节，药品加价严重，于是，“两票制”在此背景下推行。改革后，药品从药厂卖到一级经销商开一次发票，经销商卖到医院再开一次发票，这样一来，就减少了二级、三级等经销商的利润分成，从而降低了药价。

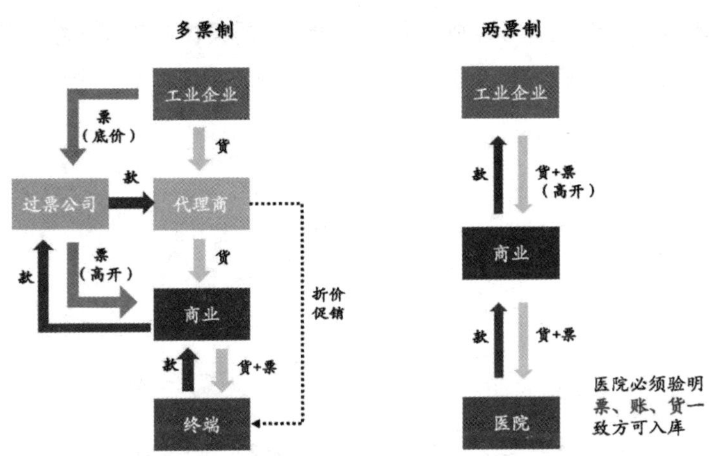

图27：医药流通流程
来源：方正证券

于是，随着“两票制”的实施，纯销业务会增加，而调拨业务会下降。从数据上看，也支撑这个结论：2017年，我国规模以上医药流通销售额的纯销业务增速达到17.3%，同比提高了5.5%，呈加速增长态势。而调拨业务的销售额则减少3.9%，增速同比下降12.3%。

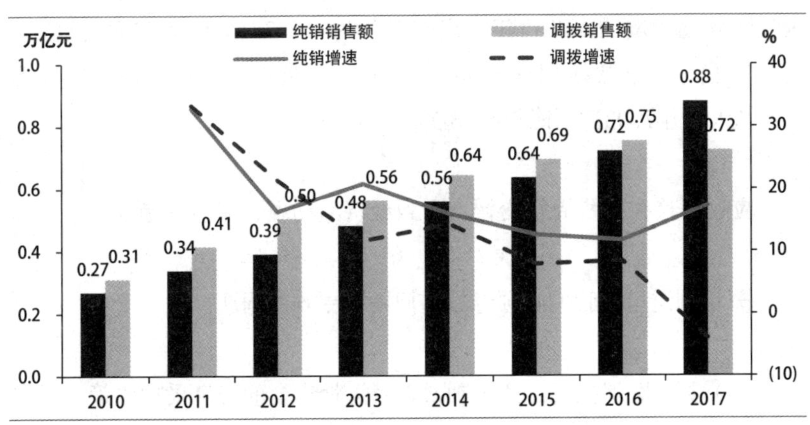

图28：2010-2017年我国规模以上医药流通企业
纯销和调拨业务销售额及增速（单位：左：万亿元、右：%）
来源：华泰证券

本案，也因受“两票制”影响，2017年的调拨业务同比增速仅为2.7%，增速同比下降了15.1%，拉低了营业收入增速。同行企业同样受到了波及：

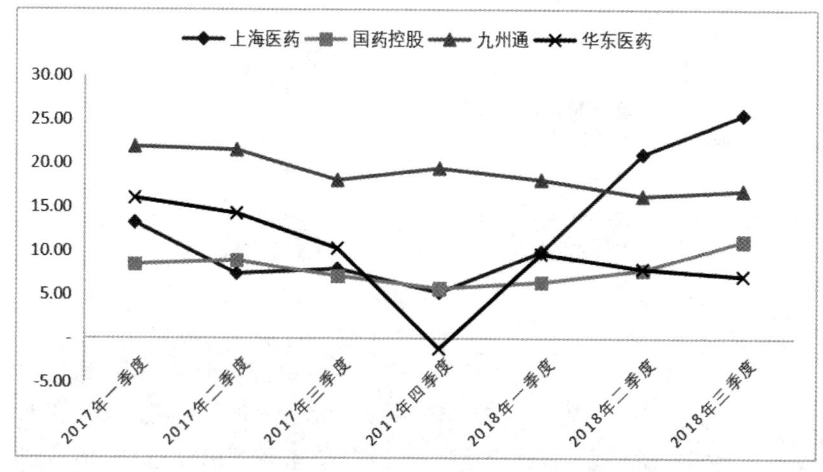

图29：同行业公司营业收入增速对比（单位：%）
来源：并购优塾

行业的不利因素不仅导致其营业收入、净利润增速下滑，也让它的应收账款逐年增加，2011年，应收账款为115.78亿元，2017年上涨至324.85亿元，涨幅达到180.58%。同时，存货周转率也出现小幅度下滑，从2011年7.03次下降至6.78次。

应收账款和存货周转变慢，导致经营活动现金流净额趋紧。

分析到这里，我们必须继续追问两个更难的问题：

（1）到底医保控费、两票制，以及近期出台的带量采购政策，对它会产生什么影响，影响会有多大？

（2）其增速出现下滑，什么时候会回升？

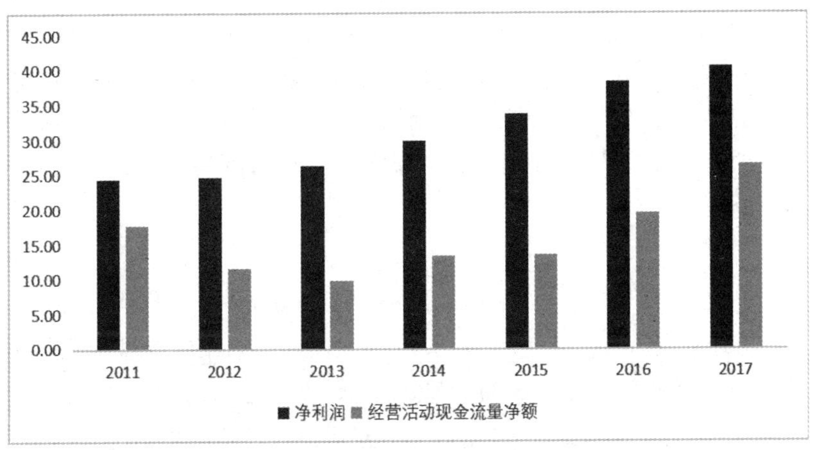

图30：净利润、经营活动现金流净额（单位：亿元）
来源：并购优塾

6

政策影响，到底有多大？

医保控费、两票制、带量采购，三大政策仔细分析下来，其实一脉相承，就是降低多票制带来的药价上涨，砍掉流通环节，减少药品加价，减轻医保负担。

而在其中，之前引起巨大波澜的带量采购，其实是政策演变的极致状态，基本可以通俗理解为“一票制”，也就是医院或医保局直接向药企采购，挤压中间流通环节，医药流通企业最终只能降为配送商，话语权将会进一步被削弱。

这三大政策对于医药流通企业的影响在于：加剧行业兼并整合，大分销商整合二三级分销商，市场集中度提升。

从全国医药流通行业的集中度来看，2016年，全国前三大医药流通企业的销售占比在35%左右，而对比美国成熟市场看，前三大医药流通企业的销售占比已经达到非常高的数字：96%（分别为麦克森、美源伯根、康德乐）。

从这个角度来看，能够判断出重要的行业趋势——如果要研究国内医药流通领域，只能研究一线巨头公司。并且，由于行业洗牌让中小流通商退出市场或被吞并，使得大型流通商可以享受集中度提升的红利，可以预判的是，未来这个领域的大型流通商，仍有很大的增长空间。

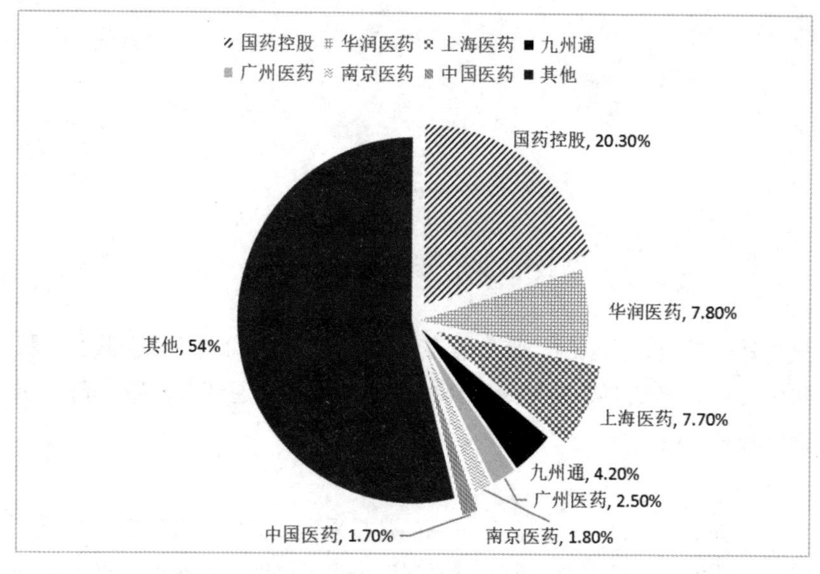

图31：2016年我国医药分销行业市场竞争格局（单位：%）
来源：华泰证券

以我国最早实施两票制的省份为例：福建省从2011年开始执行两票制，全省配送企业数量由原来的200多家，减少到目前的62家，仅为原来的30%。福建省医药流通行业CR5的集中度，也已经达到65%。

可想而知，随着医药流通行业内业务的整合逐渐完成，加之头部公司并购重组的不断实施，“两票制”对这些头部公司的影响将逐渐减弱，随后会恢复上升通道。

而上海作为带量采购的试点之一，虽然，上海医药的业务也主要集中在上海及华东地区，未来可能会受到集采的影响，但是，带量采购毕竟无法覆盖全部药品，因此，对本案影响也比较有限。

此外，随着医药分开的推行，最终仍然需要将药品推向零售渠道，从美国经验来看，未来这类医药流通企业更有可能和零售渠道合作。

比如，CVS（中文名：西维斯健康）与Cardinal Health（中文名：卡地纳健康）在2013年成立合资公司Red Oak，进行仿制药批发。另外，Walgreens（中文名：沃尔格林联合博姿，美国最大连锁药店）拥有ABC（中文名：美源伯根）15%的股份且是董事会成员。[1]

目前，我国的医药流通行业，已经有向零售药店拓展的趋势。以本案上海医药为例，它目前拥有华氏、雷允上等知名连锁药房，共有1981家连锁零售药房，不断向医药零售端拓展。

综上，两票制会加剧行业整合，但作为分销行业全国排名前三的企业，上海医药的分销规模壁垒比较高，能够抵御两票制的不利影响。而带量采购的药品数量有限，加之其在零售业务的布局，也能降低对未来业绩的影响。

同时，它还代理罗氏、施贵宝、和记黄埔进行销售，其中包含了厄洛替尼、曲妥珠单抗、贝伐珠单抗、利妥昔单抗、Opvido（O药）、麝香保心丸等重磅品种，虽然受医保目录谈判的降价压力，但是未来仍具有放量空间。

以上猜想，我们结合季度增速来看：

注意下图，2017年底上海全面实施“两票制”，其季度增速放缓至10%以下，但很快，自2018年一季度开始，营业收入、净利润增速开始回暖，到了2018年三季度，营业收入增速已经恢复到近30%。

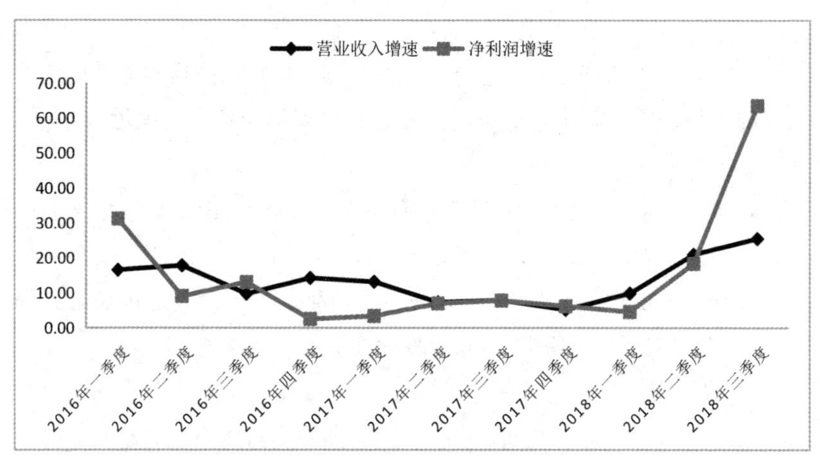

图32：季度增速（单位：%）
来源：并购优塾

这说明，两票制对整个行业短期心理预期有压制，但从长远角度来看，对大型医药流通企业反而有利。与同行业对比，大型医药流通巨头，如国药控股、华东医药都出现了不同程度的增速回暖。

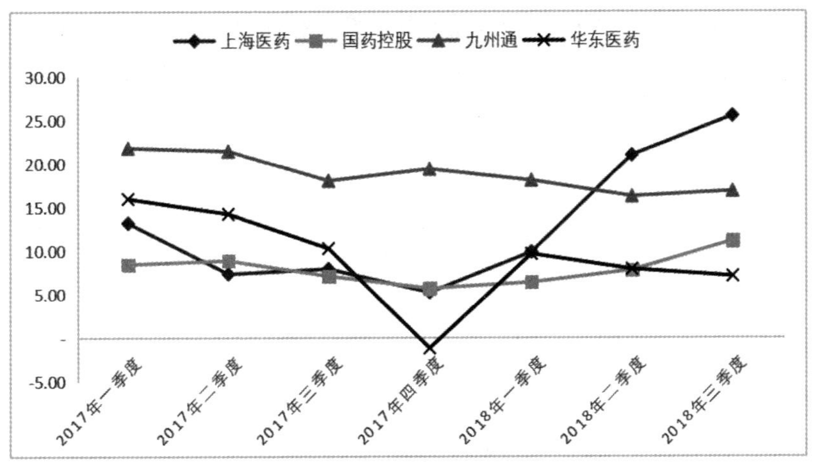

图33：营业收入增速对比（单位：%）
来源：并购优塾

而上海医药的反弹力度最大，是因为其增速还受并购的影响，因2017年并购的康德乐马来西亚，被纳入合并报表所致。

因此，整体来看，该阶段受业绩不断上涨影响，它的股价除2011年和2012年受大盘下跌影响外，整体呈上涨趋势，股价从最低9元上涨至最高30.35元，涨幅为237.22%。

而在2018年6月，受医药黑天鹅和带量采购政策等影响，股价回调至目前18元，降幅为40.69%。它的PE由于ROE波动性不大，整体在15倍至20倍之间震荡。

研究到这里，“政策影响”这个重大的问题已经解决。可是，对其未来增长空间的思考，仍然还有几个问题需要继续深度追问：

（1）从核心护城河上思考，其发展路径和华东医药、华润医药类似，既布局医药流通，又布局医药制造，医药制造占毛利比重约为40%左右。但是，它的估值却要比华东医药（27倍至34倍）要低，为什么？

（2）既然它本身具有并购的预期，但它的估值区间在15倍至20倍之间，与同行业差异不大，甚至还略低于同行业，这又是为什么？

7

未来，究竟看什么？

先来看第一个问题，上海医药的商业模式包括：医药流通+医药制造。但是，上海医药的制药业务对利润的贡献不如华东医药。

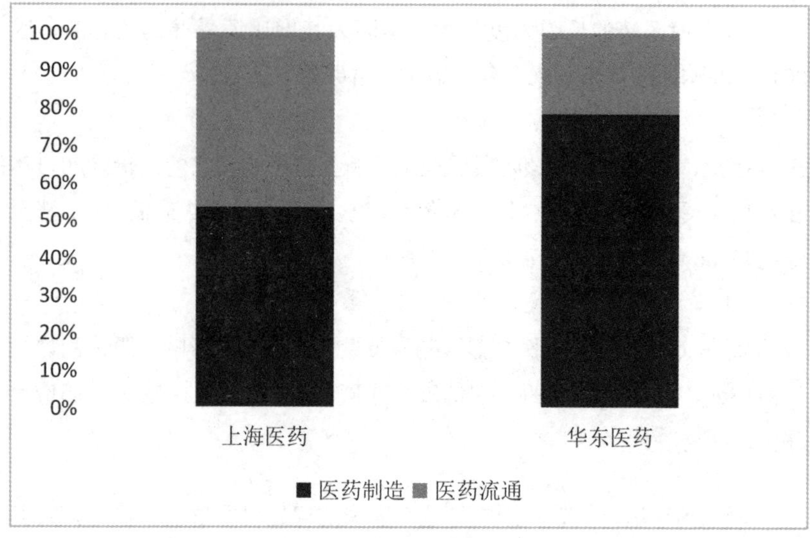

图34：毛利构成（单位：%）
来源：并购优塾

对华东医药来说，其医药制造业务主线清晰，围绕糖尿病等慢性疾病赛药品道布局，阿卡波糖的营业收入贡献为20亿元，且历经17年，业绩增速仍然保持在25%至30%。

而上海医药的医药制造业务，领域更多元，主要聚焦消化系统和免疫代谢、心血管、抗感染、精神神经以及抗肿瘤五大领域，生产的药品超过800种。其医药制造业务以多元化为主，没有销售额破10亿元的大品种，销售额较高的品种如硫酸羟氯喹片（用于治疗风湿性关节炎），2017年销售额为5.5亿元，2017年增速为13.36%。所以，未来能否突破“大单品”，是一大看点。

从研发投入情况上看，主要针对四类：创新药研发、仿制药研发、现有产品的二次开发、一致性评价。

其中，二次开发的占比较高，占研发支出的比重为35.43%，其次为仿制药研发（22.59%）、创新药研发（21.14%）、一致性评价（20.84%），而创新药研发主要聚焦抗肿瘤、全身性免疫及心血管领域。2015年至2017年，上海医药的研发投入分别为6.18亿元、6.71亿元、8.36亿元；占收入的比重分别为5.22%、5.4%、5.58%；资本化比率分别为0、2.42%、5.47%。

再来看同行业情况：

华东医药——2015年至2017年，研发投入分别为2.18亿元、2.64亿元、4.62亿元；占营业收入的比重分别为4.6%、4.68%、6.95%；资本化比率为0。

华润医药——2015年至2017年，研发投入分别为7.09亿港元、7.26亿港元、10.54亿港元（折合人民币6.05亿元、6.22亿元、9.02亿元）；占营业收入的比重分别为3.27%、3.24%、1.75%；资本化比率分别为0、0、18.6%。

国药股份——2015年至2017年，研发投入分别为0.22亿元、0.18亿元、0.41亿元；占营业收入的比重分别为0.18%、0.14%、0.11%；资本化比率分别为39.62%、28.45%、46.34%。

中国医药——2015年至2017年，研发投入分别为0.74亿元、0.92亿元、1.14亿元；占营业收入的比重分别为0.36%、0.36%、0.38%；资本化比率分别为33.72%、23.97%、28.1%（注意这个比率）。

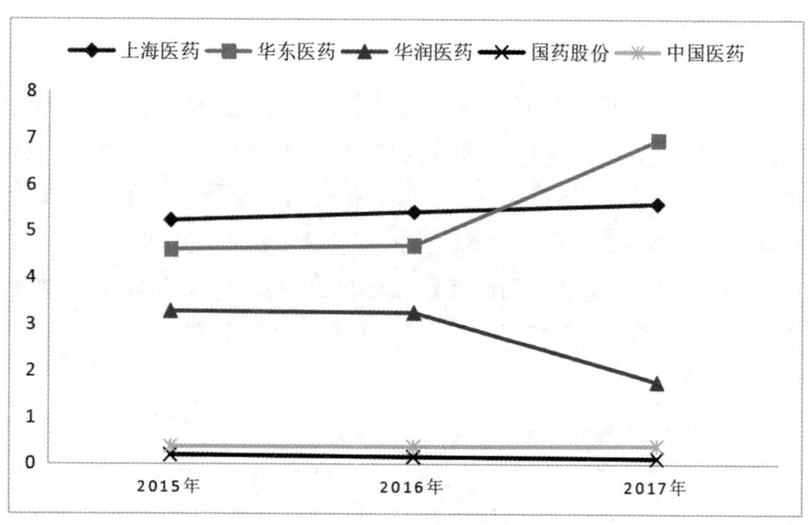

图35：研发投入占收入比重对比（单位：%）
来源：并购优塾

可见，从研发投入占收入的比重来看，在医药流通领域，上海医药与华东医药在研发投入的强度上，不相上下。这两家公司，都是类似的逻辑：在流通优势基础上，不断加载制药业务，进行协同。

接下来，再来看第二个问题：既然是并购驱动，为什么估值没有溢价？之前我们在专业版报告中研究过爱尔眼科、美年健康，由于并购驱动，市盈率动辄80倍之巨，比一般医药公司估值区间抬升了一倍还不止，而本案却相反，怎么回事?

（1）医药分销赛道，整体估值水平是医药领域最低的。

从赛道来看，医药流通的行业平均PE约为15倍至25倍，而医药制造的行业平均PE为20倍至40倍，医疗器械的行业平均PE为25倍至60倍。

只是，由于华东医药的净利润80%都是制药贡献的，其更像是一家医药公司而非医药流通公司，因为估值整体高于医药流通，而落在了医药制造的平均估值区间内。

（2）虽然有并购，但是并购对业绩提升、增速推动的作用，没有凸显。

从并购标的的质量来看，上海医药的并购标的一般为各省市当地的医药流通公司、小型制药公司等，标的整体质量不高。虽然2017年底并购了康德乐马来西亚，但是其估值较高，同时，康德乐以调拨业务为主，医院纯销较少，而两票制后，调拨业务可能会被慢慢淡化，因此，市场上并不对这一并购看好。

另外，医药流通领域的龙头在A股并不稀缺，可选择性较大，比如华润医药、国药股份、华东医药、中国医药等。同时，医药分销的业务，各家差异也不大。反观国药股份，因为在麻醉药领域的绝对垄断地位和话语权，其估值区间较同行高，约为20倍至30倍。

所以，如果未来估值要想抬升，只并购分销业务是不行的，关键还是看能否通过并购或者自研，在“大单品”上有所突破。

研究到这里，基本面的逻辑已经基本解决，但还有一个重要问题，需要再分析一下——医药流通公司和医药制造公司，从财务报表结构上，到底有什么不同？流通公司ROE、ROIC、净利润普遍很低，那么，都低在了哪里？

8

财务对比：上海医药VS恒瑞医药

对于流通公司和制药公司财务差别，我们来对比一下本案和恒瑞医药数据：上海医药2015年至2017年ROE分别为9.96%、10.39%、10.72%，而制药龙头恒瑞医药2015年至2017年的ROE分别为24.31%、23.2%、23.18%，几乎是上海医药的2倍。那么，二者都是各自领域的龙头，为什么ROE相差这么大，它们究竟差在了哪里？

先来看总资产周转率——上海医药，2015年至2017年总资产周转率分别为1.52次、1.54次、1.48次；恒瑞医药，2015年至2017年总资产周转率分别为0.91次、0.86次、0.85次。

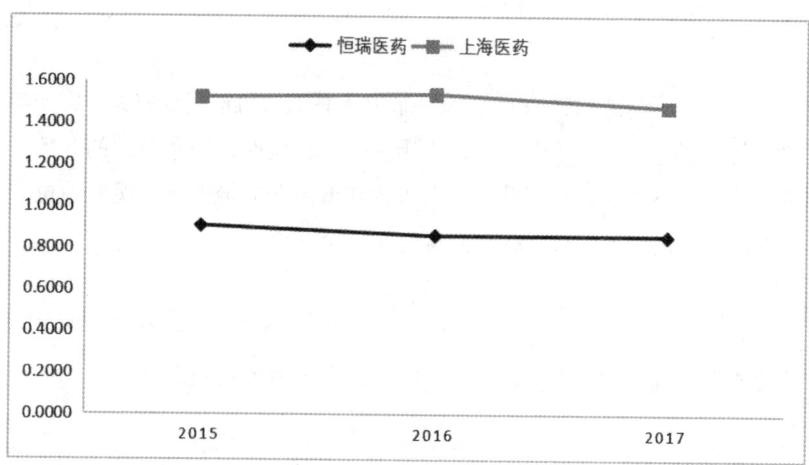

图36：总资产周转率对比（单位：次）
来源：并购优塾

通过对比，上海医药的总资产周转率其实明显高于恒瑞药业。

再来看权益乘数——上海医药，2015年至2017年权益乘数分别为2.4、2.55、2.7；恒瑞医药，2015年至2017年权益乘数分别为1.15、1.16、1.17。

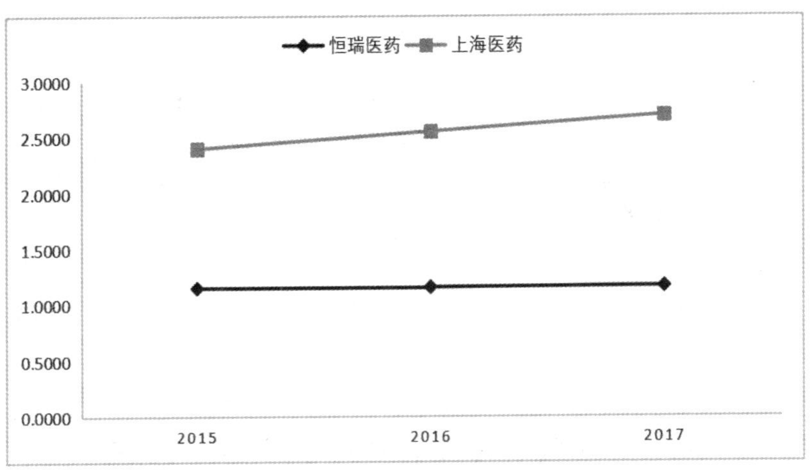

图37：权益乘数对比
来源：并购优塾

由于上海医药并购较多，导致它的负债相对较高，权益乘数也明显高于恒瑞医药。

导致ROE偏低的原因，既不是总资产周转率，也不是权益乘数，那么，就只能是净利率：

上海医药，2015年至2017年净利率分别为3.19%、3.17%、3.1%。恒瑞医药，2015年至2017年净利率分别为23.87%、23.74%、23.8%。

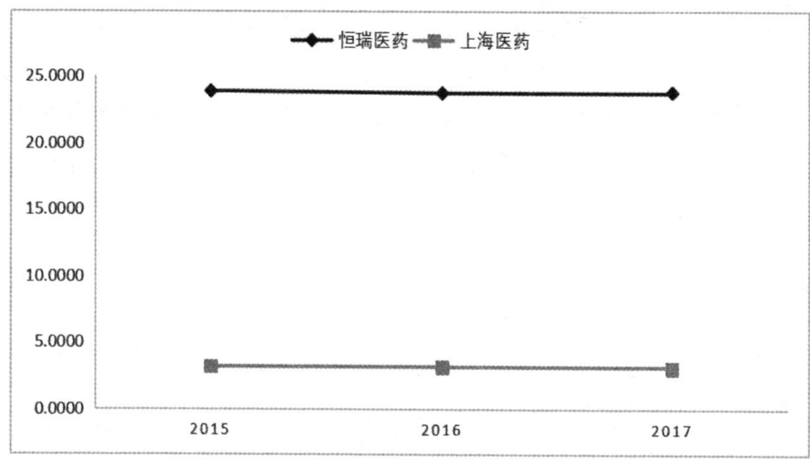

图38：净利率对比（单位：%）
来源：并购优塾

通过对比，我们发现恒瑞医药的净利率明显高于上海医药，恒瑞医药的净利率几乎是上海医药的8倍。

那么接下来的问题是，它们的净利率，又究竟差在了哪里？

我们主要来看营业成本、销售费用、管理费用这3个成本费用科目。

上海医药，2017年营业成本占收入比重为87.22%、销售费用占收入比重为5.66%、管理费用占收入比重为3.15%；恒瑞医药，2017年营业成本占收入比重为13.37%、销售费用占收入比重为37.5%、管理费用占收入比重为21.34%。

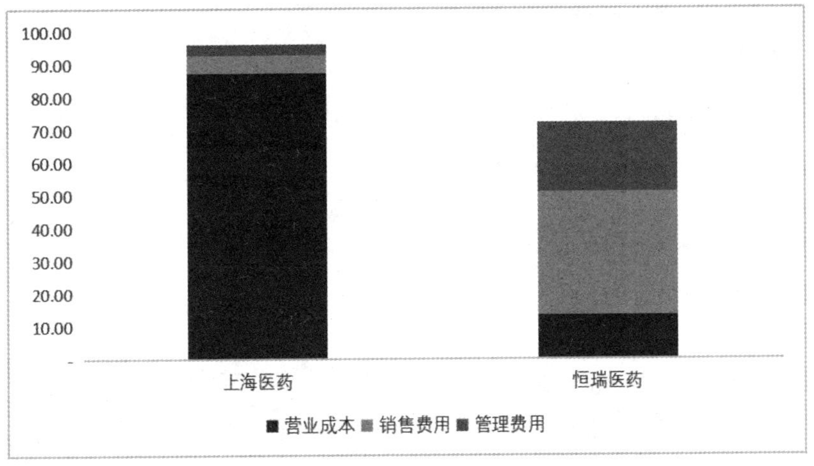

图39：主要成本费用对比（单位：%）
来源：并购优塾

通过对比得知，上海医药将大部分的收入都用在了成本上，而恒瑞医药的收入主要用在了销售费用上。成本费用的较大差异，和它们的业务逻辑有直接关系。

先来看营业成本——上海医药为医药流通企业，主要业务为配送服务，成本结构中主要为配送过程中发生的人工费、物流成本，这个业务本身毛利就很低。而恒瑞医药为制药企业，其成本结构中主要为药品的原料费、人工成本等，由于定价权相对医药流通企业更强，所以毛利率更高。

再来看销售费用——上海医药作为流通商，主要责任是配送和帮助制药企业销售产品，并不需要太多的推广支出。而恒瑞医药，为了推广它的药品，就需要向流通企业或医疗机构支付大量的推广费，因此，它的销售费用占比更高。

那么，既然它们的主要成本费用存在如此大的差异，它们的资产结构是不是也不同？我们分别来看：

> 上海医药，2017年资产结构中占比最大的3个资产分别为应收账款（33.26%）、存货（18.31%）、现金（15.73%）；
>
> 恒瑞医药，2017年资产结构中占比最大的3个资产分别为其他流动资产（25.75%）、现金（23.65%）、应收账款（17.68%）。

通过对比，我们可以发现，上海医药账面上最重的资产是应收账款，而恒瑞医药却是钱（其他流动资产、现金），这和它们的话语权有关。

从产业链上看，作为医药流通企业的上海医药，一方面受制于上游大型制药企业，另一方面，又受制于下游医疗机构，话语权弱。对比恒瑞医药，虽然它对下游医疗机构的话语权较弱，但是它对上游原料供应商的话语权就明显高很多，这样一来，账面上的现金就自然较多。

至此，一些核心的基本面问题已经解决，我们来进入本报告最重要的部分——估值。

9

估值，到底该如何测算？

对于上海医药，由于它的经营能力强、现金流稳定，所以，我们可以采用DCF以及PE估值法估值。

首先，来看看它的历史PE变动情况。其中，PE的3次高点分别出现在

1998年、2000年、2010年，对应的ROE分别为17.82%、26%、24.95%。而PE的3次低点分别出现在2004年、2019年，由于2019年尚未披露数据，2004年的ROE为2.13%。

	时间	ROE	营业收入增速	净利润增速	PE
估值高点	1998	17.82%	5.87%	213.13%	109倍
	2000	26%	1.44%	84.64%	59倍
	2010	24.95%	19.67%	6.83%	226倍
估值低点	2004	2.13%	10.52%	-28.77%	18倍
	2019	-	-	-	11倍

表1：估值高低点
来源：并购优塾

PE高值发生在净利润增速高点（1998年、2000年）、ROE高点（2010年）。而PE低值，则在净利润增速低点。此外，结合本案的经营情况，它的历史PE为15倍至20倍。

这个区间到底在什么水平，我们再来看同行业的历史PE情况：

中国医药——历史PE为16倍至24倍；
华润医药——历史PE为18倍至20倍；
国药控股——历史PE为18倍至22倍；
ABC——历史PE为12倍至16倍；
沃尔格林联合博姿（WBA）——历史PE为14倍至23倍；

综合来看，本案可比公司估值区间大致可取在15倍至25倍。不过，这样的逻辑还有问题：以上数据都是较为粗略的预估，并且只是单一的估值逻辑，数据准确程度有限，不可直接作为参考。接着，还必须再通过DCF贴现法，进行交叉验证。

10

现金流贴现，如何计算?

现金流贴现，预测的主要环节假设如下：

（1）营业收入增速——根据历史增速（11.36%）、外部研究员增速（14.11%）、医药流通行业增速（8.7%）、内生增速（7%）。

按照乐观、保守算法，取增长率为14%、7%。永续增长方面，由于医药流通行业和公司个体的确定性较高，且有并购预期，乐观增速为6%，保守增速为3%。

（2）营业利润率——上海医药的历史平均值为4%，考虑到由于带量采购等政策的影响，未来利润空间可能进一步趋窄，并向国外一些巨头靠拢，因此永续期的营业利润率取国外行业平均营业利润率3%。

（3）折旧/摊销——本案的历史平均折旧和摊销较稳定，因此假设未来稳定经营情况下，折旧增加额与企业增速一致。

（4）资本支出——取其平均值30亿元为基期数据。与往常不同的是，这里的基期数据，考虑到并购的惯性，我们在对内资本支出（19亿元）的基础上，调增了对外并购的资本性支出部分，取了3年平均值11亿元。

另外，由于本案固定资产占比仅为7%左右，占比较低，因此，预计未来永续期的资本支出占折旧的比率，需要保持在100%左右（资本支出/折旧=1）。

（5）营运资本变动——取历史平均值为1%。

（6）WACC——综合计算，取8.5%。

按照以上参数大致测算，计算企业价值在361亿元至1138亿元，净债务为19亿元，所以股权价值在342亿元至1119亿元，对应的PE（TTM）为8倍至26倍。

按照以上参数大致测算，计算企业价值在361亿元至1138亿元，净债务为19亿元，所以股权价值在342亿元至1119亿元，对应的PE（TTM）为8倍至26倍。

预测各期自由现金流的取值，具体见表2。

综合以上两种方法，得出的大致数据区间：

PE估值法——为630亿元至1051亿元，市盈率为15倍至25倍；
DCF估值法——为342亿元至1119亿元，市盈率为8倍至26倍。

因此综合多方数据，如果数据在15倍左右及以下，相对具有安全边际；而如果数据升至25倍以上，则安全边际相对较低。

目前，本案市盈率为12倍。不过，任何人在任何时候，对任何公司都不可能做出百分百准确的预估，因而本报告仅做研究方法讨论，具体数据不具有任何参考价值，并且也坚决不做任何建议。我们能做的已经全都做了，剩下的部分需要你自己思考。

最后总结一下基本面，整体来看：

预测现金流											
	基期	*1*	*2*	*3*	*4*	*5*	*6*	*7*	*8*	*9*	*10*
收入增速		14.00%	14.00%	14.00%	12.86%	11.71%	10.57%	9.43%	8.29%	7.14%	6.00%
折旧增速		14.00%	14.00%	14.00%	12.86%	11.71%	10.57%	9.43%	8.29%	7.14%	6.00%
收入全额	1,486.61	1,694.74	1,932.00	2,202.48	2,510.83	2,804.95	3,101.47	3,393.90	3,675.11	3,937.61	4,173.87
1-息税前利润率	96.45%	96.36%	96.27%	96.18%	96.09%	96.00%	96.20%	96.40%	96.60%	96.80%	97.00%
营业成本费用	1,433.79	1,633.01	1,859.90	2,118.32	2,412.64	2,692.75	2,983.62	3,271.72	3,550.15	3,811.61	4,048.66
EBIT	52.82	61.73	72.10	84.16	98.19	112.20	117.86	122.18	124.95	126.00	125.22
税率	25.00%	25.00%	25.00%	25.00%	25.00%	25.00%	25.00%	25.00%	25.00%	25.00%	25.00%
EBIT (1-t)	39.62	46.30	54.07	63.12	73.64	84.15	88.39	91.64	93.72	94.50	93.91
折旧摊销	7.53	8.58	9.79	11.16	12.59	14.07	15.55	17.02	18.43	19.74	20.93
资本支出	30.00	32.66	35.69	39.15	43.09	47.58	42.25	36.92	31.59	26.26	20.93
营运资本变动	16.57	16.95	19.32	22.02	25.11	28.05	31.01	33.94	36.75	39.38	41.74
自由现金流	0.58	5.27	8.85	13.10	18.03	22.58	30.68	37.79	43.80	48.61	52.17

表2：乐观自由现金流预测（单位：亿元）

来源：并购优塾

未来受益因素包括：

（1）护城河方面，上海医药的医药分销业务是全国性龙头，具有规模优势的壁垒。

（2）未来增长方面，短期看与康德乐马来西亚的整合，长期看与零售业务的协同效应。

（3）流通优势基础上，加载重磅药物以提升毛利、净利、ROE，未来可期。

（4）随着两票制的推行，医药流通行业的并购和集中度提升预期。

未来风险因素，则主要在于：

（1）带量采购对医药分销业务的冲击。

（2）无法在药品“大单品”上实现突破。

11

估值方法论：资本性支出如何计算

为什么要对资本性支出单独做一个讲解，是因为，不同的商业模式决定了不同的估值方法。比如，之前研究招商银行的案例时发现，银行这门生意，资本性支出难以确认，所以，通常无法适用于DCF现金流贴现，而是以股利贴现模型替代。

换句话说，如果要做DCF现金流贴现，就必须要确认资本性支出，在息前税后净利润EBIT×（1-t）的基础上，调减资本性支出，从而为计算自由现金流做准备。

那么，究竟该如何确认资本性支出？先来思考这几个问题：

（1） 什么是资本性支出？

（2） 如何预测未来资本性支出？

（3） 并购驱动算不算资本性支出，该如何调整？

下面，我们逐个来解决。

先来看第1个问题：什么是资本性支出？

资本性支出，是指可以为未来多个会计期间带来收益的支出。通常，用于采购固定资产、无形资产等的支出，都要作为资本性支出。

相对应的，就是收益性支出，也就是我们常说的期间费用，这类支出的效益只与本会计年度相关。

再来看第2个问题：如何预测未来资本性支出？

我们通常能够从报表中获取历史年份的资本性支出，但是，预测未来却难度较大。这主要是由于，公司的资本性支出通常并不稳定，有的年份会较多，而有的年份则较少。

如果我们仅考虑基期的资本性支出，可能并不能反映企业的真实情况，尤其是成长股可能存在资本支出突然加大的情况。因此，有两种途径可以平滑这种波动性：

一、使用历史年份的平均资本性支出。

这是最简便的一种方法，通过这种方法，可以规避某一年资本性支出过多或过少为预测带来的偏差。本案，我们就选取了过去3年的资本性支出，取其平均值19亿元作为基期数据，对其未来进行预测。

二、如果一家公司它的历史较短，或业务结构有所变化，我们就无法在时间上对其平均化。对于这类公司，我们可以考虑采用行业内平均资本性支出的方式，对其进行预测。

再来看第3个问题：并购驱动算不算资本性支出，该有哪些调整？

对于资本性支出，一般有两个项目需要调整：

一是我们之前讨论过的研发费用；二是收购其他公司股权所产生的费用。

研发费用资本化，我们在之前已经详细地讨论过，这里我们就不再赘述。下面，我们主要来看对收购支出的调整。

会计上的资本性支出，一般是对内投资，但是，如收购等对外投资活动，也会为公司的未来会计期间产生收益。因此，也应该包含在资本性支出中。

由于，企业未来用于并购的支出较难预测，一种比较简便的方式，就是取近几年的平均值，或选取过去一年的并购支出作为基期数据。（当然，这样的做法是基于本案资本支出相对固定的情况下，如果是成长股，资本支出大幅波动，那么就需要更精细的假设，甚至实地调研了）

本案，上海医药也是通过并购来扩张规模，因此各年基本上都有收购成本。为了平滑各年收购成本的波动性，我们采用过去3年的平均值11亿元，作为收购成本的调整金额。

因此，为了计算本案的资本性支出，我们从现金流量表“购建固定资产、无形资产和其他长期资产支付的现金”“取得子公司及其他营业单位支付的现金净额”两个科目中，取得过去3年上海医药购买固定资产、无形资产，以及子公司或联营企业股权所支付的现金，并取其平均值，购买固定资产、无形资产的平均支出为19亿元，收购股权的平均支出为11亿元。

上海医药基期的资本性支出为30亿元（19亿元+11亿元），预测期的资本性支出，将购买固定资产等常规资本性支出，按照营业收入增速进行预测；而并购方面的支出，乐观假设将维持每年11亿元的水平。

不过，谁都无法预测其未来是否会发生并购，并且，收购成本较难预测，在进行估值时，出于谨慎原则，也可以不对其进行调整。同时，如果真的要预测，也要有一个前提：假设支付的收购价格公允，且目标公司的股东要求得到部分或全部控制权的价值。

经过以上调整，那么，资本性支出便能够粗略做假设，进而能够进行现金流贴现的计算。在接下来的报告中，我们还将沿着这个思路，继续深入剖析现金流贴现的计算方法。

本报告参考资料如下，特此鸣谢

[1] “医保带量采购将推动药品流通领域转型”，健康界，2018-10-15.

本文发布于2019年3月12日

乐普医疗

医疗器械的并购逆袭

天我们要研究的这家公司，上市至今9年时间里，前复权股价从最低点3.68元上涨至最高41.53元，涨幅达到10倍。来感受一下它的走势。

图1：股价图（单位：元）
来源：wind

这家公司，可谓A股“医药并购之王”，其在上市之初，原本是心脏支架业务巨头，而在这之后，它通过并购，不断拓展自己的疆域——接连进入起搏器、心血管用药、医疗服务机构等其他领域，并通过并购，从器械公司跨进制药领域，获得了氯吡格雷、阿托伐他汀等重磅药物。

上市至今，它通过并购获得的业绩，占总业绩的比率约为70%，是一家典型的并购驱动型公司，可以说，和复星医药有的一拼。

从2015年至2019年，它一共进行了近30次并购，并购范围涉及医药、医院、医疗设备等赛道。2017年账面商誉达到21.63亿元，占资产总额的比重为16.91%。

它，就是心脏支架领域的龙头企业——乐普医疗。

目前，它在国内心脏支架领域的市场占有率为24%，排名第一，甚至超过雅培、美敦力等国外巨头。

注意，近3年营业收入、净利润年复合增速近30%，增速极快。并且，在2018年三季度，实现营业收入45.8亿元、净利润11.76亿元，才3个季度就已经超过了2017年全年水平。

可是，万万没想到，从2018年6月之后，在短短半年的时间里，股价居然一路暴跌，自区间最高点41.53元，疯狂下跌到最低18.03元，区间最大跌幅达到56%!

本案基础数据研究到这里，值得深思的几个问题来了：

（1）作为一家以医疗器械起家的公司，为什么要大规模并购制药等其他医药赛道企业，它的基本面发展究竟是什么？

（2）它通过并购，买来了两款重磅药物：氯吡格雷、阿托伐他汀，结果，在2018年11月的带量采购政策中没能中标，那么，这究竟对它未来的发展影响有多大？

（3）集采流标，直接导致市场情绪失衡，股价暴跌。本案从2018年6月起，估值一路下杀，区间最高跌幅达到56%。接下来，一个关键的问题来了：如今，它的估值究竟处于什么样的区间？

1

心血管巨头，到底怎么炼成的？

乐普医疗成立于1999年，其控股股东及实际控制人为蒲忠杰及其一致行动人，合计持股比率为26.6%。

2015年至2018年三季度，其营业收入分别为27.69亿元、34.68亿元、45.38亿元、45.8亿元；净利润分别为5.96亿元、7.47亿元、9.94亿元、11.76亿元；经营活动现金流净额分别为4.36亿元、6.92亿元、9.13亿元、9.47亿元。

从利润率来看，毛利率分别为55.32%、60.95%、67.23%、73.34%；净利率分别为21.53%、21.53%、21.9%、25.65%。

业绩增速方面，近3年营业收入年复合增速为28.02%，净利润年复合增速为29.14%，并且，净利润增速高于营业收入增速，呈现典型的成长股特征。此外，需要特别注意的是，它2018年前3季度营业收入、净利润上涨较快，是由于它的主要药品氯吡格雷和阿托伐他汀完成了贵州省招标，导致快速放量。

本案，营业收入主要来源于：医疗器械、医药、医疗服务和新型医疗业态4大业务板块。其中，医疗器械是它的主要收入来源，占总收入的比重为55.57%；其次是医药（38.39%）、医疗服务（4.7%）、新型医疗业态（1.34%）。

医疗器械——主要以心血管系统、体外诊断、外科、血液透析等医疗器械为主。其中，新一代血管内无载体含药（雷帕霉素）洗脱支架系统（Nano）是它的主要产品，2017年其收入占比为医疗器械总收入的44.60%。

医药——其药品主要集中在和其器械业务相关的赛道，比如心血管、降糖药领域。其中，氯吡格雷是药品业务的主要收入来源，2017年其收入占药品收入总额的比重为39.04%。

医疗服务——主要在乐普心血管慢病咨询健康管理中心、区域性心血管慢病咨询健康管理中心及基层诊所（即药店诊所）等三级远程医疗体系布局，主要围绕心血管领域。

新型医疗业态——主要包括智慧医疗及人工智能、类金融业务及战略股权投资3部分内容。

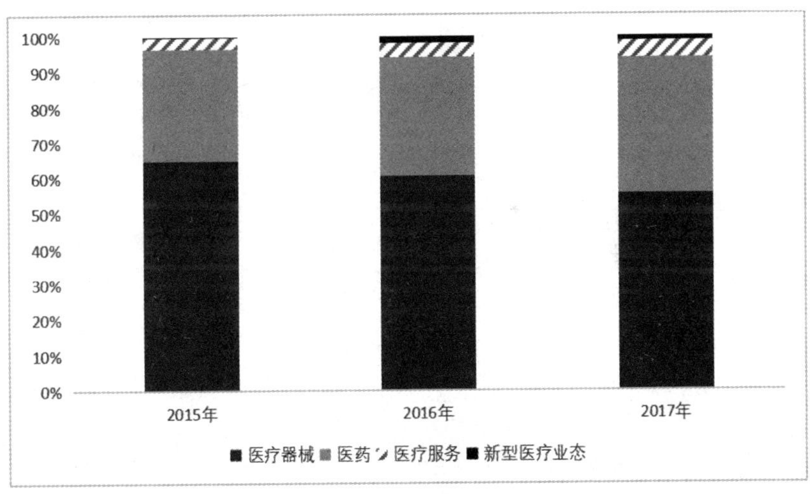

图2：收入结构（单位：%）
来源：并购优塾

从产业链上看，其上游为球囊导管组件及配件、不锈钢管、原料药等供应商，前五大供应商采购额，占年度采购总额的比重为13.18%，供应商较分散。其下游为医院、医疗机构等，前五大客户销售收入占年度销售总额的比重为7%，客户较分散，但是由于其下游客户为医院，是产业链的核心，所以自然是医院话语权较强。

纵观本案的基本面发展历史，大致可分为两个阶段：

第一阶段：2009年至2014年（业绩下滑）；

第二阶段：2015年至今（换帅，变更经营策略）；

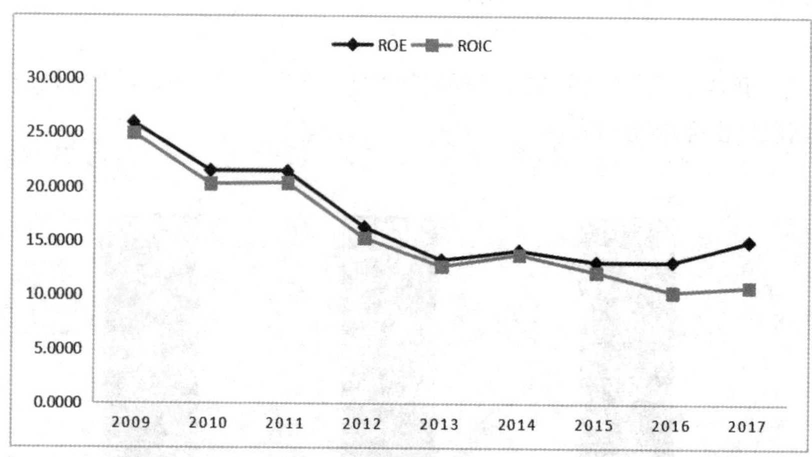

图3：ROE、ROIC（单位：%）
来源：并购优塾

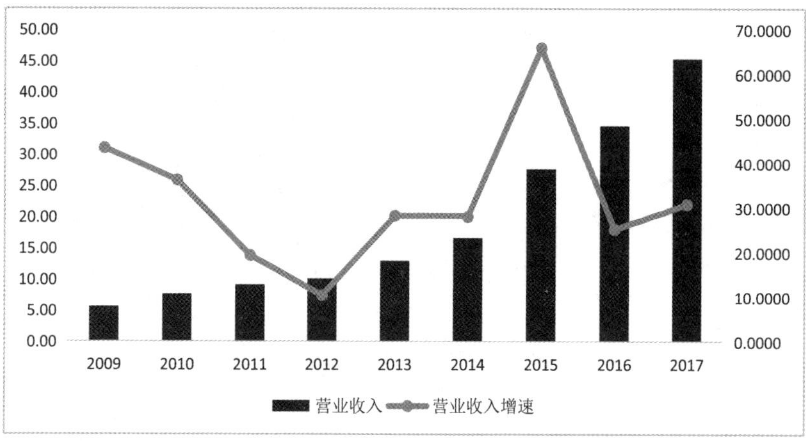

图4：营业收入、营业收入增速（单位：左：亿元、右：%）
来源：并购优塾

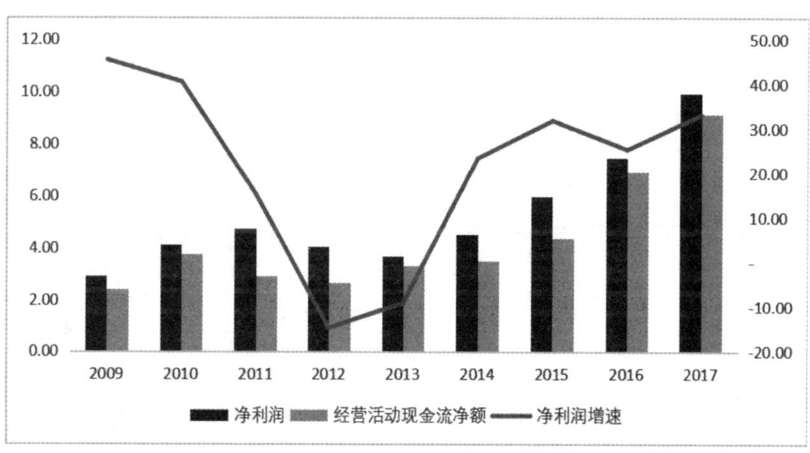

图5：净利润、经营活动现金流、净利润增速（单位：左：亿元、右：%）
来源：并购优塾

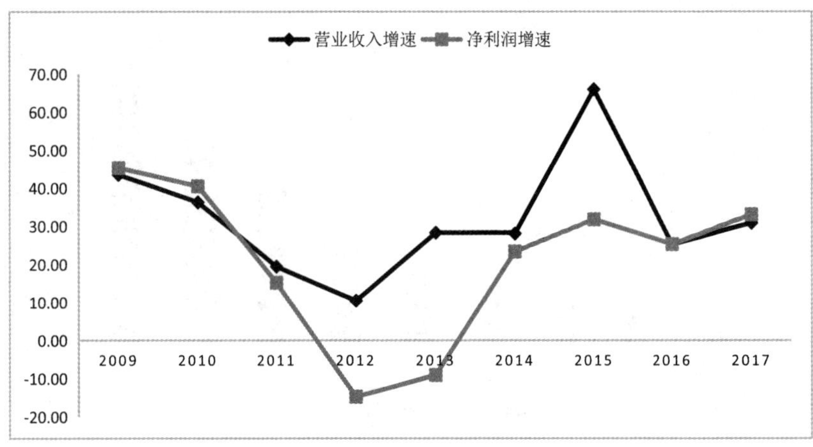

图6：营业收入增速、净利润增速（单位：%）
来源：并购优塾

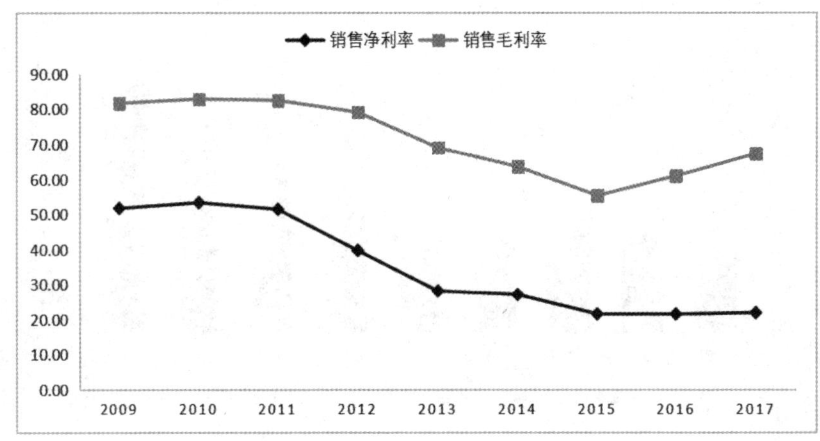

图7：销售净利率、销售毛利率（单位：%）
来源：并购优塾

综合来看，如果要厘清本案的基本面，必须深挖以下几点细节：

（1）从盈利能力来看，第一阶段，毛利率、净利率、ROE同步下降，到底发生了什么事？

（2）目前，其ROE保持在12%至14%，与同处于医疗器械赛道的安图生物（IVD赛道，27%至45%）、迈瑞医疗（12%至46%）等公司相比，为什么这么低？

（3）注意2012年、2013年，营业收入增速大幅下滑，且净利润增速出现负增长，这是为什么？

（4）可是，经过前期的下滑，2014年起，营业收入、净利润又恢复增长，且资产体量整体上了一个台阶，业绩增速也触及历史高点，是靠什么原因扭转的？

（5）2015年后，其股价不断抬升，而市盈率却有下行压力。如今，PE为37倍，那么，现在的估值到底在什么样的区间？

带着以上问题，我们来逐个复盘。

2

ROE一直下滑，什么情况？

第一阶段，自2009年上市后乐普医疗的ROE和ROIC开始不断下降，其ROE从2009年25.93%降至2014年14.18%，ROIC从2009年24.97%降至2014年13.8%。

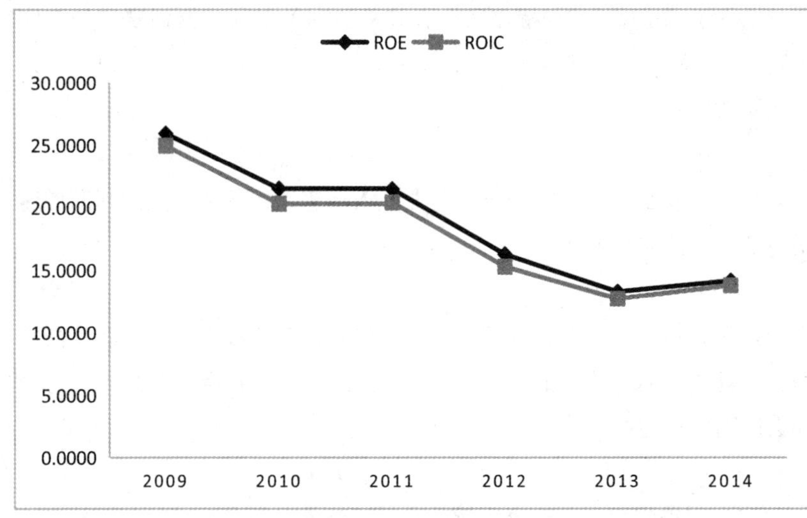

图8：ROE、ROIC（单位：%）
来源：并购优塾

导致这一阶段ROE和ROIC不断下降的主要原因，是净利率的下降。

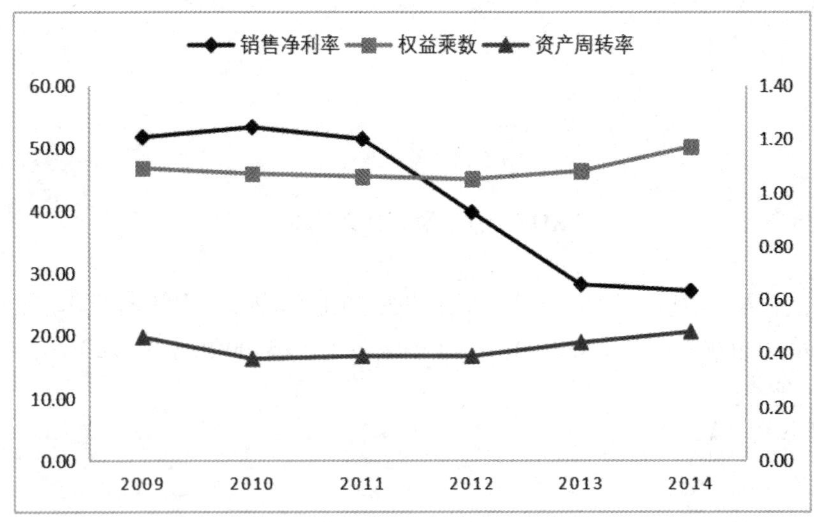

图9：杜邦分析
来源：并购优塾

而导致净利率下降的主要原因，主要有两方面：一、毛利率不断走低；二、销售费用率不断攀升。注意，特别是在2012年、2013年这两年。

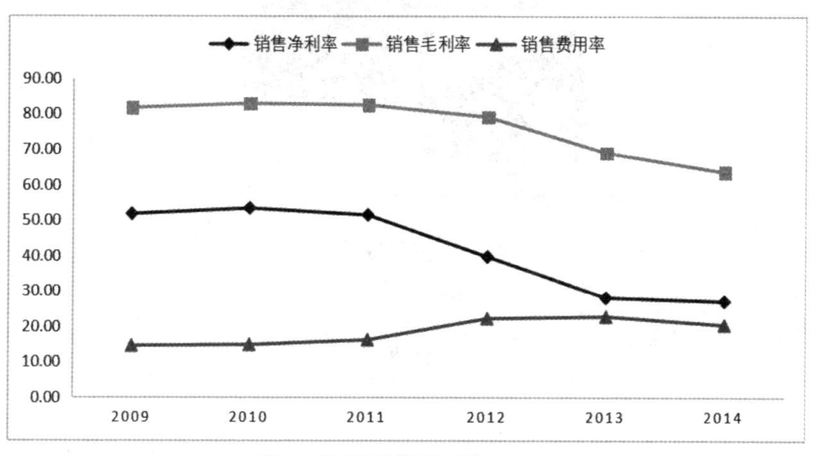

图10：影响净利率因素（单位：%）
来源：并购优塾

从业务逻辑上看，这一阶段，乐普医疗主要业务是做心脏支架。而心脏支架的销量与冠状动脉介入手术（PCI）量密切相关。

PCI，我国最早开始于20世纪80年代中晚期，那时候，国内没有生产心脏支架的企业，心脏支架需要进口，每个支架的价格在4万元左右，费用高昂。

直到1999年，我国的第一个自研支架上市，上市时价格仅为1万元左右，从此打破了进口支架的垄断地位。同时，PCI手术也进入了高速发展期，2000年至2009年PCI手术的年复合增速达到40%。

2009年，乐普医疗的市场占有率为25.1%，国内排名第一，力压强生、美敦力等医疗器械巨头。到了2012年，其心脏支架产品收入占总收入的比重为68.83%。

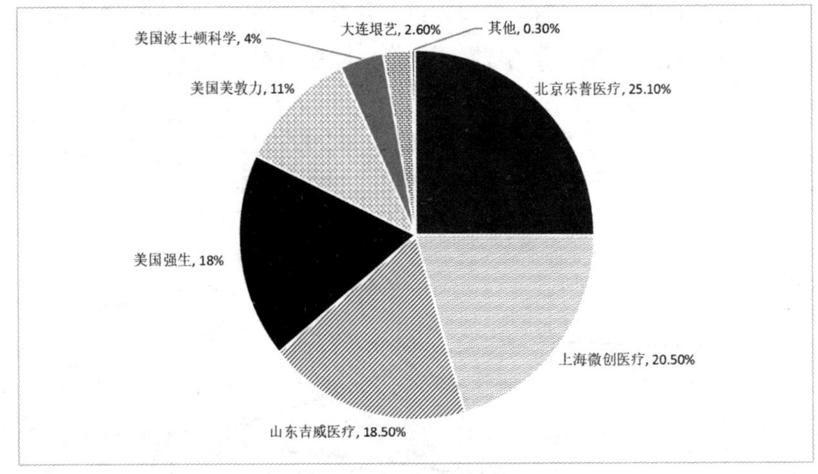

图11：2009年中国心脏支架的市场份额（单位：%）
来源：并购优塾

但是，随着PCI手术高速增长，也带来了一些弊端，有很多医生对本不需要进行手术的患者进行PCI手术，导致PCI手术滥用现象发生。

随着国家卫计委开始建立质量控制体系实施，医院对患者植入支架的数量得到控制，平均每个患者从放置3~5个支架，下降至1.5个左右。于是，PCI手术例数增速，从2012年之前的20%以上降至10%至15%。

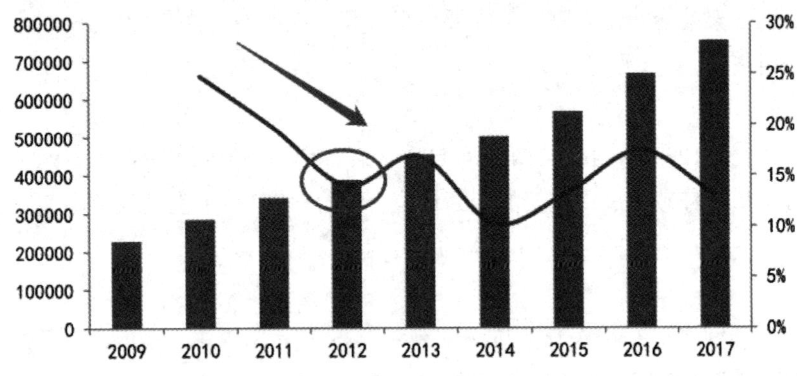

图12：PCI手术数量（单位：例数）
来源：民生证券

同时，根据2013年公布的心脏支架招标价来看，进口支架的价格在13300至17000元，而乐普的心脏支架的价格则为8000至11000元。由于低价格优势，导致乐普医疗形成进口替代。

基于PCI手术增速下滑和终端价格低于国外同类产品两点原因，导致其毛利率下跌。

医药这个领域，核心就一件事：打造单品“爆款”。

之前在研究医药公司时，我们常会说，要看这家公司有没有大单品，比如：信立泰（氯吡格雷）、华东医药（阿卡波糖）、江苏豪森（奥氮平）、长春高新（重组人生长激素）。但是，结合本案来看，大单品策略能否代表竞争力强弱，还得要有个前提，那就是市场竞争格局是否分散。

比如，信立泰的氯吡格雷市场上的竞争者主要有3家。而本案虽然在心脏支架领域排名第一，但是该产品的竞争比较分散，竞争者主要有6家。在这种情况下，要想谋求更大的发展，一是要在本身的大单品上面持续保持优势；二是要考虑到心血管器械、用药极为复杂，有没有可能扩张其他相关领域，从而持续推升业绩？

所以摆在乐谱医疗面前的，是两种战略选择，要么集中所有精力深耕老赛道，研发新一代的心脏支架；要么从产业角度出发，考虑到心血管领域，医疗器械和医药制造的市场占有率为1:9（国外是3:7），所以，稳住器械领域，同时进军天花板更高的心血管用药赛道。

果然，在2012年至2013年的PCI手术发展低谷时期，乐普医疗开始尝试拓宽产品线。2012年，收购了主要制造心脏节律管理器械的秦明医学，巩固老赛道；2013年，又收购了主要生产氯吡格雷的新帅克制药，进军心血管制药领域。

不过，由于新帅克的氯吡格雷上市时间比首仿的信立泰要晚，2013年收购当年，仅贡献了4000多万元的收入，占总收入的比重仅为3%，对乐普医疗的收入贡献并不多。因此，其收入结构还未发生明显变化。

产业链布局毕竟收益有延迟，因而截至2014年，本案仍有88%的收入来自医疗器械，其中，46.62%的收入来源于心脏支架系统的销售。

同时，由于竞争激烈导致对无载体药物支架、血管造影机等产品的销售力度加大，销售费用率从2009年14.58%上涨为2014年20.46%。

所以，净利率跟着毛利率下跌，净利润增速在2012年、2013年为负。直到2014年收购，使得营业收入、净利润增速反弹大增。

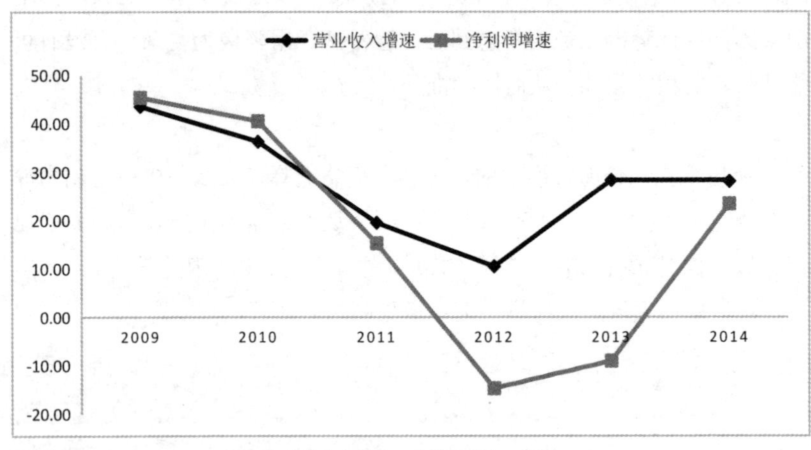

图13：营业收入增速、净利润增速（单位：%）
来源：并购优塾

面对这一局面，当时又恰逢国企改制，2014年10月，它的原控股股东中国船舶重工集团，决定退居二线，出售了所持的700万股（占总股本0.86%），总经理（也是原第二大股东）蒲忠杰，接替成为新的实控人。

再看股价方面，这一阶段的股价，受ROE、ROIC下降的影响，从2009年上市时13.05元降至2012年底最低3.68元，降幅达到71.8%。它的PE也从2009年99倍下降至2012底的15倍，暴跌84.8%。

随后，受并购预期、业务拓展和实控人变更等事件刺激，股价又回升至11.71元，涨幅为218.21%，PE也随之回升至48倍。

一个新篇章开始了：新实控人上任，业绩有望复苏吗？

3

终于，进入了上升通道……

这一阶段，它的ROE、ROIC基本维持稳定，ROE略有上升，ROIC略有下降，ROE维持在13%至15%，ROIC维持在11%至12%。

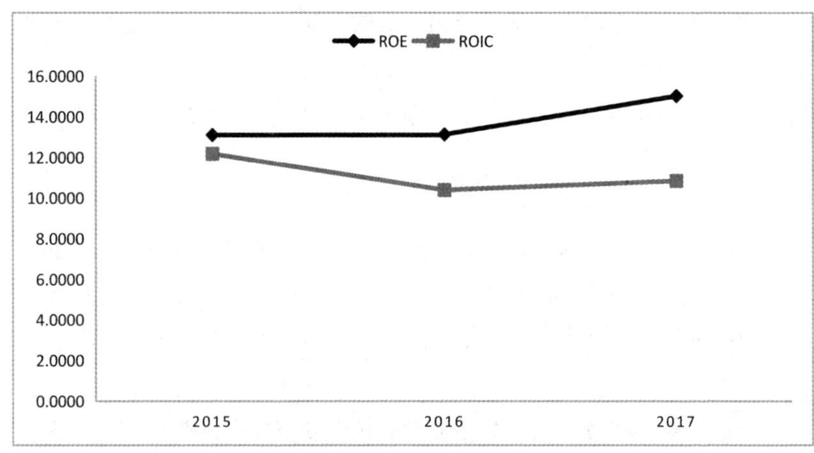

图14：ROE、ROIC（单位：%）
来源：并购优塾

ROE和ROIC之间的敞口在放大。原因是加了杠杆，其权益乘数从2015年1.45上涨至2017年1.86，究竟发生了什么？答案就是：并购。

新任实控人蒲忠杰上任后，经营逻辑与上一阶段有了明显的区别。虽然在上一阶段的后期，乐普医疗已经开始实施并购来拓宽自己的产业链，但是动作并不大，范围也不广，而这一阶段，它的并购速度明显加快，经营思维明显转变。

2015年至今，它先后收购了以下公司：

烟台艾德康（IVD）75.404%股权、河南美华制药（主要产品为氯沙坦钾氢氯噻嗪）100%股权、新乡恒久远药业（主要产品为缬沙坦）60%股权、北京恩济和生物科技公司（生化诊断试剂）69.45%股权、北京锵镜医疗器械科技公司（销售医疗器械Ⅰ类、Ⅱ类、Ⅲ类）51%股权等25家公司。

尽管收购眼花缭乱，但有核心方向：主要围绕心血管领域，并购标的包括医疗器械、心血管制药、下游医院等。

这种经营逻辑，和复星医药有一点类似。但是，它们的不同之处在于，复星医药收购企业，是跨赛道全产业链布局，主要采用“参股不控股”的方式，而乐普医疗则以控股为主，并且基本围绕心血管领域。因此，它的账面上投资收益不多，利润来源仍以主营业务为主。

不过，并购一定会有副作用——收购力度的加大，也导致它的有息负债不断攀升，有息负债占总资产的比重从2014年6.14%上升至2017年31.2%，从而导致它的权益乘数不断上升。

与此同时，控股收购使得它的资产规模也大涨，值得注意的是，2017年，其账面商誉达到21.63亿元，占净资产的比重为30.78%（在商誉摊销争论不息的当下，这一点风险需要注意）。

通过不断收购整合，其业务结构已经从单一向多元化转变。支架系统业务收入占比逐渐降低，截至2017年，支架业务的收入占比仅为30%左右，较2009年上市时近70%的比重锐减。

从业绩增速上看，由于一直买买买，使得2015年营业收入、净利润增速较快，随后增速水平稳定在20%至30%。

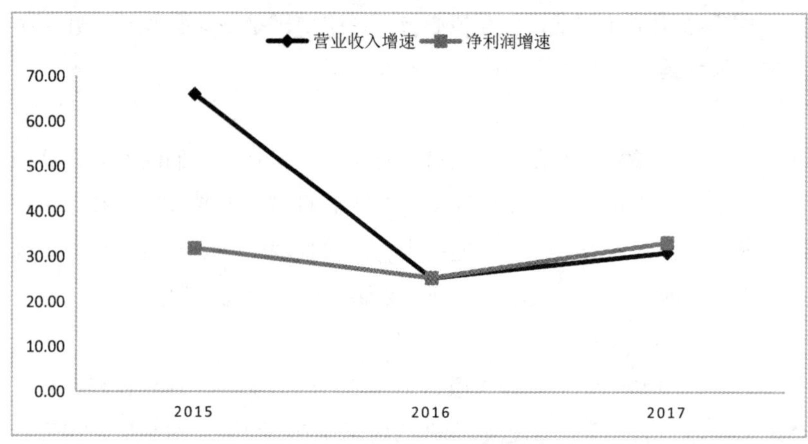

图15：营业收入增速、净利润增速（单位：%）
来源：并购优塾

再来分季度看一下它的营业收入、净利润增速：

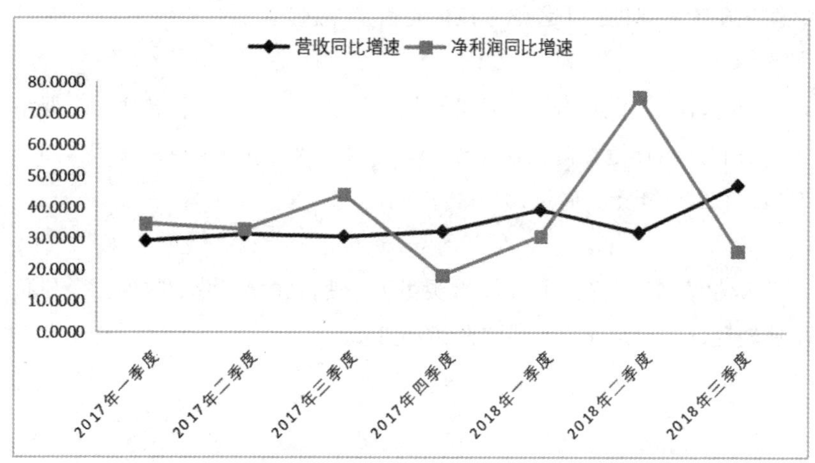

图16：季度增速（单位：%）
来源：并购优塾

乐普医疗2017年一季度至2018年二季度的营业收入增速不断上升，这个收入增速，主要靠药品贡献。其中，受贵州省药物中标影响，2018年第三季度营业收入增速上涨明显。

而净利率随着费用的波动存在一定波动，其中，2018年二季度，由于处置了参股公司Viralytics13.04%的股权，取得了1.5亿元投资收益，导致当期净利润增速激增。

但是，需要注意，从2017年第四季度开始，它的净利润增速低于营业收入增速。这主要是由于它的销售费用率上升导致的，它的销售费用率从2016年第四季度的21.59%上涨为2017年第四季度28.25%。

注意，对一家医药公司来说，短期销售费用上升拖累业绩增速，说明在大力进行药品推广，而这往往是未来业绩增长的前奏。此处，本案没有披露具体卖的是什么产品，只是称对药品进行推广，并且巩固和提升医疗器械的市场份额。（因而，此处是一个“调研点”，如果要进行实地调研，可针对这个细节进行提问。）

总之，受并购驱动的影响，这一阶段的股价从2015年初11元上涨至2018年6月初的41元，涨幅达到272.73%。注意，这一时期它的PE维持在45倍至60倍。结合我们之前对并购类公司的研究（比如爱尔眼科，美年健康）可见，并购预期显然会推升估值区间，甚至将一家公司的估值区间，由正常的区间推升至原来的一倍到两三倍之巨。

随后，由于2018年医药板块黑天鹅事件影响，股价回调至24元，降幅为41.46%，PE也降至历史低点25倍。

不过，看到这里，基本面分析还远远没有结束，仍然还有一个问题没有解决：

作为心脏支架领域的龙头，乐普医疗与其他医疗器械领域龙头安图生物（27%至45%）、迈瑞医疗（12%至46%），以及与PCI手术密切相关的信立泰（25%至30%）相比，其ROE、ROIC明显偏低，这是为什么？

4

与其他巨头公司相比，资本回报率为什么低?

直接来对比数据：

安图生物（体外诊断）：ROE27%至45%;
健帆生物（血液净化）：ROE22%至39%;
开立医疗（超声诊断设备）：ROE20%至21%;
迈瑞医疗（体外诊断）：ROE12%至46%;
乐普医疗（心血管医疗器械）：ROE13%至15%;
信立泰（心血管药物）：ROE25%至30%。

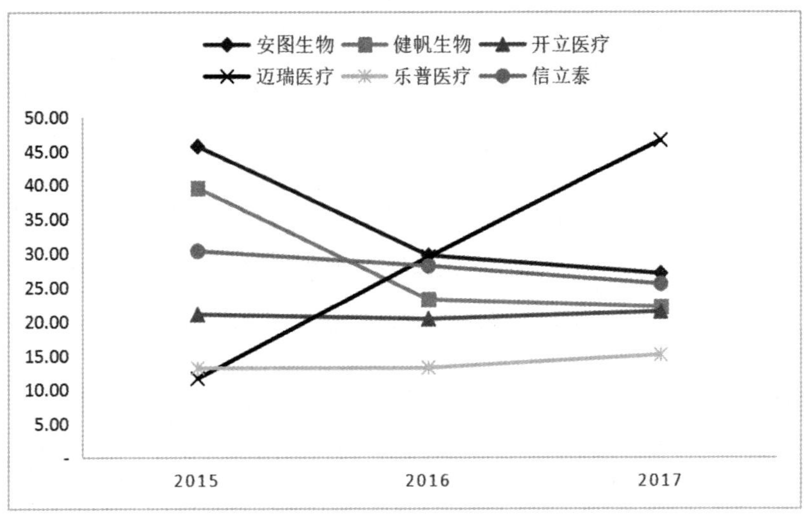

图17：同行业ROE对比（单位：%）
来源：并购优塾

通过对比，医疗器械企业的ROE大部分在20%以上，而乐普医疗的ROE仅为13%~15%，较同行业企业较低。我们通过杜邦分析，拆分各指标来看：

（1）权益乘数——乐普医疗，2015年至2017年权益乘数分别为1.45、1.67、1.86。我们再来看同行情况：

迈瑞医疗，2015年至2017年权益乘数分别为1.72、2.33、2.46；
安图生物，2015年至2017年权益乘数分别为1.31、1.17、1.21；
健帆生物，2015年至2017年权益乘数分别为1.21、1.14、1.17；
开立医疗，2015年至2017年权益乘数分别为1.77、1.52、1.32；
信立泰，2015年至2017年权益乘数分别为1.2、1.2、1.17。

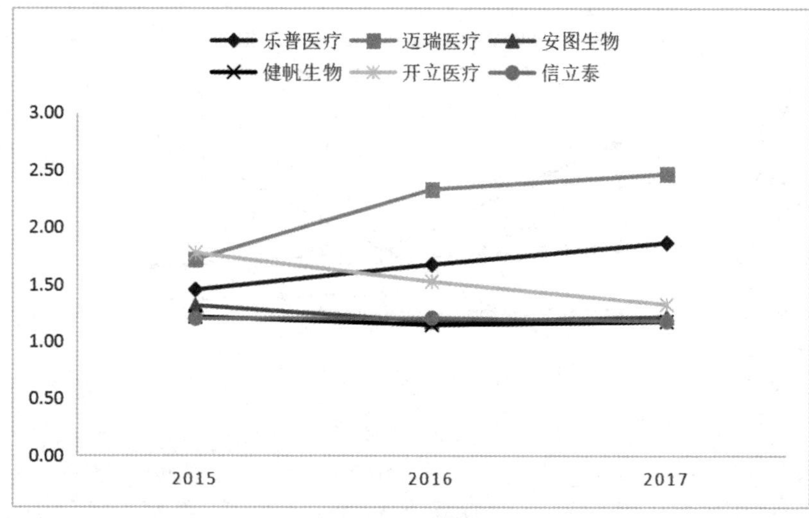

图18：权益乘数
来源：并购优塾

通过对比，乐普医疗由于并购较多，导致它的有息负债较多，2017年有息负债占总资产的比重为31.2%，权益乘数也相对较高。

（2）销售净利率——乐普医疗，2015年至2017年净利率分别为21.53%、21.53%、21.9%。我们再来看同行情况：

安图生物，2015年至2017年净利率分别为38.8%、35.68%、32.12%；
迈瑞医疗，2015年至2017年净利率分别为11.74%、17.85%、23.28%；
健帆生物，2015年至2017年净利率分别为39.39%、37.18%、39.59%；
开立医疗，2015年至2017年净利率分别为15.44%、18.13%、19.21%；
信立泰，2015年至2017年净利率分别为36.51%、36.26%、34.5%。

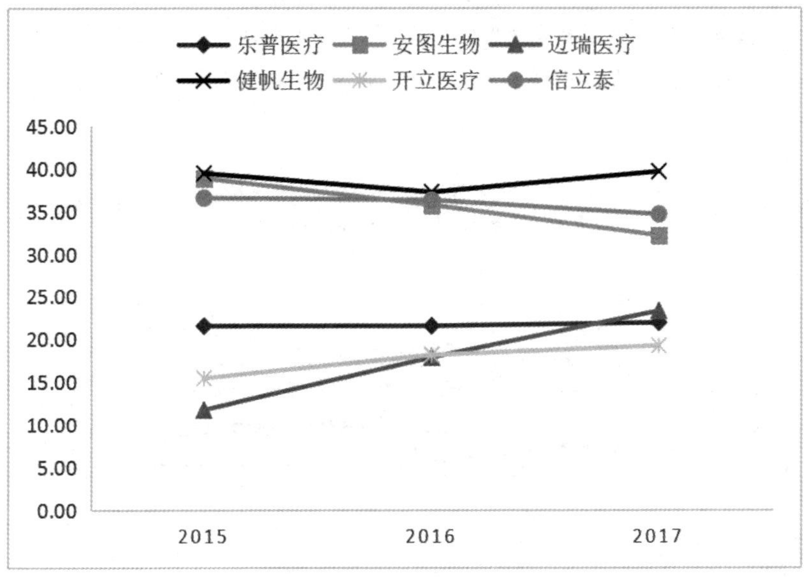

图19：净利率对比（单位：%）
来源：并购优塾

通过对比，乐普医疗的销售净利率与医疗器械龙头迈瑞医疗相差不大，只低于安图生物、健帆生物、信立泰，但较其他同业高。因为，健帆生物的毛利率较高（毛利率为84%左右），而安图生物的销售费用率低（考虑到IVD赛道独特的商业模式，销售费用率只有15%左右，具体此处不详细叙述，请查阅优塾专业版报告库）。

（3）总资产周转率——乐普医疗，2015年至2017年总资产周转率分别为0.48次、0.4次、0.41次。我们再来看同行情况：

安图生物总资产周转率为0.9次、0.71次、0.7次，周转率下滑；
迈瑞医疗总资产周转率为0.59次、0.71次、0.82次，周转率上升；
健帆生物总资产周转率为0.83次、0.55次、0.48次，周转率下滑；
开立医疗总资产周转率为0.76次、0.74次、0.84次，周转率上升；

信立泰总资产周转率为0.7次、0.64次、0.62次，周转率下滑；
微创医疗总资产周转率为0.45次、0.52次、0.53次，周转率上升。

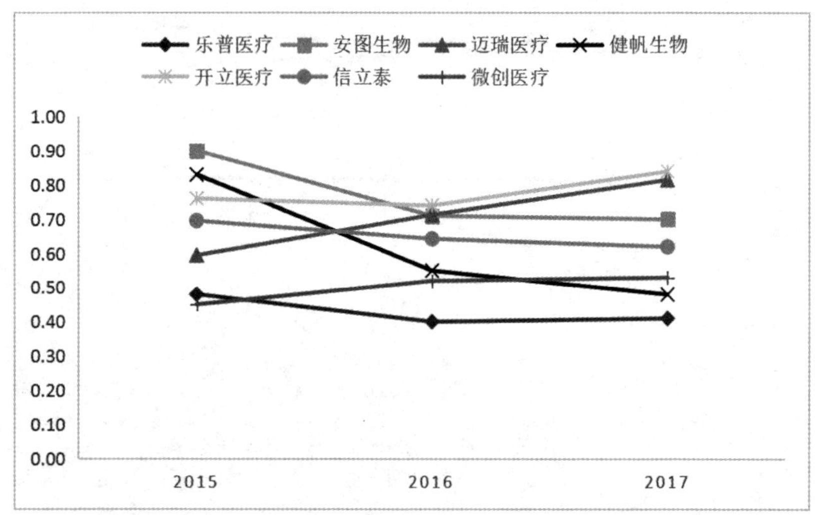

图20：总资产周转率（单位：次）
来源：并购优塾

注意，乐普医疗的总资产周转率最低，约为0.4次。拆开看，导致总资产周转率较低的原因主要是应收账款周转率较低，其应收账款周转率约为3.18次，远低于迈瑞医疗（9.13次）、安图生物（7.25次）。

应收账款周转率低，有两种可能：要么，东西不好卖，对下游话语权弱；要么，是为了开拓市场，主动牺牲话语权。如果是后一种，那么大概率会伴随存货周转率的上升。

从乐普医疗的数据上推测，其2012年受PCI手术增速下滑，加之支架数量开始受到限制影响，为了能够巩固市场份额，主动放宽了信用期，导致应收账款周转率大幅度下降，从2011年4.07次下降至2012年2.82

次，从而换得存货周转率从1.46次上升至最高3.22次。

与此同时，同样受PCI手术情况影响的信立泰，其应收账款周转率也在2012年至2014年出现下滑，从之前的4次至6次，下降至3次。它也同样换来了存货周转率从2011年2.85次上升至最高4.9次。

综上，乐普医疗的ROE低于同行，主要原因是：应收账款周转率低于同行，拉低了ROE水平。从我们在数据库查阅的情况来看，也符合这个逻辑，乐普医疗的应收账款周转率较低。

不过，从2015年开始，应收账款周转率略有回升，但存货周转率还没有同步上升。

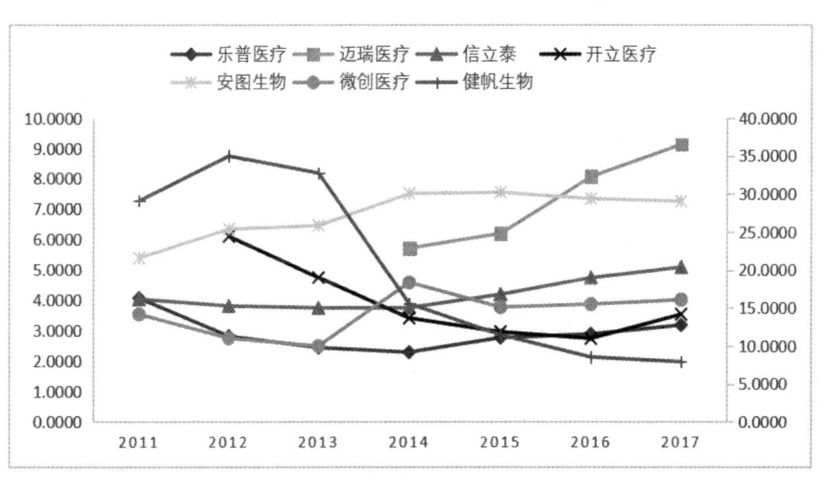

图21：应收账款周转率对比（单位：次）
来源：并购优塾

基本面扫描完毕，但这还不够，这些都是基于历史信息的研读，而看懂一家企业，更重要的是对其未来的预判。因此，基于本案，还有几个重要问题需要思考：

（1）从成长的角度看，其营业收入、净利润增速都保持在25%至30%，明显高于竞争对手信立泰（10%左右），是什么支撑了它的业绩增速？

（2）2018年11月出台集采政策后，氯吡格雷中标者为信立泰，乐普医疗并未中标，那么，这件事对它的影响有多大？

5

增速，到底怎么回事？

由于其目前的收入结构中，主要以医疗器械和药品两块为主，因此，我们分别来分析这两个业务的业绩增长动力。

先来看它的医疗器械业务——心脏支架。历史上，心脏支架一共经历了3次技术变革：

第一代技术：1988年出现的裸金属支架（BMS），这种支架虽然降低了复发率，但是复发率仍有20%~30%。

第二代技术：2002年出现的药物洗脱支架技术（DES），是目前应用最广泛的支架系统，复发率降至5%至10%。

而DES支架还可以细分成两代：第一代为BMS+永久性聚合物涂层，第二代为BMS+可降解聚合物涂层或无涂层。第二代DES支架虽然解决了聚合物涂层可能引发的炎症，但是永久存在的支架限制了血管的正常伸缩活动，并且术后患者无法进行影像学检查。

第三代技术：是2006年开始研发的完全生物可降解支架（BVS），它在体内一段时间后可以完全被降解，解决了第二代技术的问题。

目前，乐普医疗的支架产品以第二代技术DES为主，包括3款：血管内药物（雷帕霉素）洗脱支架（Parnter）、可降解血管内药物（雷帕霉素）洗脱支架（Nano）、钴基合金雷帕霉素洗脱支架（GuReater）。

这3款中，以Nano为主，其收入占支架产品总比重在50%以上，并保持30%以上的增速。

除了已经上市的支架产品外，其在研的第三代技术为全降解聚合物基体药物（雷帕霉素）洗脱支架系统（NeoVas），2019年2月27日刚获批上市。

与国内对比——目前乐普医疗是第一个第三代支架上市的公司，快于华安生物（正在进行国家医疗器械创新审批）、微创医疗（临床II期，进度较慢）。

与国外对比——雅培曾于2010年在欧洲上市第三代支架（Absorb支架），2016年在美国上市。但上市后销售额不及预期，2016年全球销售额仅为15亿美元，加之支架的生产成本高，临床数据存在疑问等因素，目前雅培已经下架了这款产品。

根据乐普医疗公布的临床试验数据，NeoVas的数据优于雅培的Absorb。NeoVas是我国第一个上市的第三代心脏支架，加之第三代支架在体内可降解，不影响患者的血管正常伸缩活动，并且也可以进行影像诊断，其未来有望替代第二代的主导地位。

从当前心脏支架的竞争格局上看，乐普医疗的市场占有率为24%，和上市时的市场占有率基本持平。

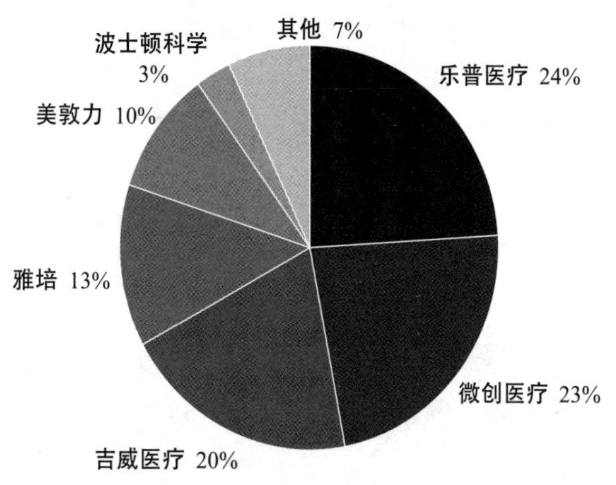

图22：心脏支架市场占有率对比（单位：%）
来源：西南证券

同时，考虑到PCI手术近几年的增速保持稳定，始终保持在10%至15%，并且，目前尚无能够完全替代PCI手术的治疗方法。因此，预计未来PCI手术的增速将长期保持在15%左右。

综上，结合市场占有率、PCI手术增速等因素分析，加之，乐普医疗近几年医疗器械业务的同比增速在15%至20%。因此，预计乐普医疗的整体医疗器械增速，有望至少保持在15%至20%。

此处问题解决后，接着，再来看它的药品业务。

目前，乐普医疗的主要产品为氯吡格雷（抗血小板聚集）和阿托伐他汀（降血脂），收入占比为医药类收入的60%，并在2017年分别以53.94%、117.64%的增速上涨，是它药品业务的主要收入来源。

2018年半年报显示，其药品业务的增速为70.63%。其中，氯吡格雷的增速有70.5%，阿托伐他汀的增速146.89%。增速较快，主要有两方面原因：

一、由于它完成了在贵州省的招标，导致这两款药继续快速放量。目前氯吡格雷已经完成了29个省市自治区的招标，阿托伐他汀完成了24个省市自治区的招标。二、由于它不断拓展OTC渠道。销售渠道的增加，也使它不断放量。

而信立泰的营业收入增速自2014年起开始放缓，原因主要是乐普医疗的竞争力逐渐加强，导致信立泰的增速明显下滑。在心血管领域，乐普几乎已经形成“围城”态势。

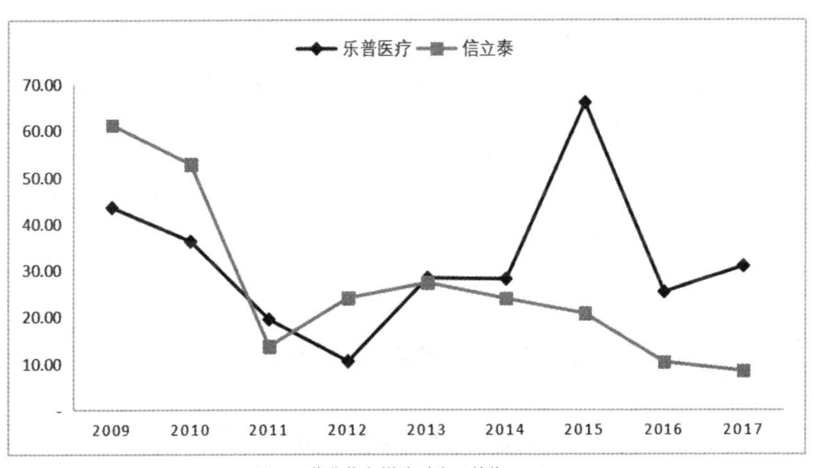

图23：营业收入增速对比（单位：%）
来源：并购优塾

一个增速大幅飙升，一个增速持续放缓，直接影响二者估值走势。

2009年至2013年，信立泰的营业收入增速大部分时间比乐普医疗高，对应的PE也相差不大。但自2014年起，信立泰的增速放缓，于是估值开始回调，PE-TTM区间降至仅为16倍，而乐普医疗的PE-TTM则是信立泰的两倍多，约在33倍。

不仅如此，由于乐普医疗布局双赛道，“医疗器械+心血管药品”两手抓，且赛道之间有协同效应，同时，还兼具并购预期，业绩增长具有外延增长的属性，导致估值更为坚挺。

综上，乐普医疗的增速比信立泰快，是受“心脏支架老产品稳定增长+氯吡格雷等药品放量+并购拉动”三重因素的影响，并且，其核心护城河就在于以器械的龙头地位为根基，不断拓展相关器械、药品，乃至慢病管理等相关领域，给下游医院和患者提供更多的服务。在心血管这个领域，它的护城河似乎很坚固。

那么，接下来的问题是：这样的护城河和增速之下，是否能够长久，是否还有隐忧？

6

护城河背后，到底有哪些风险？

据分析，其业绩快速增长的背后，仍然存在一定的风险：

一是，并购带来了大量的商誉。商誉21.63亿元，占净资产的比重为30.78%，在医疗器械板块排名第六，仅次于迪安诊断（54%）、博晖创新（53%）、凯利泰（49%）、冠昊生物（47%）、九安医疗（38%）。

二是，内生研发投入不足，且资本化比率较大。2015年至2017年，乐普医疗的研发支出分别为1.72亿元、2.25亿元、2.89亿元；占营业收入的比重分别为6.23%、6.49%、6.37%；资本化比率分别为36.15%、29.54%、18.95%。

对比信立泰，其研发支出分别为3.15亿元、3亿元、4.39亿元；占营业收入的比重分别为9.05%、7.83%、10.57%；资本化比率44.16%、25.25%、25.53%。

此处可见，与其他医疗器械同行相比，其研发投入强度还有待加强，比如：

微创医疗——2015年至2017年，研发投入分别为3.92亿元、3.6亿元、3.8亿元；占营收的比重分别为16.06%、13.3%、13.09%；资本化比率分别为1.42%、1.80%、1.59%。

迈瑞医疗——2015年至2017年，研发投入分别为9.8亿元、10.8亿元、11.3亿元；占营业收入的比重分别为12.33%、12.06%、10.13%；资本化比率分别为0%、1.10%、1.02%

美敦力（美股）——2015年至2017年，研发投入分别为22.24亿美元、21.93亿美元、22.53亿美元（折合人民币143.65亿元、151.17亿元、142.82亿元）；占营业收入的比重分别为7.71%、7.38%、7.52%；；资本化比率为0。

雅培（美股）——2015年至2017年，研发投入分别为14.05亿美元、14.22亿美元、22.35亿美元（折合人民币91.24亿元、98.64亿元、146.04亿元）；占营业收入的比重分别为6.89%、6.82%、8.16%；资本化比率为0。

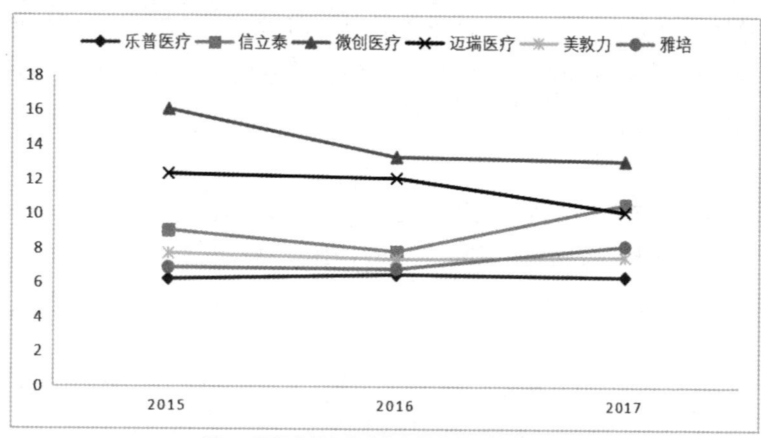

图24：研发费用占营业收入的比重（单位：%）
来源：并购优塾

序号	药品通用名	剂型	规格包装	计价单位	生产企业	拟中选价格（元）
1	阿托伐他汀钙片	片剂	20mg*7片	盒	北京嘉林药业股份有限公司	6.6
2	瑞舒伐他汀钙片	片剂	10mg*28片	盒	浙江京新药业股份有限公司	21.8
3	硫酸氢氯吡格雷片	片剂	75mg*7片	盒	深圳信立泰药业股份有限公司	22.26
4	厄贝沙坦片	片剂	75mg*28片	盒	浙江华海药业股份有限公司	5.66
5	苯磺酸氨氯地平片	片剂	5mg*28片	盒	浙江京新药业股份有限公司	4.16
6	恩替卡韦分散片	片剂	0.5mg*28片	盒	正大天晴药业集团股份有限公司	17.36
7	草酸艾司西酞普兰片	片剂	10mg*7片	盒	四川科伦药业股份有限公司	30.94
8	盐酸帕罗西汀片	片剂	20mg*20片	盒	浙江华海药业股份有限公司	33.4
9	奥氮平片	片剂	10mg*7片	盒	江苏豪森药业集团有限公司	67.51
10	头孢呋辛酯片	片剂	0.25g*12片	盒	成都倍特药业有限公司	6.16
11	利培酮片	片剂	1mg*60片	盒	浙江华海药业股份有限公司	10.02
12	吉非替尼片	片剂	250mg*10片	盒	AstraZeneca AB (Kagamiishi Plant，Nipro Pharma Corporation) （阿斯利康制药有限公司分包装）	547
13	福辛普利钠片	片剂	10mg*14片	盒	中美上海施贵宝制药有限公司	11.8
15	赖诺普利片	片剂	10mg*28片	盒	浙江华海药业股份有限公司	6.45
16	富马酸替诺福韦二吡呋酯片	片剂	300mg*30片	盒	成都倍特药业有限公司	17.72
17	氯沙坦钾片	片剂	50mg*14片	盒	浙江华海药业股份有限公司	14.7
18	马来酸依那普利片	片剂	10mg*16片	盒	扬子江药业集团江苏制药股份有限公司	8.93
19	左乙拉西坦片	片剂	250mg*30片	盒	浙江京新药业股份有限公司	72
20	甲磺酸伊马替尼片	片剂	100mg*60片	盒	江苏豪森药业集团有限公司	623.82
21	孟鲁司特钠片	片剂	10mg*5片	盒	上海安必生制药技术有限公司 （杭州民生滨江制药有限公司受委托生产）	19.38
22	蒙脱石散	散剂	3g*15袋	盒	海南先声药业有限公司	10.2
23	注射用培美曲塞二钠	注射剂	500mg/支 100mg/支	盒	四川汇宇制药有限公司	2776.97 810
24	氟比洛芬酯注射液	注射剂	5ml:50mg*5支	盒	北京泰德制药股份有限公司	109.75
25	盐酸右美托咪定注射液	注射剂	2ml:0.2mg*4支	盒	扬子江药业集团有限公司	532

表1：4+7城市药品集中采购拟中选结果公示表
来源：经七纬五

三是，2018年11月，集采政策出台，第一批带量采购名单中，乐普医疗氯吡格雷和阿托伐他汀两款重磅药，分别被信立泰、北京嘉林以低价中标。

另一个影响市场情绪的核心问题来了：两大重磅产品未中标，对乐普医疗的影响有多大？

首先，来看下，这两款药，2017年贡献了多少营业收入：

氯吡格雷——2017年，销售额为6.8亿元，市场占有率为第三，占比10%，仅次于赛诺菲、信立泰；

阿托伐他汀——2017年，销售额为3.6亿元，市场占有率排名第四，占比很低。

二者贡献收入在10亿元以上，占总收入的比重约为22%。信立泰以63.11%的降价幅度中标氯吡格雷，北京嘉林以83.33%的降价幅度中标阿托伐他汀。

我们再来细化一下这个逻辑——集采对厂商有多大影响，主要看药品的竞争格局如何。来看看各品种的竞争格局：

药品名称	竞争者数量	集采中标	中标企业市占率	市占率排名	降幅
奥氮平	2	江苏豪森	27%	2	10.11%
氯沙坦	2	华海药业	7%	3	1.87%
伊马替尼	2	江苏豪森	12%	2	25.67%
阿托伐他汀	3	北京嘉林	17%	2	83.33%
氯吡格雷	3	信立泰	30%	2	63.11%
厄贝沙坦	4	华海药业	0.10%	6	62.26%
恩替卡韦	6	中国生物制药	38%	2	91.86%

表2：中标情况（单位：%）
来源：并购优塾

从价格上看，很明显：第一，市场竞争者较多的药品，中标价格降幅较大（如恩替卡韦有6个竞争者，使得中国生物制药降幅高达91.86%）；第二，市场竞争者较少的药品，中标价格降幅较少（如奥氮平、氯沙坦、伊马替尼，竞标者只有两家，降幅控制在10%至30%）。

此处注意一个亮点，具有产业链一体化布局、拥有自产原料药的企业，如华海药业，则在集采政策下意外受益，凭借在原料药领域的低成本优势，从竞争激烈的竞标中杀出重围。

对乐普医疗来说，未中标意味着不以价换量，销售价格不会出现太大缩水，但是，从量上看，带量采购的11个试点城市，占据了全国25%左右的药品市场份额，根据所有公立医疗机构年度药品总用量的60%至70%的采购量，中标企业将获得全国15%至18%的市场。那么，其在此处的收入增速很可能会受影响。

另外，由于乐普医疗的这两款药本身市场占有率不高，如果它想要抢占剩余82%至85%的市场份额，可能就需要投入比之前更高的销售费用进行推广，而这，可能会影响净利率。

与此同时，如果想要争抢剩余非带量采购的市场份额，有可能还存在进一步放宽信用期的可能，那么，ROE受净利率、总资产周转率下行压力的影响，也可能会被拖累导致下降。

因此，带量采购失利消息一出，其股价便出现3个跌停，也能够理解。至今，PE倍数已经大幅下调至31倍附近。并且，未来随着带量采购的深入，不排除对估值形成二次打击的可能性。

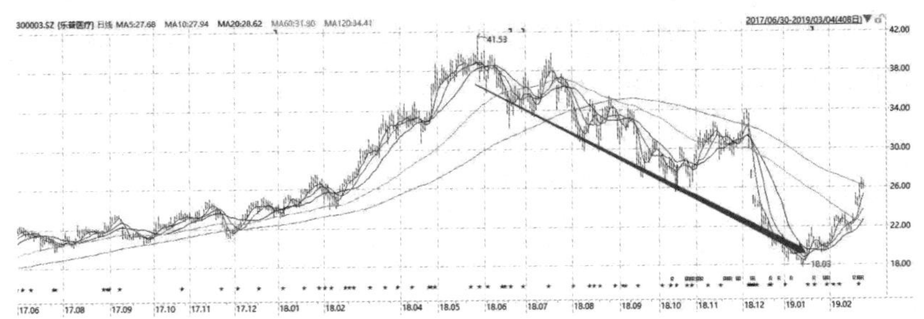

图25：股价图（单位：元）
来源：wind

不过，乐普医疗管理层对此表示乐观，据其公开信息：氯吡格雷、阿托伐他汀约40%收入来自于OTC渠道，未来可能会弥补部分由于带量采购失利造成的市场份额。

不过，目前暂无销售数据作为参考，采购失利的量化暂时难以预估，因而成为悬而未决的基本面因素。那么，接下来到了本案最核心的问题，在对其估值时，我们该如何考虑这一问题？

7

估值，到底该如何测算?

对于乐普医疗，由于它的经营能力强、现金流稳定，所以，我们可以采用DCF以及PE估值法估值。

首先，来看看历史PE变动情况。其中，PE的3次高点分别出现在2009年、2015年、2018年，由于2018年还未公布数据，2007年和2015年对应的ROE分别为25.93%、13.11%。

而PE的两次低点，则发生在2012年、2019年，由于2019年还未公布数据，2012年对应的ROE为16.28%。

图26：PE（单位：倍）
来源：理杏仁

	时间	ROE	营业收入增速	净利润增速	PE
估值高点	2009	25.93	43.50	45.33	99倍
	2015	13.11	65.93	31.79	99倍
	2018	-	-	-	72倍
估值低点	2012	16.28	10.44	-14.76	15倍
	2019	-	-	-	25倍

表3：估值高低点
来源：并购优塾

PE高值发生在刚上市（2009年）、营业收入及净利润增速高点（2015年）时。而PE低值，则在营业收入及净利润增速低点时（PCI手术量下滑）。此外，结合本案经营情况，它的历史PE为25倍至60倍。

这个区间到底在什么水平，我们再来看同行业的历史PE情况：

开立医疗——历史PE为45倍至55倍；
健帆生物——历史PE为45倍至65倍；
美敦力——历史PE为12倍至35倍。
微创医疗——历史PE波动较大，不具有参考性。

一般来说，A股的估值普遍偏高，而美股、港股的估值略低。综合来看，本案可比公司法估值区间大致可取在25倍至60倍。不过，这样的逻辑还有重大问题：以上数据都是较为粗略的预估，并且只是单一的估值逻辑，数据准确程度有限，不可能作为参考。接着，还必须再通过DCF贴现法，进行交叉验证。

8

现金流贴现

现金流贴现，预测的主要环节的假设如下：

（1）营业收入增速——根据历史增速（28.02%）、外部研究员增速（30.85%）、心血管医疗器械的行业增速（20%）、内生增速（10%）。

按照乐观、保守算法，取增长率为30%、20%（由于乐普医疗的增速从未低过10%，所以，综合考虑其支架产品龙头地位，取行业增速为保守增速）。另外，考虑到受带量采购未中标的影响，我们将收入增速从预测期的第二年就开始线性递减。

永续增长方面，由于心血管行业和公司个体的确定性较高，且有并购预期，乐观增速给6%，保守增速给3%。

（2）营业利润率——取历史平均值27%。

（3）折旧/摊销——本案的历史平均折旧和摊销较稳定，因此假设未来稳定经营情况下，折旧增加额与企业增速一致。

（4）资本支出——取其平均值3.35亿元为基期数据。另外，由于本案固定资产占比仅为9%至12%，占比不高，因此，预计未来永续期的资本支出占折旧的比率，需要保持在100%左右（资本支出/折旧=1）。

（5）营运资本变动——取历史平均值为2%。

（6）WACC——综合计算，取10%。（具体计算过程我们在专业版报告库中“海康威视”等报告中有叙述，此处不详细计算）

按照以上参数大致测算，计算企业价值大约在280亿元至724亿元之间，净债务为17亿元，所以股权价值大约在263亿元至707亿元，对应的PE（TTM）大约为20倍至54倍。

预测各期自由现金流的取值，具体见表4。

综合以上两种方法，得出的大致数据区间：

PE法——大约为249亿元至596亿元，市盈率大约为25倍至60倍；
DCF法——大约为263亿元至707亿元，市盈率大约为20倍至54倍。

因此，当数据在25倍左右及以下，安全边际相对高一些；而在54倍以上，则安全边际相对较低。2019年1月，本案触及估值低点25倍，随后反弹至目前的37倍。当然，任何人在任何时点任何地点，都不可能对一家公司做出百分百准确的预估，因而，本报告仅做方法讨论，具体数据没有参考价值，也不做任何建议。

预测现金流											
	基期	*1*	*2*	*3*	*4*	*5*	*6*	*7*	*8*	*9*	*10*
收入增速		30.00%	27.33%	24.67%	22.00%	19.33%	16.67%	14.00%	11.33%	8.67%	6.00%
折旧增速		30.00%	27.33%	24.67%	22.00%	19.33%	16.67%	14.00%	11.33%	8.67%	6.00%
收入金额	45.38	58.99	76.69	99.70	129.61	154.67	180.45	205.71	229.02	248.87	263.80
1-息税前利润率	78.12%	77.09%	76.07%	75.05%	74.02%	73.00%	73.00%	73.00%	73.00%	73.00%	73.00%
营业成本费用	35.45	45.48	58.34	74.82	95.94	112.91	131.73	150.17	167.19	181.68	192.58
EBIT	9.93	13.51	18.35	24.88	33.67	41.76	48.72	55.54	61.84	67.19	71.23
税率	15.00%	15.00%	15.00%	15.00%	15.00%	15.00%	15.00%	15.00%	15.00%	15.00%	15.00%
EBIT (1-t)	8.44	11.49	15.60	21.15	28.62	35.50	41.41	47.21	52.56	57.12	60.54
折旧摊销	1.68	2.18	2.78	3.47	4.23	5.05	5.89	6.71	7.47	8.12	8.61
资本支出	3.35	4.36	5.66	7.36	9.57	12.44	11.67	10.91	10.14	9.37	8.61
营运资本变动	1.19	1.18	1.53	1.99	2.59	3.09	3.61	4.11	4.58	4.98	5.28
自由现金流	5.58	8.14	11.18	15.26	20.69	25.01	32.02	38.90	45.31	50.89	55.27

表4：乐观自由现金流预测（单位：亿元）
来源：并购优塾

最后总结一下基本面：整体来看，本案的收益因素包括：（1）护城河方面，在于心血管领域综合布局很难被人赶超；（2）未来增长方面，短期看新一代支架，长期看并购。

风险因素，则包括：（1）带量采购流标对药品市场占有率的影响；（2）商誉摊销政策的不确定性；（3）ROE和ROIC较低，与其他同行公司相比，企业价值还有待提升。

9

估值要点：税率，到底如何选取？

以上关于基本面、估值，逻辑都已经分析完毕。进入“估值方法探讨”环节：在业绩预测和估值时，税率的选取问题。

在估值时，我们要用EBIT乘以所估算的税率，来计算税后经营性收入，那么我们究竟要选取什么税率就至关重要，其会影响最后的估值结果。那么，有几个问题：

（1）到底有几种税率？
（2）为什么会出现税率差异？
（3）在估值时要选用什么税率？

下面，我们逐个来解决。

先来看第1个问题：有几种税率？

一般，税率包括有效税率、边际税率、法定税率、平均税率等。我们在估值时常用的税率为有效税率和边际税率。

有效税率=应纳税款/利润总额。也就是我们常说的实际税率。

而边际税率则是指针对公司最后一元收入的税率，由于我国的所得税税率是单一税率，因此这里的边际税率也就是法定税率。

再来看第2个问题：为什么会出现税率差异？

原因主要有以下两个方面：

（1）基于纳税和财务报告两个目的不同，许多公司会采用不同的会计准则。例如，有的公司在对固定资产折旧时，会采用加速折旧法，但是税法却要求使用直线折旧法，这样就会导致二者的纳税金额不同。

（2）税法会规定一些税收抵免政策。例如，税法规定，在纳税时，可以对研发费用100%加计扣除。

再来看第3个问题：在估值时要选用什么税率？

比较可靠的选取方法，是选用边际税率（我国即为法定税率）。

因为，税收优惠和税法核算差异，会一直变化，我们很难估算未来的差异情况，为了保守起见，我们可以选取边际税率来进行估值。

例如，乐普医疗是高新技术企业，它所适用的法定税率为15%，因此我们就选用15%作为其预测期的税率进行估值。

或者也可以采用预测期前几年选取有效税率，之后逐渐变为边际税率的方法。但是，需要注意，这两种方法都无法准确地估算税率情况，我们只能选取相对保守或准确的估值方法。估值是一门模糊的艺术，所以，我们可以在逻辑上尽量做到闭环，但测算结果却不可能百分百精准，因而，这门艺术必须结合另外一门金融领域的艺术学科——投资组合管理，两大学科综合使用才能发挥威力。

本文发布于2019年3月5日

第四部分

其他

复星医药

医药产业投资逻辑

天我们要研究的这家公司，上市至今的20年里，前复权股价从1.46元上涨至最高47.77元，涨幅达到32倍，也是名副其实的10倍股，来，感受一下它的走势。

图1：股价图（单位：元）
来源：wind

这家公司，和云南白药、华东医药一样，属于医药赛道。并且，比这两家都更厉害的是，它被普遍认为是整个A股极少数可以和恒瑞医药媲美的巨头。

它，就是复星医药，一家集医药研发、医药流通、医疗服务、医学诊断和医疗器械为一体的医药集团。

然而，其实从本质上，我们可以说，它是一家“不是医药公司的医药公司”。为什么这么说？因为从业务本质上，它不是制药公司，也不是医药流通公司，更不是医疗器械公司，而是一家“投资公司”——和其他医药公司不同，复星医药的业绩扩张，主要依靠收购。

不信？来看数据：截至2018年三季报，它控股的子公司超过30家，参股的公司近20家。因此，投资收益才是它的主要利润来源。2017年年报显示，其投资收益占净利润的比率，高达64%。而在其中，国药产投（国药控股的控股股东）是它的主要投资收益来源，超过60%的投资收益都来自于这家公司。对国药控股旗下的国药股份，之前我们在专业版报告库中也有过深入分析。

本案体量相当大，并且营业收入、净利润规模均高于恒瑞医药，然而，从市值上看，却呈现出极大的反差——恒瑞医药的市值高达2124亿元，而复星医药的市值却只有可怜的633亿元，只是恒瑞医药市值的30%。难道，市场判断错了吗？

不仅如此，自2018年6月以来，本案股价也一路暴跌，自区间最高点47.77元，疯狂下跌到最低20.61元，最大跌幅高达56%！

基于以上，总结出下面这几个问题，也是关于本案我们必须深思的地方：

（1）为什么恒瑞医药的营业收入、净利润均不及复星医药，但是它的市值却是复星医药的3倍，二者相比，到底谁贵、谁便宜？

（2）复星医药的基本面发展逻辑，到底是什么样的？是什么样的业务逻辑，导致了估值方面如此巨大的差异？

（3）受2018年6月医药黑天鹅事件的影响，复星医药股价几乎腰斩，一路下跌了56%，如今的估值水平，到底处于什么样的区间？是贵，还是便宜？

1

如此巨头，到底什么来路？

复星医药成立于1995年，前身为复星实业，是一家覆盖医药健康全产业链的综合型医药集团。其控股股东为复星高科技，持股比率为36.54%，实控人为郭广昌。

2015年至2018年三季度，其营业收入分别为126.09亿元、146.29亿元、185.34亿元、181.42亿元；净利润分别为28.71亿元、32.21亿元、35.85亿元、23.39亿元；经营活动现金流净额分别为16.21亿元、21.1亿元、25.8亿元、20.88亿元；毛利率分别为49.97%、54.07%、58.95%、58.27%；净利率分别为22.77%、22.02%、19.34%、12.89%。

从业绩增速来看，营业收入年复合增速为21%，净利润年复合增速为12%，净利润增速低于营业收入增速，并且，净利率在逐年下滑。

其营业收入主要来源于：药品制造与研发、医疗服务、医疗器械与医学诊断三大业务。其中，药品制造与研发是主要收入和毛利来源，收入占比为71.2%，毛利占比为80.23%；其次为医疗器械与医学诊断，收入占比17.34%，毛利占比14.49%；第三是医疗服务，收入占比11.27%，毛利占比5.33%。

药品制造与研发——复星医药的制药业务，主要涵盖医药行业中几个比较大的赛道，如代谢及消化系统、抗感染、心血管、中枢神经系统、抗肿瘤等，其中，以代谢及消化系统类药物为主，收入占药品制造与研发收入的比重为18.58%。

医疗器械与医学诊断——其主要产品包括达芬奇手术机器人设备及

耗材，医疗美容器械 Soprano系列、Harmony系列、Accent系列，HPV诊断试剂及结核诊断产品T-SPOT试剂盒等。

医疗服务——主要通过并购医院及医疗机构，形成沿海发达城市高端医疗、二、三线城市专科和综合医院相结合的医疗服务业务的战略布局。其主要的医疗机构包括禅城医院、恒生医院、钟吾医院、温州老年病医院、广济医院、济民医院及珠海延年医院等。

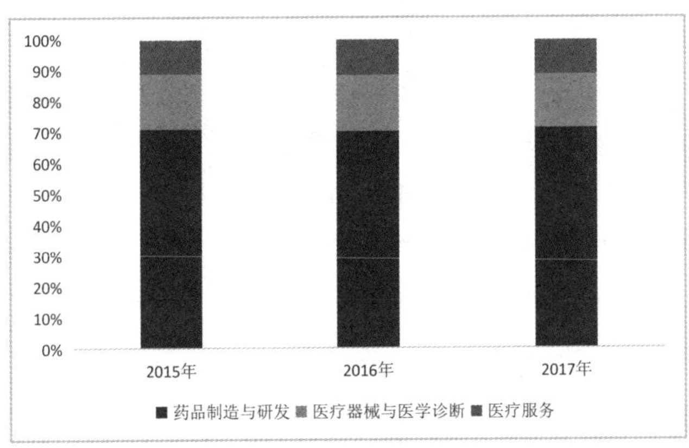

图2：收入构成（单位：%）
来源：并购优塾

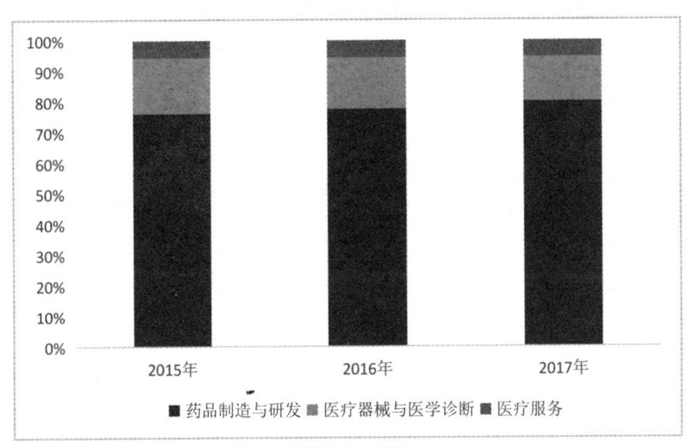

图3：毛利构成（单位：%）
来源：并购优塾

除了医药业务外，复星医药还有一个重要的利润来源：投资收益。

2015年至2018年三季度，投资收益占净利润的比重分别为82%、66%、64%、49%，虽然比重在逐渐下降，但仍是净利润的主要来源。

目前，复星医药参股的公司共有50家，其中，它与中国医药合资的国药产投（持股比率为49%，国药控股的母公司）贡献的利润最多，2017年实现投资收益14.52亿元，占当年投资收益的63%。

从产业链上看，其上游为原料药、器材供应商，2017年前五大供应商采购额占年度总采购额的13.72%，供应商较分散。其下游为医院、医疗机构等，2017年前五大客户收入占年度总收入的14.31%，客户比较分散，而且其下游客户为医院话语权较强。

纵观其历史，大致分为三个阶段：

第一阶段：1998年至2005年（业绩下滑，扩张并购）；
第二阶段：2006年至2009年（业绩上涨，调整战略）；
第三阶段：2010年至今（稳定发展）。

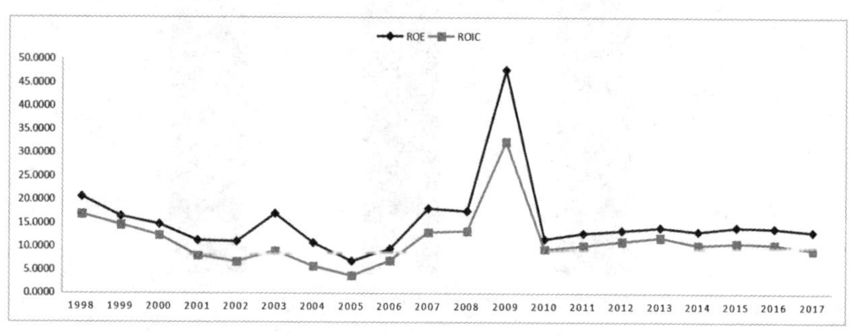

图4：ROE、ROIC（单位：%）
来源：并购优塾

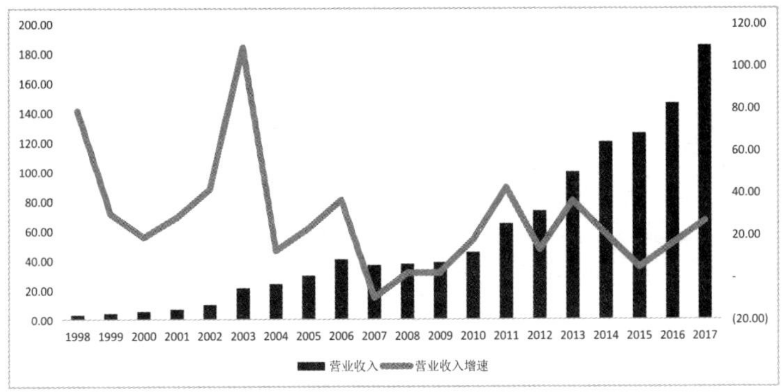

图5：营业收入、营业收入增速（单位：左：亿元、右：%）
来源：并购优塾

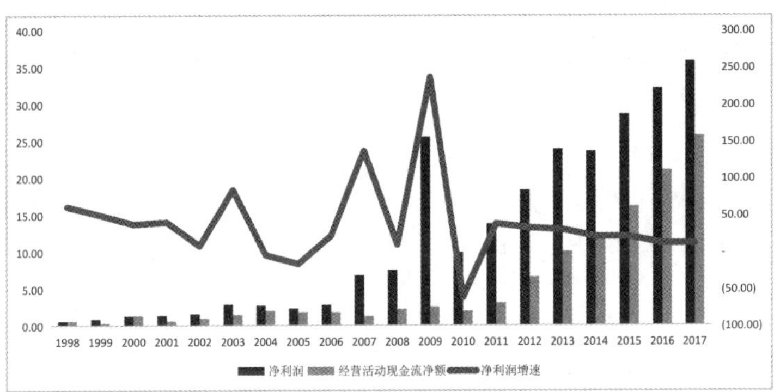

图6：净利润、经营活动现金流量净额、净利润增速（单位：左：亿元、右：%）
来源：并购优塾

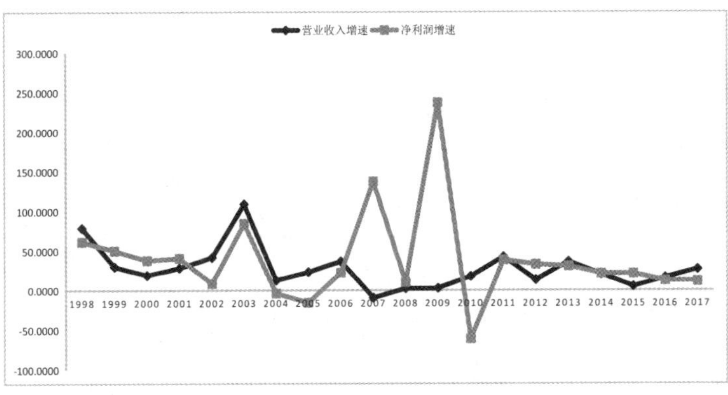

图7：营业收入增速、净利润增速（单位：%）
来源：并购优塾

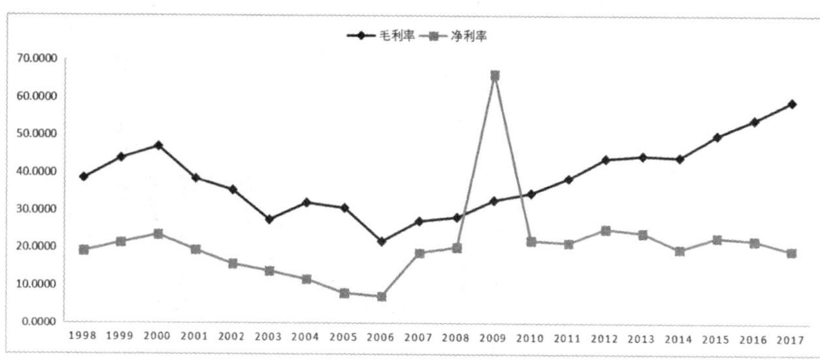

图8：毛利率、净利率（单位：%）
来源：并购优塾

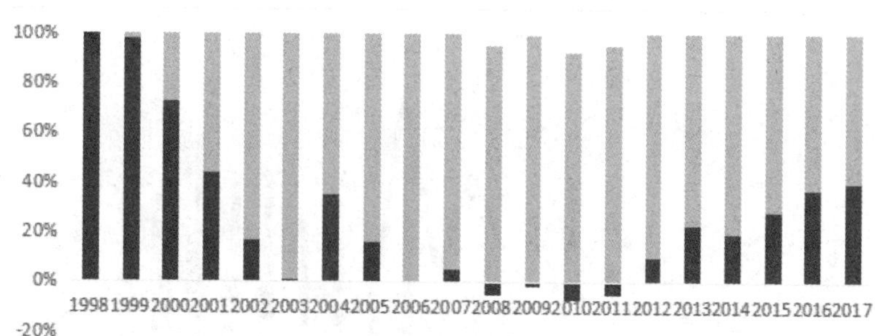

图9：主营业务利润、投资收益占比情况（单位：%）
来源：并购优塾

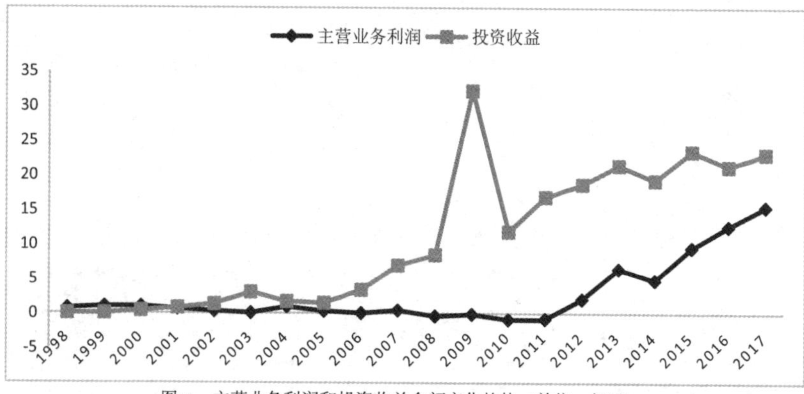

图10：主营业务利润和投资收益金额变化趋势（单位：亿元）
来源：并购优塾

本案的基本面梳理下来，必须深挖以下几点细节：

（1）第一阶段，毛利率、净利率、ROE同步下降，发生了什么事？

（2）第二阶段，营业收入几乎不增长，净利润却大增，ROE随之触及历史峰值50%？

（3）第二阶段，从利润结构上看，主营业务利润下降，而投资业务利润上升，那么，为什么会发生这样的变化，以及它都投资了哪些项目？

（4）到了第三阶段，主营业务和投资业务同步提升，这背后的经营战略是什么？

（5）还是第三阶段，为什么毛利率增长，但净利率不增长，使得ROE保持在13%左右不变？

（6）另外，从经营活动现金流上看，经营活动现金流长期大幅低于净利润，这是为什么？同时，在这种情况下，从估值角度来看，对本案到底应该用什么样的现金流去估值？

（7）同为A股医药龙头，本案常年被拿来和恒瑞医药做对比，可为什么它的PE-TTM远低于恒瑞医药，甚至低于同行业的石药集团、中国生物制药？

带着以上问题，我们来逐个复盘。

2

下滑，怎么回事?

第一阶段，1998年上市后，复星医药的ROE和ROIC就开始不断下降，ROE从1998年的20.56%降至2005年的6.77%，ROIC从1998年16.85%降至2005年3.7%。

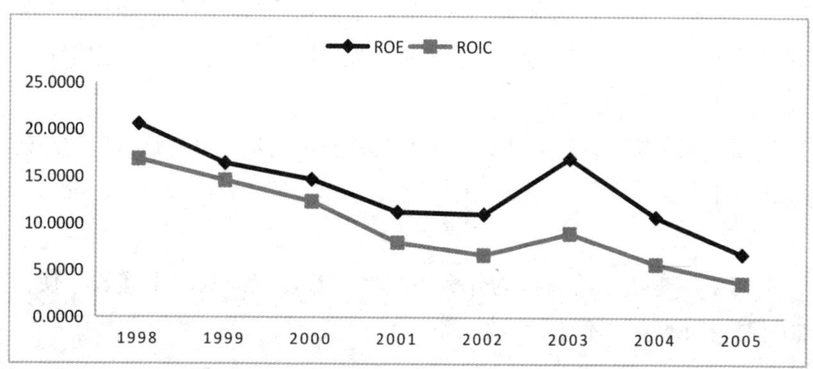

图11：ROE、ROIC（单位：%）
来源：并购优塾

导致这一阶段ROE和ROIC不断下滑的主要原因，是净利率的不断走低。

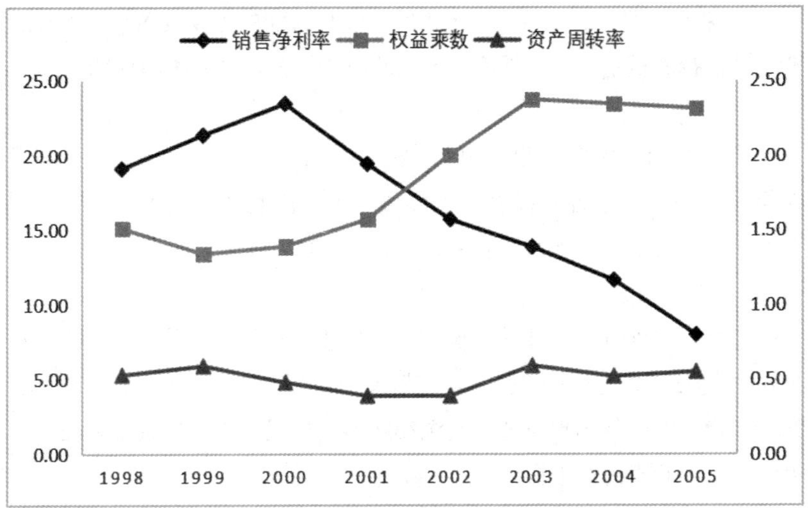

图12：杜邦分析
来源：并购优塾

而继续深挖，导致净利率下降的主要原因主要有两个：（1）前期，主营业务毛利率在2001年至2003年出现下降；（2）后期，2004年至2005年，投资业务的收益出现下降。

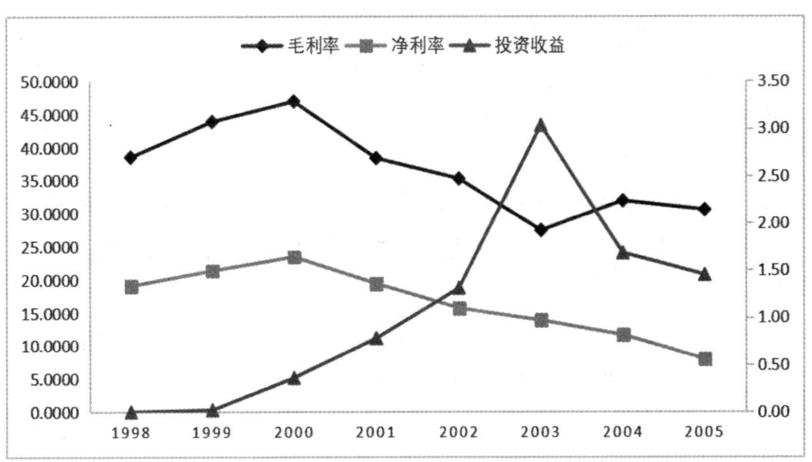

图13：毛利率、净利率（单位：%）
来源：并购优塾

先来看主业毛利率——刚上市时，复星医药的主要收入来源于其经营主体的诊断试剂业务，然后通过不断收购子公司进入医药领域。

上市初期，其收购战略为以控股为主、参股为辅。由于控股子公司在会计上采用的是合并报表，子公司产生的净利润与集团公司合并列式。所以，其前期的利润主要来源于其子公司。

其中，子公司克隆生物贡献了主要的收入来源。这是一家生物制药公司，代表产品为γ-干扰素等。然而，该公司在经过高速增长后，于2000年净利润开始出现下滑，甚至在2004年出现亏损，拖累复星医药的毛利率、净利率纷纷下滑。

因此，受此形式所迫，复星医药必须开始寻觅新的利润增长点，继续收购。重庆药友、桂林制药就是这一阶段复星医药投资最成功的两家制药公司。

2002年6月，复星医药以6831.68万元的价格，收购重庆药友51%的股权，其代表产品为阿托莫兰，用于治疗肝炎。2003年12月，复星医药又以7836万元的价格，收购桂林制药60%股份，其代表药物为青蒿琥酯。随着这两款药物的放量，它的毛利率略有回升。

在投资方面“吃到甜头”后，从2001年起，本案经营策略发生改变，从以经营为重，变为以投资为重，走的是典型的股权投资公司路线。

另外，在收购策略上，也从一开始的“控股→并表→计入净利润”，转变为“少量收购→参股（持股比率少于50%）→计入投资收益→适时并表”。于是，利润结构大变，看下图：

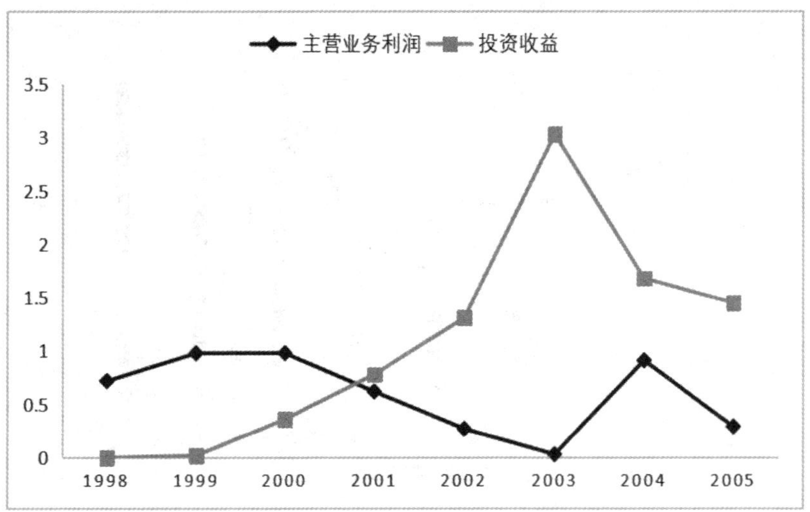

图14：主营业务利润、投资收益（单位：亿元）
来源：并购优塾

其中，最核心的参股公司为国药产投（持股49%）、天津药业（持股25%）、复地股份（持股18.05%）等。不过，天津药业和复地股份在2004年至2005年的业绩表现不佳，使得这两年的投资收益下降，同步拖累了净利率下降。

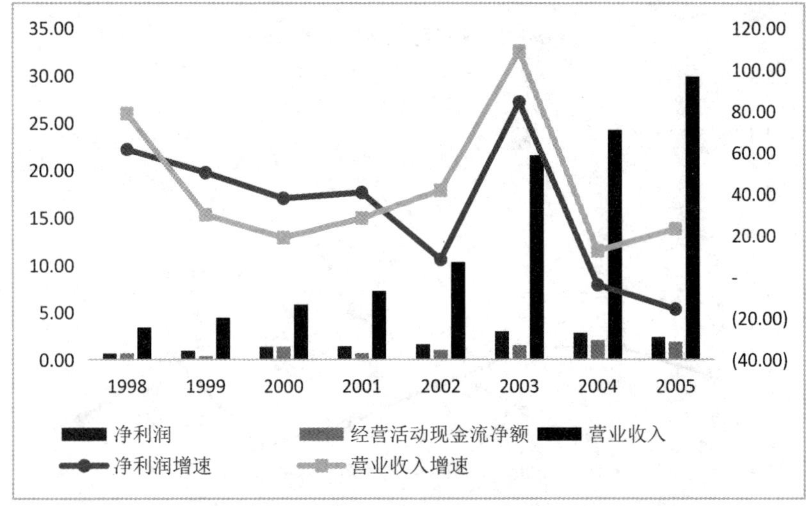

图15：经营业绩（单位：左：亿元、右：%）
来源：并购优塾

此外，有另一点必须思考的是：在这样的商业模式下，会对财务报表造成什么特殊的影响？

由于大部分利润来自于投资收益，而投资收益的现金流，是计入投资活动现金流中。加之，一部分收益只是账面的浮盈，导致净利润大幅高于经营活动现金流，存在巨大差异。

千万别忽视这个基本面问题，对这个问题的思考，直接会颠覆很多人对这家公司的估值逻辑。比如，第一，如果做现金流贴现，那么现金流该如何计算？第二，这样的商业模式下，看PE估值，真的准确吗？第三，复星医药在估值方面的可比公司，真的是恒瑞医药、石药集团、中国生物制药吗？

这几个问题，我们会在后面详细分析，此处我们先将问题提出来，大家可以先仔细思考一下，然后我们继续分析基本面。

回到这一阶段，其主营业务靠子公司贡献，但子公司业绩波动，且投资初期的标的盈利质量也不高，所以，ROE和ROIC均有所下滑。因此，其股价始终在低位震荡，保持在1.5至2元，而PB，则从上市时的高点7倍，下降至2005年底的1.6倍。

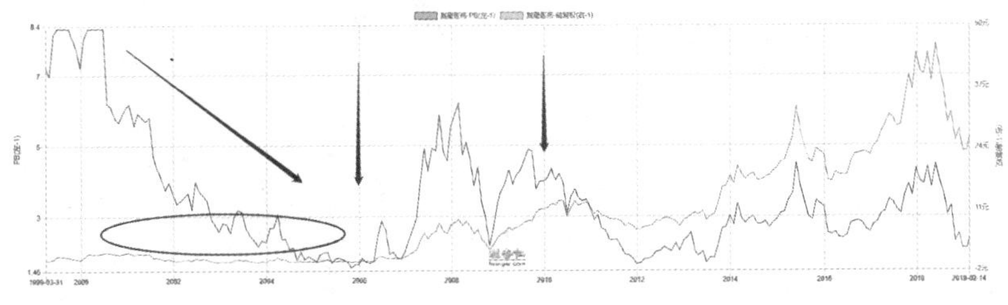

图16：PE、股价图
来源：理杏仁

面对这种业绩下滑的局面，如果让你当复星的老总，你会如何应对？

3

为什么投资属性增强？

如果说在第一阶段，复星的战略是“买买买”，那么，在接下来的第二阶段，它的战略就是“卖卖卖”，自此，复星医药开始显现出类似于股权投资公司的业务属性。

这一阶段，其ROE和ROIC大幅度上涨，ROE从2006年9.49%上涨至2009年47.65%，ROIC从2006年的6.92%，上涨至2009年的32.31%。

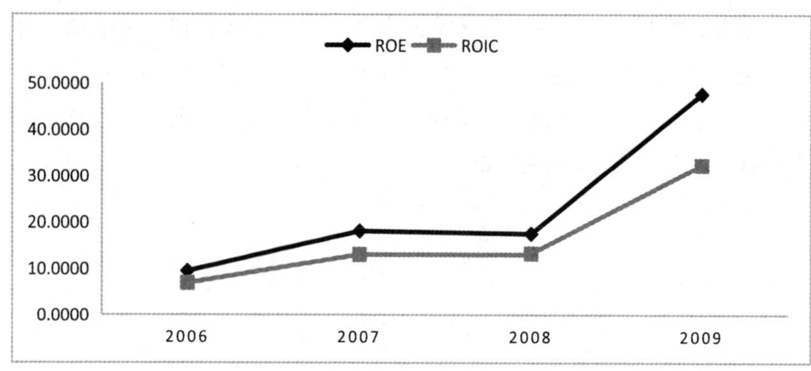

图17：ROE、ROIC（单位：%）
来源：并购优塾

拉动ROE和ROIC大涨的主要原因，是净利率的提升。而拉动净利率的则主要是投资收益上升，从绝对金额上看，投资收益从2006年的3.36亿元，上涨至2009年32.19亿元，涨幅近9倍。

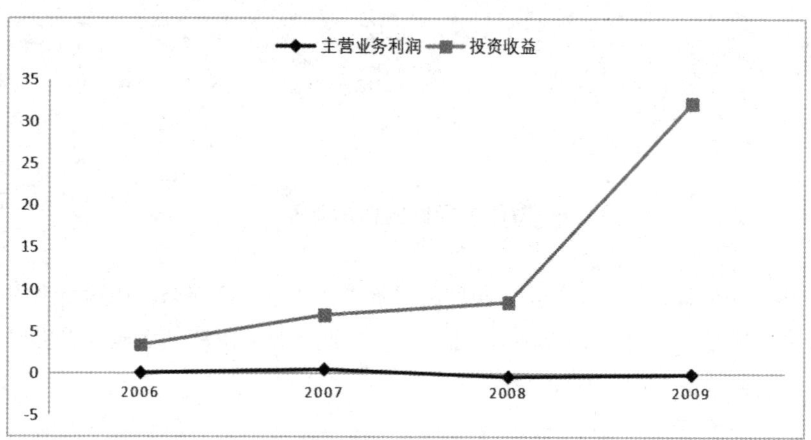

图18：主营业务利润、投资收益（单位：亿元）
来源：并购优塾

不过，其投资收益产生的原因，并不主要是投资单位的分红，而是来自股权投资的处置。

	2006年	2007年	2008年	2009年
出售公司数量	4	4	4	2
产生处置投资收益	1.93	2.69	2.77	26.84

表1：投资收益
来源：并购优塾

其中，2009年产生的投资收益最高，主要由于它的核心联营企业——国药产业投资的子公司国药控股2009年在港交所上市，因此，复星医药的持股比率从47.04%下降至34%，按视同处置联营企业股权投资，确认投资收益26.08亿元。

此处必须复习一下会计准则。根据《企业会计准则第2号》中，长期股权投资应用指南中规定：

“原持有的对被投资单位具有共同控制或重大影响的长期股权投资，因部分处置等原因导致持股比率下降，不能再对被投资单位实施共同控制或重大影响的，应改按金融工具确认和计量准则对剩余股权投资进行会计处理，其在丧失共同控制或重大影响之日的公允价值与账面价值之间的差额计入当期损益。”

投资的企业上市，直接导致利润暴涨。这已不再是一般医药公司的业绩驱动逻辑，而是典型的PE公司。截至2009年，它的联营/合营企业数量为24家，以制药为主。

这一阶段，复星医药的产业布局，从上游原料药，到中游制药企业、医疗器械生产，再到下游医药销售均有布局。但是制药方面，仍以传统的化学药和中成药为主，对于生物制药的布局较少。

同时，复星医药还对部分盈利能力不佳的子公司进行了处置，这一阶段主营业务利润占比也大幅度下降。

再来看同期业绩：

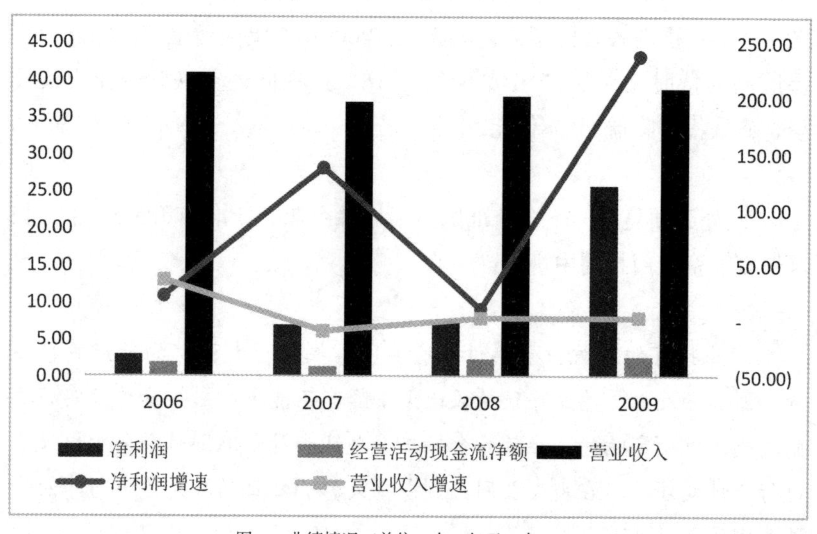

图19：业绩情况（单位：左：亿元、右：%）
来源：并购优塾

这一阶段，它的营业收入基本维持稳定，净利润受投资收益上涨的影响大幅度上涨，拉动ROE和ROIC大涨。同时，由于这一阶段它的净利润主要靠投资收益取得，净利润和经营活动现金流的差距，还在不断放大。

最后，再来看股价，除了2008年金融危机时出现下跌外，从2006年初1.8元上涨至2009年底11.7元，涨幅达到547.31%。PB也从1.6倍上涨至4倍。

至此，本案的医药产业布局，在这一阶段已经基本形成——但是，让人担忧的是，其虽然ROIC、净利润在增长，但是，这样的增长是否可持续？以及，主业旗下的控股子公司盈利质量是否能够得到改善？

4

数据背后，藏着什么？

这一阶段，其ROE和ROIC较上一阶段有明显的下降，ROE从2009年47.65%下降到14%左右，而ROIC则从32.3%下降至仅为11%左右。

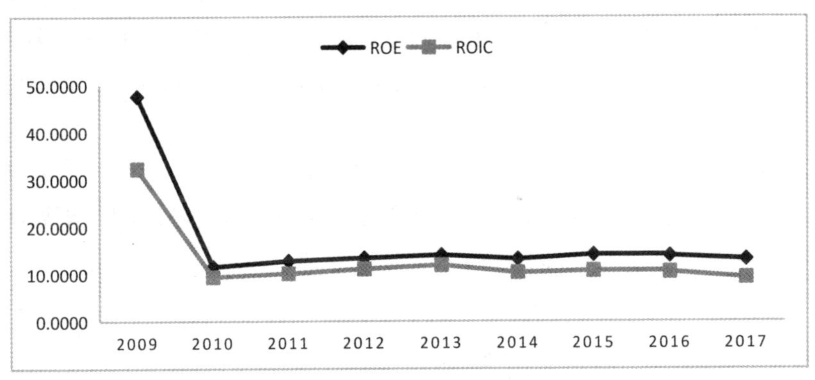

图20：ROE、ROIC（单位：%）
来源：并购优塾

导致这一阶段ROE和ROIC有较明显的下降的原因，主要是净利率下降。

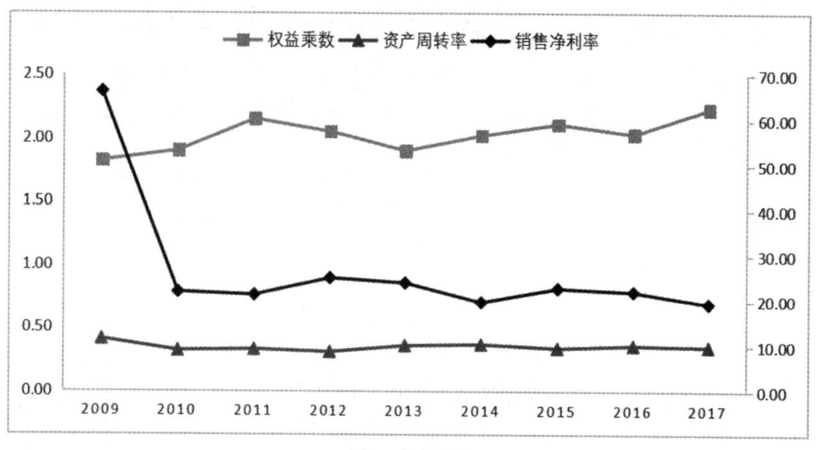

图21：杜邦分析
来源：并购优塾

注意，这次销售净利率大幅下降，并没有动摇其基本面。只是因为2009年的净利率大涨（国药控股港股上市）是偶发因素，对比显得2010年的净利率下滑而已。此后，净利率就十分稳定，连续7年保持在20%左右。

它是如何实现净利率这么稳定的呢？我们还是根据其利润构成来看，先来看主营业务利润情况。

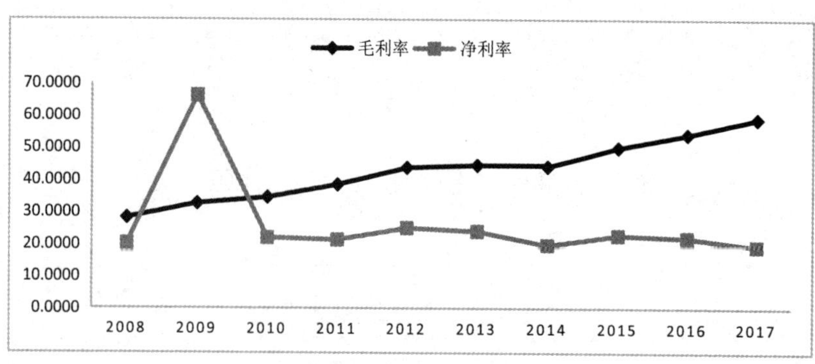

图22：毛利率、净利率（单位：%）
来源：并购优塾

注意，该阶段，其缩减了原本毛利率较低的医药批发和产品代理业务，同时通过控制成本来提高毛利率，毛利率从2010年的34.48%，上涨为2017年的58.95%。

然后，再来看看投资业务情况——该阶段，其投资收益不再是处置股权投资带来的收益，而是来自联营/合营公司所产生的净利润和分红。

其中，国药产投是最重要的投资收益来源，它贡献的投资收益从2010年3.93亿元上涨至2017年14.52亿元，年复合增速达到20.53%，占投资收益的比重从33%上涨至63%。

尽管国药产投这头现金牛推动了投资收益迅速增长，但是其他联营公司的利润增速并不快，拉低了整体投资收益增速，年复合增速从47%降至10%。

综上，该阶段其主营业务利润增长比投资利润增长快，（主营业务利润增速为51%，投资收益增速为10%），这说明其利润驱动实现了双轮齐驱。

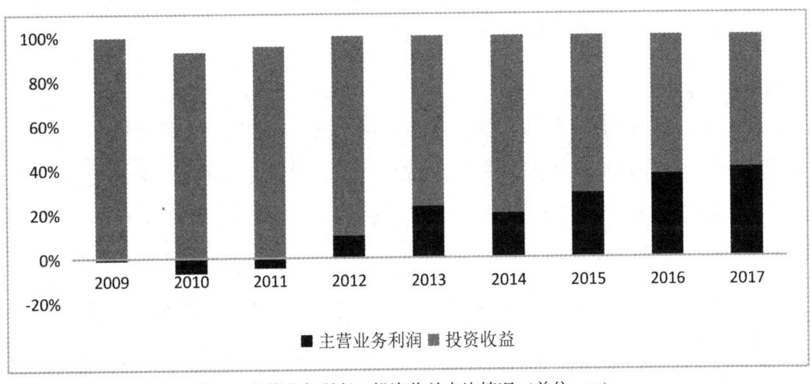

图23：主营业务利润、投资收益占比情况（单位：%）
来源：并购优塾

可是，让人好奇的是，为什么其主营业务利润出现了困境反转？来看看这背后的业务逻辑。

主营业务方面，由于上一阶段处置了部分盈利能力较差的子公司后，剩余的子公司产生的主营业务利润不断攀升。其中，它的两个核心子公司重庆药友和江苏万邦贡献的收入最高，2017年为4.64亿元，占主营业务利润的30%。

重庆药友，核心产品是还原型谷胱甘肽系列（阿拓莫兰针、阿拓莫兰片），用于治疗慢性乙肝，1999年上市后就因为首仿优势占据市场主要份额，截至2017年它的市场份额达到54.41%。

江苏万邦，核心产品优立通、西黄胶囊、万苏平、肝素钠系列等，主攻代谢系统类疾病。

另外，它的核心生物研发制药公司——复宏汉霖，2010年成立，虽然目前尚未实现盈利，但是其旗下的几个在研核心产品，均是全球排名前十的生物类似药，未来前景可期（注意，复宏汉霖目前已在港股排队上市中，一个必须密切注意的基本面要素是，之前国药控股上市后利润暴增的场景，会否再次出现）。

此外，投资业务方面，截至2018年中报，复星医药共投资子公司33家，除了上一阶段涉及的制药企业外，还新增了生物医药（如复宏汉霖等）、医院（如禅城医院等）、医美器械（如Sisram等）等领域。

同时，2017年，它先后与Kite Pharma（美国风筝制药，主攻CAR-T方向）、美国直观医疗器械公司（达芬奇机器人）合作，向基因疗法和医疗器械领域发展。

也就是说，复星的医药版图已经基本覆盖了医药行业的各个赛道。对复星医药的股东来说，自己买的并不是一个制药公司，而是医药产业上中下游一揽子公司的股权组合。

所以，这一阶段，它的营业收入处于不断上升的状态，营业收入增速受投资的子公司数量和类别等不同，有所波动。同时，随着主营业务增速不断加快，巩固了经营活动的造血能力，净利润和经营活动现金流之间的差额在不断缩小。

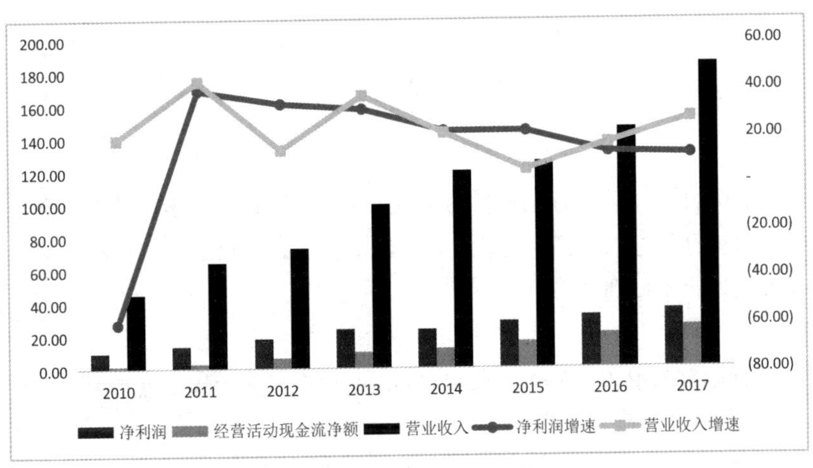

图24：业绩情况（单位：左：亿元、右：%）
来源：并购优塾

但是，上图中有一个细节，2017年其营业收入增速上升，而净利润增速略有下降，这是为什么？我们按季度增速分别看一看：

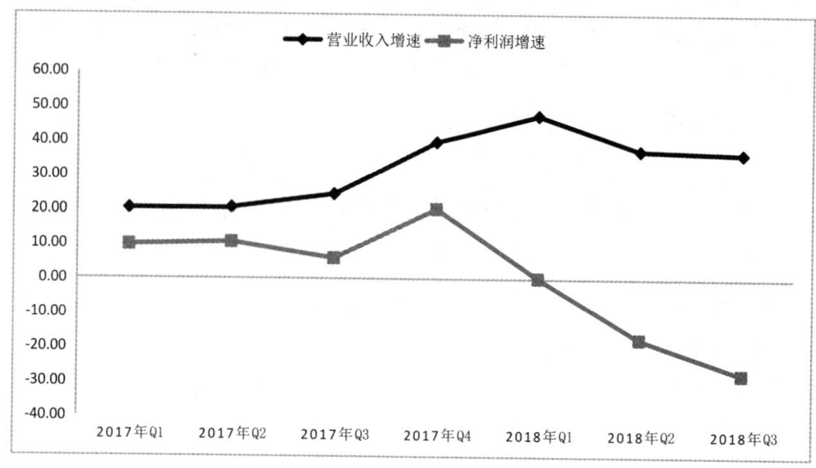

图25：各季度增速（单位：%）
来源：并购优塾

2017年三季度，净利润增速略有下滑，从2018年一季度开始，净利润增速就开始进入下滑通道，且与上涨的营业收入增速产生背离，这是典型的增收不增利。

仔细翻看财报，原来，这和它的医药研发投入大幅上涨有关。

2018年，它的研发投入在不断上涨，截至2018年三季度，复星医药的研发费用达到11.14亿元，较2017年同期增长59.13%。这部分研发投入，主要是它的子公司复宏汉霖对生物类似药、生物创新药，以及其他子公司一致性评价的集中投入所致。

2015年至2017年，复星医药的研发支出分别为8.3亿元、11.06亿元、15.29亿元；占营业收入的比重分别为7%、8%、8%；资本化比率分别为19.29%、35.38%、32.87%（注意这个比率，是一处风险因素）。

考虑到研发费用是医药公司最核心的护城河。此处，必须来看看同行企业的情况：

恒瑞医药——2015年至2017年研发支出分别为8.92亿元、11.84亿元、17.89亿元；研发费用占收入比分别为9.57%、10.67%、12.93%；资本化比率为0；

石药集团——2015年至2017年研发支出分别为3.25亿港元、4.03亿港元、8.15亿港元（折合人民币2.83亿元、3.51亿元、7.09亿元）；研发费用占收入比分别为2.85%、3.26%、5.27%；资本化比率为0。

中国生物制药——2015年至2017年研发支出为10.55亿元、13.68亿元、15.95亿元；研发费用占收入比分别为8.95%、10.1%、10.76%；资本化比率8%、2%、3%。

复星医药的研发投入，较恒瑞医药、中国生物制药略低，但是远高于石药集团，不过，和其他几大巨头不同的是，复星医药资本化比率较高。

所以，这么看来，增速下滑背后的原因也就明白了。此处风险因素和在生物制药领域的长远布局有关。

综上，该阶段的股价，从2010年初11.79元上涨至目前25.56元，涨幅为118%。PB则在1.6倍至3.7倍之间波动。

梳理到这里，还是有个疑问一直没有解决：为什么复星医药几乎是医药产业链全版图覆盖，但ROE和ROIC，却居然只有10%左右，这可比同行业的恒瑞医药（23%至24%）、石药集团（19%至22%）和中国生物制药（22%至26%）低了一半啊？

5

ROE为什么这么低?

由于ROIC和ROE的主要区别在于是否考虑杠杆，因此，我们主要来看ROE。根据杜邦分析，ROE可以拆分成净利率、权益乘数和总资产周转率3部分。逐个来看：

（1）净利率。

复星医药——2015年至2017年的销售净利率分别为22.77%、22.02%、19.34%。

恒瑞医药——2015年至2017年的销售净利率分别为23.87%、23.74%、23.8%；

石药集团——2015年至2017年的销售净利率分别为14.63%、16.94%、17.82%；

中国生物制药——2015年至2017年的销售净利率分别为19.97%、20.09%、24.59%。

通过对比，复星医药的销售净利率在同行业中属于中等水平，和几大巨头公司相差不大。

（2）权益乘数。

复星医药——2015年至2017年的权益乘数分别为2.11、2.03、2.23。

恒瑞医药——2015年至2017年的权益乘数分别为1.11、1.11、1.13;

石药集团——2015年至2017年的权益乘数分别为1.54、1.45、1.4;

中国生物制药——2015年至2017年的权益乘数分别为1.58、1.72、1.66。

通过对比，复星医药的权益乘数明显高于其他可比公司，这主要和他的经营模式有关。由于它的扩张模式主要为并购，因此需要大量资金，加之，它的子公司数量较多，导致它的借款高于其他可比公司。

2017年有息负债占总资产的比重为33%，而恒瑞医药没有有息负债、石药集团为4%、中国生物制药为14%。

那么，既然复星医药的净利率和权益乘数和同行业相差没有显著差别，导致它的ROE偏低的因素，就只能是总资产周转率。

（3）总资产周转率。

复星医药——2015年至2017年的总资产周转率分别为0.34次、0.36次、0.35次。

恒瑞医药——2015年至2017年的总资产周转率分别为0.91次、0.86次、0.85次;

石药集团——2015年至2017年的总资产周转率分别为0.88次、

0.88次、0.86次；

中国生物制药——2015年至2017年的总资产周转率分别为0.95次、0.86次、0.78次。

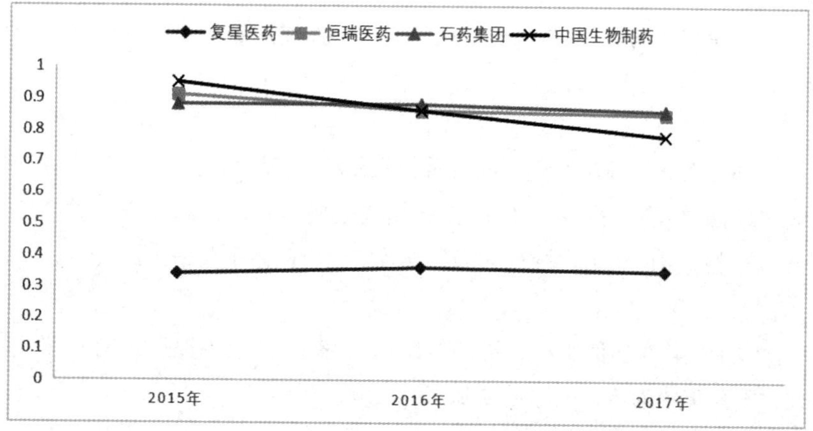

图26：总资产周转率（单位：次）
来源：并购优塾

很明显，复星医药的总资产周转率大幅低于几家巨头公司，这又是为什么？

仔细翻看财报，我们发现，复星医药的总资产周转率偏低，并不是因为存货周转率、应收账款周转率偏低，并且，对比下来，这两个周转率甚至都高于同行业可比公司。

那么，导致复星医药总资产周转率偏低的主要原因，是现金、长期股权投资、交易性金融资产等投资类资产较多所致。

由于复星医药的经营模式和普通医药公司不同，因此，它的账面上有大量的投资类资产。2015年至2017年复星医药的投资类资产（含现金）分别为212.97亿元、248.94亿元、285.92亿元，占总资产的比重分别为55.75%、56.88%、46.14%。

问题终于解决了，这部分资产是其核心资产，并且周转较慢，导致复星医药的总资产周转率较同行业偏低。同时，此处也给我们一个更大的启示，如果我们拿出其他和复星医药资产结构类似、长期股权投资等金融资产较多的公司，数据又会如何？

我们根据资产负债表，找到投资属性偏强的几家公司来比比看。其中有几家公司，基本是某一个行业的代表化身：

上汽集团——2015年至2017年总资产周转率分别为1.45次、1.37次、1.33次，投资类资产（含现金）占总资产的比重分别为38.78%、37.36%、35.7%;

招商公路——2015年至2017年总资产周转率分别为0.06次、0.1次、0.09次，投资类资产（含现金）占总资产的比重分别为53.31%、50.12%、51.39%;

九鼎投资——2015年至2017年总资产周转率分别为0.32次、0.37次、0.17次，投资类资产（含现金）占总资产的比重分别为41.51%、48.48%、44.8%;

KKR——2015年至2017年总资产周转率分别为0.02次、0.04次、0.09次，投资类资产（含现金）占总资产的比重分别为95.83%、91.67%、93.27%。

这些公司与复星医药很像，投资类资产占总资产比重都比较高，并且总资产周转率均比较低。以上几家中，投资类资产占比最高的是KKR，总资产周转率也最低，而占比相对较低的上汽集团，总资产周转率也相对更高（上汽虽不是投资控股类公司，但长投也相当大）。

分析完资产结构和周转率，我们又突然冒出一个想法：如果这几家公司都是以投资控股商业模式为主，那么，估值是否也能够互相可比？这个问题非常有趣，我们再来分析：

（1）如果与医药公司相比，复星医药PE、PB明显偏低。

因为，根据ROE与PE、PB的关系式可知，PE=[1-g/ROE]/(K-g)，而PB=(ROE-g)/（K-g），在g不变的情况下，PE、PB与ROE均呈正相关，ROE高，则PE、PB也高。

所以，恒瑞医药、石药集团、中国生物制药的PE、PB，都要高于复星医药。如果拿复星医药和制药类公司去比估值，可能会看不懂这个逻辑，估值也容易失真。

（2）如果拿投资控股型公司来比较，估值又会如何？

从投资型公司的ROE来看，大家果然在大致同一区间上，比如上汽集团为17%至20%，招商公路为10%左右，KKR为8%至15%（波动较大），伯克希尔哈撒韦在5%至10%。

同时，对这类以“钱生钱”为商业模式的公司，账面上的资产进行极简抽象——基本就是钱。那好，我们又思考到估值里面一个很重要的事：既然账面都是钱，那么，估值逻辑是否应该看PB，而非PE？如果PB低于1，是否有基本面套利的机会？

果然，拿出PB一看，有重大发现——它们的历史PB分别为：上汽集团（1倍至1.9倍）、招商公路（1倍至1.1倍，刚上市不久的公路投资巨头公司，一直在回调）、KKR（0.9倍至1.6倍）、伯克希尔哈撒韦（1.2倍至2倍）。

大家的估值区间，基本都在1倍到2倍，非常规律。

来看看其他几家——KKR、伯克希尔哈撒韦属于纯金融领域，投资收益的波动较大，而上汽集团则处于周期属性较强的汽车行业。

复星医药身兼“医药制造+股权投资”，历史PB区间比前面几家稍高，但整体来看也有规律可循，在1.5倍到4.5倍区间。这是因为医药行业本身具有天花板高、护城河宽、增速稳定、永续增长可预期的估值属性，因而，整体估值区间，相较这几家公司，有一定溢价。

但无论如何，一个重要的思考结论已经显现：对复星医药这类投资控股公司，PB才是相对估值法中更值得看的方法。

弄明白前面这些重大问题后（估值逻辑、增速下滑、未来增长），我们接着来看眼下，受2018年6月医药“黑天鹅事件”的影响，PB已经跌到了历史低值附近，那么，本报告核心的问题已经显现：如今，这个估值，到底在什么样的区间？

6

到底该和什么公司对比?

对于复星医药来说，由于其盈利一方面来源于医药，一方面来源于投资收益，估值逻辑更偏重于投资类公司，所以，一方面考虑资产结构，以PB估值，另一方面考虑医药投资利润稳定，以DCF贴现做辅助判断。

先来看市净率法。

首先，来看看它的历史PB变动情况。其中，PB的五次估值高点，发生在2000年、2008年、2009年、2015年、2018年，对应的ROE分别为16.4%、17.53%、47.65%、14.12%，2018年尚未公布数据。

而PB的三次估值低点，发生在2005年、2011年、2013年，对应的ROE分别为6.77%、12.81%、14.03%。

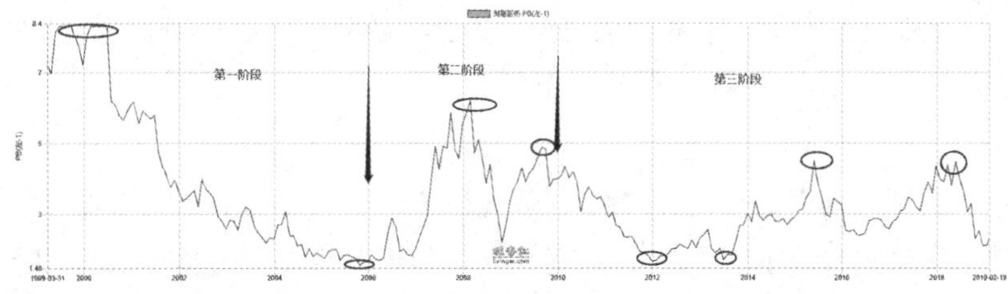

图27：PB（单位：倍）
来源：理杏仁

	时间	ROE	营业收入增速	净利润增速	PB
估值高点	2000年	16.40%	18.99%	37.91%	10.4倍
	2008年	17.53%	2.16%	10.25%	6.2倍
	2009年	47.65%	2.62%	236.99%	4.9倍
	2015年	14.12%	4.85%	21.13%	4.5倍
	2018年	-	-	-	4.5倍
估值低点	2005年	6.77%	23.22%	-15.65%	1.5倍
	2011年	12.81%	42.37%	38.04%	1.7倍
	2013年	14.03%	36.18%	30.48%	1.7倍

表2：估值高低点
来源：并购优塾

PB高值，发生在刚刚上市（2000年）、净利润增速高点（2009年）、刚刚披露上一年度业绩（2008年）或大盘上涨时（2015年）时。而PB低值，则是在净利润增速下滑、受大盘下跌影响下产生。

结合目前其经营情况，我们历史PB为1.6倍至3.8倍。

由于其“医药+投资”双重属性，所以，其PB完全可参考的公司不多，医药公司普遍不可比（注意，此处无论你如何质疑，我们还是认为对本案来说，医药公司的估值不可比）。更值得参考的，还是上面几家投资控股型公司。不信，来看估值区间：

医药类：

恒瑞药业——历史PB为5倍至12倍；
石药集团——历史PB为4.4倍至6.5倍；
中国生物制药——历史PB为5倍至7倍；
吉林敖东——历史PB为1倍至2倍。

投资控股类：

上汽集团——历史PB为1.4倍至2倍；
招商公路——历史PB为1.1倍至1.2倍；
九鼎投资——历史PB为2.8倍至4.1倍；
KKR——历史PB为0.9倍至1.6倍；
伯克希尔哈撒韦——历史PB为1.2倍至2倍。

这里综合考虑，本案PB估值在1.6倍至3.8倍。不过，以上数据都是较为粗略的预估，并且只是单一的估值逻辑，数据准确程度极为有限。接着，还必须再通过DCF贴现法，进行交叉验证。

7

现金流贴现，该怎么测算?

由于复星医药的经营模式比较特殊，净利润可以分为主营业务和投资收益两部分。

对于投资类公司，例如九鼎、KKR等，由于账面上大部分资产为现金、长期股权投资、可供出售金融资产等投资类资产，因此，更适合采用资产基础法进行分项评估，也就是说，将其投资的各个公司，分别进行评估。

但是，这种方法对于信息的全面性有很高的要求。我们无法从公开市场获取这些信息，因此，不采用资产基础法对其进行评估。

考虑到复星医药目前的利润结构中，虽然投资收益仍占主要部分，但是，主营业务利润的占比在逐年提升。因此，我们对DCF模型进行调整，对EBIT的预测中，分别对主营业务利润和投资收益两部分进行预测。（另外考虑医药领域增长前景，所以这种逻辑可作为辅助估值手段）

现金流贴现，预测的主要环节的假设如下：

（1）营业收入增速——根据历史增速（21%）、外部研究员增速（24.23%，增速较高，考虑到复宏汉霖的新药放量，如利妥昔单抗）、行业增速（16%）、内生增速（15%）。

按照乐观、保守算法，考虑到它的子公司复宏汉霖未来可能会快速放量，取增长率为24%、15%进行现金流贴现估值。另外，考虑到行业和公司个体的确定性较高，永续增长方面，乐观增速为6%，保守增速为3%。

（2）主营业务利润率——取历史平均值12%（剔除投资收益后的营业利润率）。

（3）投资收益——基期取历史平均值22.6亿元，增速取历史平均值10%。

（4）折旧/摊销——本案的历史平均折旧和摊销较稳定，因此假设未来稳定经营情况下，折旧增加额与企业增速一致。

（5）资本支出——其平均值17.76亿港元作为基期数据。另外，由于本案固定资产占比仅为10%左右，占比不高，因此预计未来永续期的资本支出保持维持性资本支出。

（6）营运资本的变动——取历史平均值为5%。

（7）WACC——经复杂测算，取8%。

按照以上参数，根据优塾投研团队的估值模型，粗略测算企业价值在736亿元至1686亿元，减去净债务为131亿元，股权价值在606亿元至1555亿元，对应的PB为2倍至5倍。

预测各期自由现金流的取值，具体如下：

预测现金流											
	基期	1	2	3	4	5	6	7	8	9	10
收入增速		24.00%	24.00%	24.00%	21.43%	18.86%	16.29%	13.71%	11.14%	8.57%	6.00%
折旧增速		24.00%	24.00%	24.00%	21.43%	18.86%	16.29%	13.71%	11.14%	8.57%	6.00%
收入金额	$ 185	$ 230	$ 285	$ 353	$ 438	$ 521	$ 606	$ 689	$ 765	$ 831	$ 881
1-息税前利润率	88.00%	88.00%	88.00%	88.00%	88.00%	88.00%	88.00%	88.00%	88.00%	88.00%	88.00%
营业成本费用	$ 163	$ 202	$ 251	$ 311	$ 386	$ 458	$ 533	$ 606	$ 674	$ 731	$ 775
EBIT	$ 23	$ 28	$ 34	$ 42	$ 53	$ 62	$ 73	$ 83	$ 92	$ 100	$ 106
投资收益增速		10.00%	10.00%	10.00%	9.43%	8.86%	8.29%	7.71%	7.14%	6.57%	6.00%
投资收益	$ 23	$ 25	$ 27	$ 30	$ 33	$ 36	$ 39	$ 42	$ 45	$ 48	$ 51
税率	12.00%	12.00%	12.00%	12.00%	12.00%	12.00%	12.00%	12.00%	12.00%	12.00%	12.00%
EBIT (1-t)	$ 40	$ 46	$ 54	$ 64	$ 75	$ 87	$ 98	$ 110	$ 120	$ 130	$ 138
折旧摊销	$ 9	$ 12	$ 14	$ 18	$ 22	$ 26	$ 30	$ 34	$ 38	$ 41	$ 44
资本支出	$ 18	$ 22	$ 27	$ 34	$ 42	$ 52	$ 50	$ 49	$ 47	$ 45	$ 44
营运资本变动	$ 23	$ 11	$ 14	$ 18	$ 22	$ 26	$ 30	$ 34	$ 38	$ 42	$ 44
自由现金流	$ 9	$ 24	$ 27	$ 30	$ 33	$ 34	$ 47	$ 60	$ 73	$ 84	$ 93

表3：乐观自由现金流预测（单位：亿元）

来源：并购优塾

综合以上两种方法，得出的大致数据区间：

PB估值法——估值为446亿元至1130亿元，对应PB为1.6倍至3.8倍；

DCF估值法——估值为606亿元至1555亿元，对应PB为2倍至5倍。

综合来看，如果PB在1.6至2倍，安全边际相对高一些；而如果PB在4倍以上，则安全边际相对较低。

目前，本案PB为2.3倍。

8

估值中遇到研发费用，该怎么调整？

以上关于基本面、估值，逻辑都已经分析完毕。进入“估值方法探讨”环节：在业绩预测和估值时，是否对研发费用资本化进行调整？

对于医药公司来说，经常会投入大量的研发成本，不同的企业对研发费用是否资本化、资本化的比率，都有不同的确定方式。那么，有几个问题：

（1）什么是费用化和资本化？为什么大家更喜欢将研发成本费用化的企业？

（2）估值时为什么要对费用化的研发费用进行调整，又如何调整？

（3）除了研发费用存在资本化外，还有哪些费用可以资本化？

下面，我们逐个来解决。

先来看第1个问题：什么是费用化和资本化？

研发支出，可以分为资本化支出和费用化支出。其中，对于可以在超过一年的期间为企业带来经济利益的流入的支出，应计入相关资产的成本，即资本化。而对于不符合资本化条件的支出，则属于费用化支出，应计入当期损益。

其中，研发费用是比较常见的，需要区分资本化和费用化的支出。比较常见的处理研发费用的方式主要有三种：全部费用化、全部资本化和在一定条件下资本化。

全部费用化：是由于研发是否能在将来为企业带来经济利益具有不确定性，按照谨慎性原则，应计入当期损益。如恒瑞医药、石药集团等公司，对研发支出全部费用化。

全部资本化：是由于研发所能为企业带来经济利益的可能性高，将研发费用计入无形资产中，日后进行摊销。但是，这种方法并不常见。

在一定条件下资本化：即将符合资本化条件的研发费用资本化，其余的进行费用化。比如，2017年，海正药业的资本化比率较高，为48%，沃森生物则更高，为70%。

再来看第2个问题：为什么要对费用化的研发费用进行调整？

如果将研发费用全部费用化，那么，研发活动所创造的资产价值就无法作为一项资产体现在资产负债表上，使公司的资产被低估。

因此，在估值时，应该将原本费用化的研发支出资本化，并对研发活动平均需要多长时间才能转化为商业化产品作出假设，也就是这些资产的“摊销年限”，也就是说，对这部分研发费用进行摊销。

对研发费用调整的步骤比较复杂，我们以本案复星医药为例，对其进行介绍。

第一步，预计研发费用摊销年限。

为了简便，我们假设从开始研发到可以为企业带来收益的时间为10年。

第二步，搜集过去10年间的研发支出。

	时间	研发费用	未摊销部分		年摊销额
2017 年	0	10.25	100%	10.25	0
2016 年	-1	7.15	90.0%	6.44	0.72
2015 年	-2	6.70	80.0%	5.36	0.67
2014 年	-3	5.64	70.0%	3.95	0.56
2013 年	-4	4.38	60.0%	2.63	0.44
2012 年	-5	3.06	50.0%	1.53	0.31
2011 年	-6	3.10	40.0%	1.24	0.31
2010 年	-7	2.72	30.0%	0.82	0.27
2009 年	-8	1.89	20.0%	0.38	0.19
2008 年	-9	1.48	10.0%	0.15	0.15
2007 年	-10	1.36	0.0%	0.00	0.14
研发性资产的价值				32.73	
研发性资产现年摊销额					3.75

表4：过去10年研发投入（单位：亿元）
来源：并购优塾

第三步，对研发费用进行摊销，计算研发性资产的价值和年摊销额。

整体计算出，复星医药的研发性资产的价值和年摊销额分别为32.73亿元、3.75亿元。计算方法如下图：

	时间	研发费用	未摊销部分		年摊销额
2017年	0	10.25	100%	10.25	0
2016年	-1	7.15	90.0%	6.44	0.72
2015年	-2	6.70	80.0%	5.36	0.67
2014年	-3	5.64	70.0%	3.95	0.56
2013年	-4	4.38	60.0%	2.63	0.44
2012年	-5	3.06	50.0%	1.53	0.31
2011年	-6	3.10	40.0%	1.24	0.31
2010年	-7	2.72	30.0%	0.82	0.27
2009年	-8	1.89	20.0%	0.38	0.19
2008年	-9	1.48	10.0%	0.15	0.15
2007年	-10	1.36	0.0%	0.00	0.14
研发性资产的价值				32.73	
研发性资产现年摊销额					3.75

表5：资产价值和年摊销额（单位：亿元）
来源：并购优塾

第四步，调整净利润。

由于原本研发支出被计入费用中，在净利润扣除。因此，我们需要将这部分费用在净利润中进行调整。

经调整的净利润=净利润+当年研发费用-研发支出摊销=35.85+10.25-3.75=42.35亿元

经调整的股权账面价值=股权账面价值+研发性资产价值

=297.41+32.73=330.14亿元

再看第3个问题：还有哪些费用可以资本化？

比如一些消费类公司，如可口可乐，或许可以提出将部分广告支出资本化处理，因为广告的投入从一定程度上说，可以提升它的品牌价值。

对于一些咨询公司，可以将招募和培训员工的成本进行资本化，因为由此产生的咨询专家，也是公司的核心资产。

虽然这些观点具有一定的合理性，但是在实际应用时必须保持审慎。如果想要将这些费用资本化，必须要有大量的证据证明这些支出确实能够在多个时期产生效益，但是这些信息往往很难取得，并且也会受到会计准则等因素的限制。

【讨论】

Q1：消费类公司广告费用资本化、咨询公司类培训费用资本化之后，形成的资产分别是什么？

A1：这只是在估值时做出的调整，我们写的“广告费用资本化”是针对具有品牌护城河的公司估值时考虑的，并不调整财务报表，所以也不会形成实质性的资产。广告资本化后是会进入长期待摊费用的。

本文发布于2019年2月22日

法律声明